第四次
工业革命

行动路线图——打造创新型社会

［德］克劳斯·施瓦布
（Klaus Schwab）
［澳］尼古拉斯·戴维斯　◎著
（Nicholas Davis）

SHAPING THE
FOURTH INDUSTRIAL
REVOLUTION

中信出版集团·北京

图书在版编目（CIP）数据

第四次工业革命：行动路线图：打造创新型社会 /（德）克劳斯·施瓦布，（澳）尼古拉斯·戴维斯著；世界经济论坛北京代表处译．-- 北京：中信出版社，2018.9（2024.5 重印）

书名原文：Shaping the Fourth Industrial Revolution

ISBN 978-7-5086-9339-2

I. ①第… II. ①克… ②尼… ③世… III. ①产业革命－研究－世界－现代 IV. ① F419

中国版本图书馆 CIP 数据核字（2018）第 182341 号

第四次工业革命——行动路线图：打造创新型社会

著　　者：[德] 克劳斯·施瓦布　[澳] 尼古拉斯·戴维斯
译　　者：世界经济论坛北京代表处
出版发行：中信出版集团股份有限公司
（北京市朝阳区东三环北路 27 号嘉铭中心　邮编　100020）
承 印 者：三河市中晟雅豪印务有限公司

开　　本：880mm × 1230mm　1/32　　印　　张：12　　字　　数：257 千字
版　　次：2018 年 9 月第 1 版　　印　　次：2024 年 5 月第 6 次印刷
京权图字：01–2018–5959
书　　号：ISBN 978–7–5086–9339–2
定　　价：59.00 元

目　录

2.2 改革物理世界

2.3 改变人类自身

2.4 整合环境

推荐序

第四次工业革命已经发生，它正在影响各行各业、我们的工作方式和生活方式。第一次工业革命是由蒸汽机的出现推动的，第二次工业革命和第三次工业革命见证了电力的大规模生产，计算机和通信技术掀开了数字化时代的篇章。现在，第四次工业革命正在融合数字、物理和生物系统，它的主要驱动力是人工智能、大数据和物联网。这是当代最重要的科技发展趋势，正在引领全球创新浪潮，迅猛地改变世界经济发展和结构。它将超越单纯的技术革命的层面，带来经济、社会、文化等领域的深刻变革。

第四次工业革命正在和即将颠覆、创新几乎所有的产品与服务：通信、搜索、旅行、医疗、卫生、教育、娱乐、消费。第四次工业革命将会改变和创新一切制造业与服务业本身，第四次工业革命将会改变军事和国防，第四次工业革命将会改变物质与财富的生产和分配，第四次工业革命将会改变社会的组织架构及社会形态、文化和价值，第四次工业革命将会改变科技的发展和未来，第四次工业革命最终将会改变人类本身。

在如此巨大的、颠覆性的变革面前，人的地位和作用是什么？人应该怎么定位自己？克劳斯·施瓦布教授在2016年推出《第四次工业革命——转型的力量》，令人信服地解释了第四次工业革命的到来，第四次工业革命的科技、经济和社会内涵，以及颠覆性的冲击。该书已经被翻译成30多种语言，成为政府与企业抓住第四次工业革命机遇的参考书。2018年，施瓦布教授又出版了新作《第四次工业革命——行动路线图：打造创新型社会》。这次他强调在这场巨大的变革中人类不是旁观者，阐述了政府、企业与个人在这场颠覆性革命中的作用和立场，提供了战略建议。施瓦布教授呼吁全世界共同行动，参与这场革命，共同塑造第四次工业革命。

施瓦布教授坚定地相信第四次工业革命的美好前景，相信第四次工业革命可以帮助形成一个充满关怀、高科技和以人为本的社会，在这个未来社会中，人们将健康快乐地生活。为了让科技服务人类，施瓦布教授在这本书中提出一系列重要的理念。

积极参与　施瓦布教授认为，第四次工业革命要求我们转变思维模式，但仅仅意识到发展和应用新兴技术所蕴含的变革速度、颠覆规模与新型责任还远远不够。所有组织、行业和个人都必须积极开展行动，包括采取全新策略来解决技术、治理和价值观等问题。我们必须在这次革命中发挥积极作用，帮助我们塑造想要生活的社会。

世界合作，制定规则 第四次工业革命呈现出空前的速度和规模，这意味着当今世界不可懈怠——未来世界，人工智能、基因工程和自动驾驶汽车等技术盛行，其能力日趋成熟，而且虚拟世界同现实世界一样难以驾驭，因此我们必须团结协作，建立规范、标准、规则和商业实践，致力于服务全人类。他说："在第四次工业革命中心，我们的目标是全球合作，以围绕新技术制定新的规则。因为所有这些技术都能给人类带来巨大的好处，它们可以在很大程度上解决可持续发展目标（SDG）的挑战。它们可能发挥巨大作用，而不让这些技术被滥用或成为人类的威胁。如果我们可以鼓起勇气，为促进人类共同利益而行动，那么我们可以满怀信心地继续增进人类福祉、推动人类发展。"

发挥"系统领导力"（systems leadership） 第四次工业革命具有复杂性、变革性和分散性的特点，因此需要一种新型领导力——"系统领导力"。系统领导力在于与国际社会的所有利益相关者携手合作，针对变革建立共同愿景，然后遵照这个愿景开展行动，致力于改变该系统实现效益的方式以及相应的受益者。系统领导力既不提倡自上而下的控制，也不呼吁权势群体带来潜移默化的影响，而是一种为所有公民和组织赋能的模式，促使他们在相互问责和协作的环境中进行创新、投资与创造价值。归根结底，它是一系列互联互通的活动，目的在于转变社会和经济体系的结构，在前几次工业革命止步向前的领域高歌猛进，持续造福全体公民和我们的子孙后代。

个人要有探索、尝试和展望的勇气　在如此巨大的挑战面前，个人需要做什么？施瓦布教授提出每个人都要有探索、尝试和展望的勇气去加入这场工业革命。新兴技术的“大众化”为每个个体提供机会，参与塑造这些技术的发展方式。今天，个体通过直接体验了解新技术的机会无处不在，比如参观当地的开发创新实验室，用 3D（三维）打印机打印自己的设计作品，参加讲座和社区研讨会等。个体一定要了解数字技术的界面和服务背后发生了什么，这对积累和分享经验至关重要，而这些经验可以反馈给企业和决策者，以形成利益相关者的观点、愿望和价值观。

未来属于即将到来的新生代　探索新技术意味着思考我们希望创造怎样的未来，展望技术与社区在未来将如何融合至关重要，而了解新技术的潜在用途和应用的一种方式，便是倾听年轻人的想法，接受他们的指导。任何值得我们为之奋斗的未来，都应该纳入那些最终受当前新兴技术影响最深、与这些技术关系最密切之人的见解。

这些观点在这本书中得到详尽和有力的阐述，值得每个人深思。

克劳斯·施瓦布的名字是和世界经济论坛连在一起的。他于 1971 年创立“欧洲管理论坛”，1987 年，“欧洲管理论坛”更名为“世界经济论坛”。论坛的年会每年 1 月底在瑞士的达沃斯召开，故世界经济论坛也称“达沃斯论坛”。论坛的参与者主要是各国的高层政治和经济界领导人、企业首脑以及知名专家，宗旨是探讨世界经济领域存在的问题并促进国际经济合作和交流。随着国际形势的变化，论坛所探讨的议题突破了纯经济领域，许多双边和地区性问题也成为论坛探讨的主要内容。近十多年来，世界上发生的重大政治、军事、安全和社会事件都在论坛上得到反映。

自论坛发展伊始，施瓦布教授就提倡“多方利益相关者”这一概念。在施瓦布教授的领导下，论坛在世界各地推动公私合作，促成了诸多合作项目与国际行动倡议。众多成就中，以联合国全球契约和三项全球生命援助主题倡议最为卓著，三项全球生命援助主题倡议包括：“全球疫苗免疫联盟”，为5.8亿名儿童提供疫苗注射服务，拯救了约800万条生命；参与组建“抗击艾滋病、结核病和疟疾全球基金”；在2017年发起流行病防范创新联盟，在首次募资中共筹集了7亿美元。

施瓦布教授真诚地信任和支持青年，2004年，他建立了全新的基金会——全球青年领袖论坛（成员为40岁以下的青年领袖）。2011年，他又创立了全球杰出青年社区（成员为20~30岁的具有领军潜质的年轻人）。这两个基金会旨在鼓舞青年积极参与解决社会问题的具体项目，诸如扶贫工作和环境保护。

施瓦布教授热爱中国，对中国怀有真诚的感情，他多次表示对于有幸参与中国的改革开放进程深感荣耀。1979年，他曾邀请中国的高级别代表团参加冬季达沃斯年会，中国代表出席了当年1月的年会，会后施瓦布教授在同年4月首次访问中国。1979年9月，施瓦布教授第二次访问中国，此次他随20位国际顶尖企业的首席执行官共同到访。作为访问的一部分，世界经济论坛与中国对外经济联络部签署了第一份谅解备忘录，建立起常规交流机制，组织中国代表团访问日内瓦。此次访问直接促成了中国部长级代表团访问世界经济论坛日内瓦总部。

自1981年以来，论坛每年在中国举办“中国企业高峰会”，为中国推进改革开放提供了诸多经验交流机会。基于对中国发展的信心，世界经济论坛将中国作为新领军者年会（又称“夏季达沃斯论坛”）的首选举办国。2007年9月，首届新领军者年会在大连成功举办。以后，每年由大连和天津轮流举办。新领军者年会致力于帮助提升中国的创新能力。今天，新领军者年会是与达沃斯年会和迪拜会议并列的世界经济论坛年度三大盛会之一。2017年1月，中国国家主席习近平出席世界经济论坛冬季达沃斯年会，论坛与中国的友好往来步入新的高度。习近平主席在达沃斯的讲话在全球政界、商界和社会各界引起了巨大反响。此次讲话是全球发展的重要里程碑，展示了中国在全球分化日益加剧的时代担负全球治理责任的强大意愿。

我从20世纪90年代开始参加在达沃斯举办的世界经济论坛年会，立即迷上了这个信息迅流、思想火爆、能量四溢而又宽松随和、不拘礼节，而且还能滑雪的达沃斯。我从参会听讲到逐渐参会讨论、演讲，迅速成为达沃斯的一员。从此，我每年都参加世界经济论坛。之后，我被邀请加入世界经济论坛的董事会，成为董事会的第一位中国公民。后来，我又成为论坛董事会的五人执行委员会成员之一。

参加论坛的活动多了，我对施瓦布教授的了解也逐渐加深。施瓦布教授当然是世界名人，他穿梭于各国首都，拜见各国首脑，参与世界大事的讨论，但他是一个极其谦虚的人。施瓦布教授获得了 17 个荣誉博士学位和多个国家荣誉奖章等诸多国际荣誉，包括德国铁十字勋章、法国荣誉军团爵士称号和日本旭日大绶章。2006 年，他被英国女王伊丽莎白二世封为骑士（KCMG）。他为人亲和，喜欢别人称呼他的头衔是教授，他坚持要我用他的名字克劳斯称呼他，以示平等和友好。在达沃斯每年的中国人晚宴上，他在多次致辞中称我为他的中国导师，这实在令我汗颜。

施瓦布教授思想敏锐，对世界大势有深刻的判断，是一个思想者。他更是一个积极的参与者，对世界有着宽广的人文关怀。在 2013 年中东的世界经济论坛上，他积极推动巴以双方 200 名企业家联名发表巴以企业家和平宣言，为此多次穿梭两地，长夜不眠。当会上巴以双方企业家上台讲述他们的故事和心愿时，全场动容。我坐在他的旁边，当我抹去我的泪水时，也看到眼泪从他的脸颊淌下。

施瓦布教授是一个行动者，他支持达沃斯讨论的理念在现实世界实施。世界经济论坛积极推动科技的创新和普及推广。卢旺达是个多山的国家，这对挽救生命的医疗设备和血液制品的运送提出了挑战。施瓦布教授与全球疫苗和免疫联盟资助了一家无人机公司，在不到30分钟的时间内就可将血液输送到乡村诊所。该项目在推出的第一年就帮助挽救了929名妇女的生命。无人机的使用引发了其他问题：防止黑客攻击、保护数据、确保无人机不会干扰民用航空等。世界经济论坛和卢旺达政府合作，在9个月内起草并通过了无人机法规，弥补了“治理差距”，使国家和人民都能从这些技术中获益。

工作之余，施瓦布教授喜欢游泳、登山，并热衷于参加恩加丁滑雪马拉松。这些运动也恰恰是我的爱好。多年来，在会议之余，我也常会和克劳斯以及他的妻子希尔德参加这些运动。年岁渐长，我们也会在日内瓦湖畔他家的草坪上喝杯葡萄酒，聊聊这些运动。

这本书的英文版发行时，我曾为新书写过推荐，我写道：“这本书的精彩之处在于强调社会、领袖和个人都可以、也应该在塑造第四次工业革命中改变并重写历史。施瓦布在书中呼吁全球领袖、企业界与个人积极参与和投入第四次工业革命的重塑中，不要让技术改变我们，而是我们决定技术的发展并让技术的创新和发展造福于人类。”行动吧，让我们积极参与，塑造我们共同的第四次工业革命。

朱民

清华大学国家金融研究院院长

2018年7月20日

序　言

近年来，世界经济论坛及其创始人克劳斯·施瓦布教授通过一系列会议与出版物，持续阐述第四次工业革命蕴藏的机会与挑战。面对即将来临的新技术浪潮，他们反对零和思维，指出技术演进完全在人类的掌控之中。

数据与强大的计算机存储和认知能力相结合，将从各个层面改变行业与社会面貌，在医疗、教育、农业、制造和服务等众多领域，催生以往无法想象的新机会。微软和其他许多公司相信，混合现实、人工智能和量子计算等重要技术必将走向聚合。通过混合现实，我们既能创造极致计算体验，使目光所及之处都成为“计算面”（computing surface），也能让数字世界与物理世界合二为一。无论是在办公室工作、拜访客户还是在会议室与同事协同工作，我们都可以随时随地访问数据、应用程序乃至移动设备中的联系人。人工智能将增进人类所有的体验，赋予我们自身不可能具备的洞察力和预见力，进而增强人类的整体能力。量子计算将帮助我们突破摩尔定律（根据这一定律，计算机芯片中的晶体管数量大约每两年增加一倍），改变目前所知的计算物理学，显著增强计算能力，解决最重大、最复杂的全球性问题。在当前阶段，混合现实、人工智能和量子计算这三大技术或许泾渭分明，但未来必定会走向交汇与融合。

同样，产业界与社会各界必须联合起来，为个人和组织赋能，让人人都可以获得智能技术，共同应对迫在眉睫的各项挑战。如果说人工智能是最重要的技术重点之一，那么医疗保健无疑就是最需要应用人工智能的领域之一。结合混合现实、云技术和商业优化工具，人工智能将对当前的医疗服务转型发挥核心作用，改进科学研究、临床应用和整个医疗中心运营。要理解基因、免疫系统、环境和生活方式等方面的个体差异，从而借助精准医学推动全球医疗的发展，我们就必须发展全网级（web-scale）机器学习、认知服务和深度神经网络。技术设计应当做到包容和透明，这既是遵循道德伦理的要求，也是工程发展的需求，因为这样才能改善产品和服务。为此，微软、亚马逊、谷歌、脸谱网和 IBM（国际商用机器公司）在 2016 年宣布建立“人工智能合作组织”（Partnership on AI），旨在让人工智能造福世界人民和各国社会。它们致力于推动公众对人工智能的理解，围绕这一领域的挑战和机会制订最佳实践方案。该组织将在汽车、医疗、人机协作、经济迁移等领域深入推动研究，开发和测试安全的人工智能系统，并考察如何利用人工智能促进社会公益。

通过普惠的方式提振经济增长与生产率是人类共同的目标，而技术将在其中发挥主导作用。值得考虑的一种做法是：在地方经济（特别是在国家或区域拥有比较优势的行业）中加大技术创新的应用力度，并改善相关的教育与技能培训。在数字时代，软件相当于通用信息输入端，可大量创造并应用于公共部门、私营部门以及各行各业。无论是在美国底特律、埃及还是印度尼西亚，这样的通用信息输入都需要转化成当地的经济剩余。突破性的技术加上训练有素的劳动力，辅之以对技术的高强度使用，能够让全体民众共享经济增长的红利并获得发展机会。

当前的数字化世界中，信任意味着一切。在世界各地，我们都需要改善监管环境，鼓励人们以创新、自信的方式利用技术。这方面的主要障碍是法律法规陈旧落后，无法有效处理当前的各类问题。

这本书探讨了一系列前瞻性问题，并且在世界经济论坛会议中激发了相关对话，这将非常有助于人们理解问题、探寻对策。第四次工业革命将创造前所未有的价值，但正如这本书的结论所言，公私部门的领导与合作才是塑造革命的根本。

萨提亚·纳德拉（Satya Nadella）

微软公司首席执行官

前 言

世界正处于十字路口。半个世纪以来，现行的社会和政治制度让成千上万的人摆脱贫困，塑造了我们的国家政策和国际政策，现在却让我们倍感失望。人类智慧和辛劳的经济成果日趋集中，不平等状况加剧，经济一体化和全球化的负外部性正在损害自然环境和弱势群体这两个最无力承受发展成本的利益相关者。

公众对企业、政府、媒体甚至公民社会的信任低落，全球超过半数人口对当前制度表示失望。各个国家中，处于收入塔尖的 1/4 人口和其余人口之间的信任状况恶化，导致社会凝聚力十分脆弱，甚至接近瓦解的边缘。

正是在这样动荡不安的政治与社会背景下，从人工智能到生物技术，从先进材料到量子计算，一系列强大的新兴技术带来了大量机会与挑战，并将从根本上改变我们的生活方式。我将这一过程称为“第四次工业革命”。

这些新兴技术不是在目前数字技术上的渐进式发展，而是真正颠覆性的变革，将彻底改变现有的感知、计算、组织、行为和交付方式，代表着为组织和公民创造价值的全新方式。假以时日，这些技术必将改变我们现在习以为常的所有系统，不仅将改变产品与服务的生产和运输方式，而且将改变我们沟通、协作和体验世界的方式。现在，神经技术和生物技术的进步，已经让我们开始思考人类的意义。

幸运的是，第四次工业革命才刚刚开始，我们完全有能力掌控其发展演化的方向。目前，各国正在制定用于治理新兴技术的社会规范和监管政策，每个人都能够并且应当发表意见，共同决定新技术影响自身的方式。

身处十字路口意味着我们肩负重任。如果我们错过塑造新技术的良机，未能增进公共福祉、提升人类尊严并保护环境，狭隘的利益主义与充满偏见的制度就会进一步深化不平等，损害每个国家民众的权利，从而加剧我们当前的挑战。

要理解第四次工业革命的重要性，并让所有民众（而不仅是掌握财富和熟练技能的特权群体）享有革命成果，我们就要树立新型思维模式，从宏观上理解将影响个人、社区、组织和政府的各类技术。

本书旨在帮助读者更好地参与社区、组织和机构内部以及它们之间的新兴技术战略对话，积极塑造世界。

本书是世界经济论坛各大社区中多位世界一流专家的智慧

结晶。特别是，第二部分内容中囊括了论坛全球未来理事会和专家网络中顶级思想者的观点。没有他们慷慨奉献的时间和知识，我们就无法广泛而深入地考察相关主题，理解最具影响力的技术领域。我也十分感谢萨提亚·纳德拉在序言部分提出的深刻洞见。

我还要特别感谢本书合著者、世界经济论坛社会与创新事务总监尼古拉斯·戴维斯，以及世界经济论坛科学技术研究总监托马斯·菲尔贝克（Thomas Philbeck），他们为本书贡献了非常重要的智慧，付出了大量的心血。我还要感谢世界经济论坛第四次工业革命知识总监安妮·玛丽·恩格托夫特·拉森（Anne Marie Engtoft Larsen），她针对技术和全球发展的许多具体问题提出了真知灼见。

我也非常感谢下列各位：卡特林·埃根贝格尔（Katrin Eggenberger）对本书的出版再次提供了大力支持；卡迈勒·基马维（Kamal Kimaoui）对英文版版面进行了专业设计；法比耶纳·史塔生（Fabienne Stassen）对文字内容进行了高水平编辑；梅尔·罗杰斯（Mel Rogers）的战略思维和价值型领导力在全书各章均有所体现。

世界经济论坛是一个推动公私合作的国际机构。作为论坛创始人兼执行主席，我的切身经验说明：实现可持续、包容性的增长，需要各学科和多方利益相关者携手合作，推动共同愿景，反对零和思维。如果能够成功，我们就能在十字路口选择充满机会的方向，完成以往工业革命的未竟之业，创造包容普惠、持续发展、繁荣和平的世界。我希望本书和我于2016年出版的《第四次工业革命——转型的力量》一起，指引我们前进的方向。

克劳斯·施瓦布

世界经济论坛创始人兼执行主席

引　言

2016 年 1 月，《第四次工业革命——转型的力量》出版，呼吁我们所有人共同承担责任，“使创新与技术均以人类及服务公共利益为中心”。

如果我们能采取积极应对、勇于担当的态度推动新技术革命的发展，就能引发一场新的文化复兴运动，使我们超越小我，而这才是一场真正全球性的文化运动。第四次工业革命可能让人类变得更数字化，从而掩盖我们传统的生存意义，包括工作、社区、家庭和身份认同。然而，我们依然能够利用第四次工业革命的机遇，将人类的道德意识水准提升至新的高度，秉承共同的使命感。要实现这个目标，我们所有人都义不容辞。

过去两年中，上述呼声有增无减。研究与开发进一步推动了技术的快速发展，企业纷纷采用新的方法，实证性新证据表明新兴技术和新型商业模式对劳动力市场、社会关系与政治制度具有颠覆性影响。

本书从两个方面对《第四次工业革命——转型的力量》一书的内容加以补充：第一，本书帮助所有读者（无论是全球领袖还是积极参与公共事务的公民）“连点成线”，从系统视角构建议题框架，凸显新兴技术、全球挑战与当前行动之间的联系；第二，本书提供最新案例以及全球顶级专家的意见，帮助读者深入探究具体技术和治理议题的实质。

本书重点指出：

- 第四次工业革命蕴含着人类发展的重要希望，延续自1800年以来已显著改善数十亿人生活的发展进程。
- 为了实现技术成果，不同利益相关者需携手合作，解决三大核心挑战：公平分配技术创新的效益，约束不可避免的外部性效应，以及确保新兴技术赋能于人而非支配人类。
- 第四次工业革命的核心技术以多种方式相互关联，它们拓展数字能力，不断扩展、发展演进并融入我们的生活，同时不断聚合、发挥力量，逐渐挑战现有治理体系。
- 为利用第四次工业革命的优势，我们不应将新兴技术视为完全受我们主动控制的“纯粹工具”或无法引导的外部力量。相反，我们应当努力探索下列问题：如何为这些新技术赋予人类的价值观？在哪个环节赋予这些价值观？如何塑造这些技术以改善公共福祉、环境管理和人类尊严？

- 所有利益相关者都必须参与全球讨论，探讨技术将如何改变我们周围的系统以及如何影响全体人类的生活。在探讨新兴技术的治理与影响时，我们应特别注意纳入三个经常在讨论中被排斥的群体，即发展中经济体、环境机构与组织，以及不同收入水平、不同时代和教育程度的公民。

第一部分的4章内容将分别阐述实现“以人为本的未来”的关键挑战和原则，讨论第四次工业革命各项技术相互关联的方式，提供以人权为基础的框架，理解并深化价值观和原则在新兴技术系统中的作用，并思考哪些利益相关者需要更深入地参与第四次工业革命的讨论和应用。

第二部分由本书作者与世界经济论坛专家网络和全球未来理事会成员联合撰写，包括12章内容，每一章均关注一类具体的技术，阐释其潜在影响及其对当今领导者的重要意义。这一部分阐述了下列问题：随着人类与数据关系的变化、物理世界的变革、人类能力的增强，以及能量巨大的新型系统变得无处不在，新兴技术如何相互作用并共同发展？

最后，本书提出系统领导力的愿景，并总结关键的治理议题。各行各业的领导者与社会公众必须共同解决这些问题，创造包容普惠、持续发展和繁荣向上的未来。

第一部分 第四次工业革命

第一章

构建第四次工业革命框架

“全世界进入颠覆性变革新阶段”这一论断，已成为各国企业与政府高层热议的话题之一。本章介绍第四次工业革命的核心概念，确认必须合作应对的三大挑战，并重点提出四项原则，帮助领导者与普通公民发展新技术、构建新系统。

改变思维模式，塑造技术未来

第四次工业革命描述在我们周围系统中正在和即将发生的一系列转型，但多数人认为这些转型理所当然。在日常生活中，我们已经能感受到规模不大但意义重大的调整，这些调整虽然看上去可能波澜不惊，但其重要性不容忽视。第四次工业革命是人类发展的新篇章，与第一次工业革命、第二次工业革命和第三次工业革命的意义不相上下，而其背后同样是一系列超凡技术的日益普及和相互作用。

推动第四次工业革命的新兴技术建基于以往工业革命的知识和系统，特别是第三次工业革命的数字技术。本书第二部分重点考察 12 个技术集群，如人工智能与机器人、增材制造、神经技术、生物技术、虚拟现实与增强现实、新材料、能源技术，以及我们目前尚未知晓的观念和技术。

第四次工业革命不仅仅是描述技术所推进的变革，最重要的是，它也是构建一系列公开对话的机会。无论是技术领袖和政策制定者，还是不同收入水平、国籍和背景的公民，所有人都可以通过这些对话，理解并引导力量强大、不断聚合的新兴技术影响我们周围世界的方式。

为此，我们必须采取全新视角来看待和讨论正在塑造世界的新兴技术，既不能将技术当成必然支配人类未来的纯粹外界力量，也不能走向反面，将技术当成人类可以任意调遣的工具。

相反，我们需要深入理解新技术相互关联的方式，以及这些技术对我们的显性和隐性影响，并在制定有关投资、设计、应用和再发明的决策时，反思并强化人类的价值观。如果我们不能理解人类与技术相互作用的方式，我们就难以甚至无法在投资、政策和集体行动上展开协作，对未来产生积极影响。

因此，第四次工业革命的首要机会在于，不是将技术视为简单工具或必然力量，而是设法为尽可能多的人口赋予能力，让他们影响与引导塑造我们生活的周边系统，对家庭、组织和社区产生积极影响。

我们这里说的“系统”，既包括指导人类日常行为的规范、准则、期望、目标、制度和激励机制，也包括在人类经济、政治和社会生活中发挥根本性作用的基础设施以及流动中的物资与人员。这些要素共同作用，影响我们管理健康、制定决策、制造和消费产品与服务、工作、沟通、社交、交通的方式，甚至波及我们对人类的定义。与历次工业革命的进程一样，上述以及更多的人类行为都将随着此次工业革命的展开而发生根本性的变化。

工业革命、增长与机会

250 年来，三次工业革命改变了人类创造价值的方式，也改变了整个世界的面貌。每一次工业革命中，技术、政治制度和社会制度共同演化，不仅改变了行业本身，而且改变了人们看待自身、相互联系以及与自然界相互作用的方式。

第一次工业革命发端于 18 世纪中叶的英国纺织业，由纺纱和编织工艺的机械化引起。在随后的 100 年里，第一次工业革命改变了所有既有行业，并催生了更多新技术，如机床、炼钢、蒸汽机、铁路等。新技术引发合作与竞争的变化，形成全新的价值生产、交换和分配系统，颠覆农业、制造业、通信业和交通业等诸多行业。事实上，我们使用的“工业”一词过于狭隘，不足以统括这次革命的范畴，更合适的说法或许是 19 世纪的思想家托马斯 · 卡莱尔（Thomas Carlyle）和约翰 · 斯图尔特 · 穆勒（John Stuart Mill）所说的“产业”，这个概念包含了与人类劳作相关的一切活动。

尽管第一次工业革命助长了殖民主义，加剧了环境恶化，却也成功增加了全世界的财富。在1750年之前，即便是最富裕的国家，如英国、法国、普鲁士、荷兰、北美殖民地，年均增长率也只有0.2%左右，并且时常波动，不平等状况远甚于今日。以现在的眼光来看，当时的人均收入堪称极端贫困。到1850年，拜技术影响所赐，这些国家的年增长率已达到2%~3%，人均收入也稳步上升。[1]

1870—1930年，新一批相互关联的技术不断涌现，进一步推动了第一次工业革命以来的增长与机会。收音机、电话、电视机、家用电器和电灯相继问世，展示了电力的强大力量。在内燃机的基础上，产生了汽车、飞机及其生态系统，包括制造业工作岗位和公路基础设施。化学领域也出现突破，涌现出新材料（如热固性塑料）和新工艺（如哈伯－波希合成制氨法），为降低氮肥成本、20世纪50年代的“绿色革命”和后来的人口激增奠定了基础。[2]从公共卫生到国际航空旅行，第二次工业革命开创了现代世界的初步格局。

在1950年左右，信息论和数字计算出现革命性突破，成为第三次工业革命的核心技术。和以往一样，第三次工业革命的动力并非数字技术本身，而是技术改变经济和社会结构的方式。信息的存储、处理和传输实现了数字化，让几乎所有行业都“重新格式化”，并大大改变了数十亿人的工作与社会生活。三次工业革命的影响累积起来，使财富和机会出现惊人增长，至少在发达经济体如此。

今天的经济合作与发展组织（以下简称“经合组织”）成

员包括全球1/6的人口，人均收入是1800年的30~100倍。[3] 图1采用联合国人类发展指数中经合组织成员的数据，评估不同技术对增长、健康和教育成果的贡献，说明历次工业革命如何持续改善了人类生活水平。

图1是基于1750年以来占主导地位的技术、行业和制度进步对人类发展指标的贡献所做的粗略估计。[4] 这幅图表明，即便在接近技术前沿的国家，对人类发展最主要的贡献也都来自第二次工业革命期间的技术和制度，如电力、水、公共卫生、现代医疗，以及人工肥料带来的农业生产率大幅上升。这一观点由美国经济学家罗伯特·戈登（Robert Gordon）等人提出，具有一定的说服力。[5]

有史以来，技术创新的过程（发明、商业化、广泛应用和使用）一直是增进财富和福祉的最大驱动力。相比以往任何时代，现在的普通人都更长寿、更健康，经济上更安全，死于暴力的概率更小。从第一次工业革命到现在，经合组织成员的人均实际收入增长了约2 900%。[6] 与此同时，几乎所有成员的人口出生时平均预期寿命都增长了一倍以上，英国从40岁增长到80岁，印度从23.5岁增长到现在的65岁。

未来优势与挑战

如图2所示，在理想情况下，第四次工业革命能够提供机会，使享有前三次工业革命红利的国家继续提高人类发展水

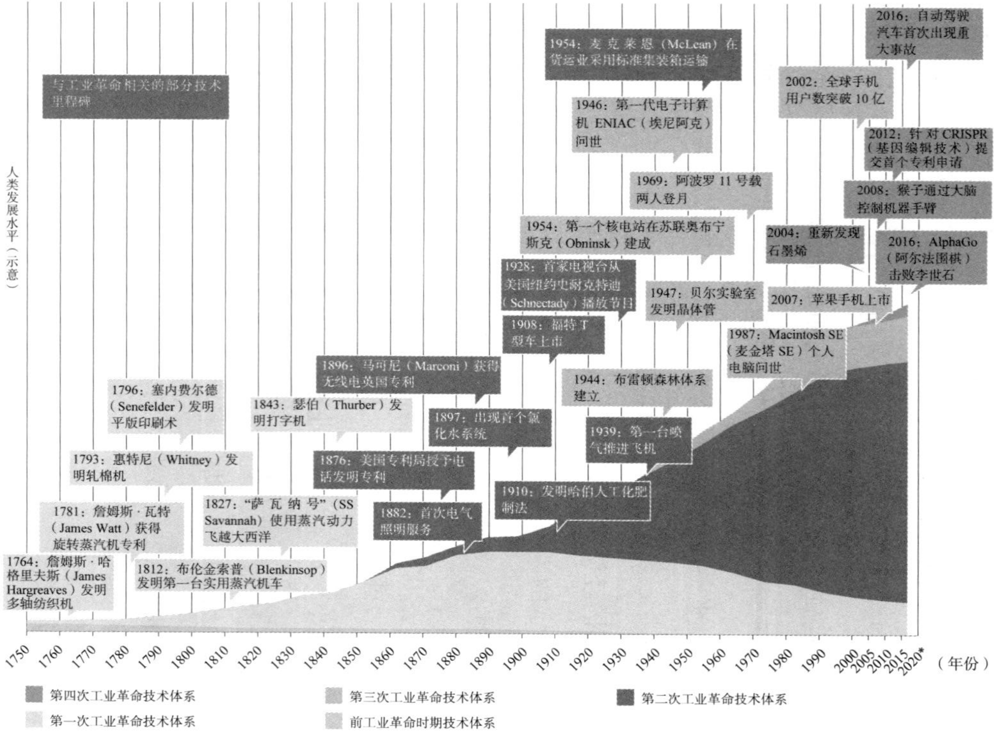

图1　工业革命对人类发展的贡献示意图（经合组织成员，1750—2017年）

资料来源：世界经济论坛

平。同时，对于错失技术系统与优良公私制度结合优势的群体，第四次工业革命也能改善他们的生活。如果第四次工业革命的技术能够配以适当的制度、标准和规范，全球民众就能生活得更自由、更健康，获得更高的教育水平、更多追求理想生活的机会，同时减少不安全和经济不确定性带来的伤害。

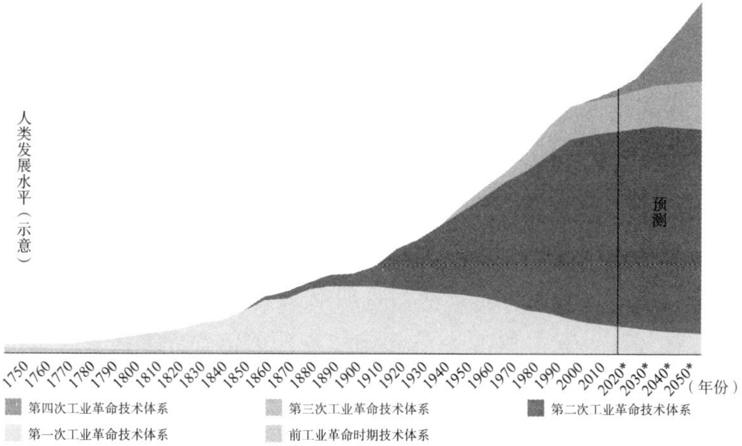

图2　到2050年，工业革命对人类发展的贡献示意图（实现的积极影响）

资料来源：世界经济论坛

本书第二部分重点阐述12个新兴技术集群的潜在优势。例如，量子计算技术在复杂系统建模和优化方面实现重大突破，有望大幅提高从物流到药物开发等众多领域的效率。应用分布式账本技术，不仅能大幅降低多方协调（如验证钻石的原产地）的交易成本，而且能推动数字产品和服务价值的大规模流动，提供安全的数字身份，使互联网的任何用户都可以进入新市场。虚拟现实和增强现实技术提供体验周围世界的全新方式，让我们能够打破时空限制，显著加快学习或应用技能的速度。如果新材料能够在电池能量密度方面实现级变（step-change），将能使民用和军用无人机产生颠覆性变化，为弱势群体提供电力服务，加速交通运输系统的整体变革。

这些效益似乎完全依赖技术突破，而这些技术实现的时间、方式及其受益人群都未确定。第四次工业革命正在发展演进，但也带来新的挑战。与此同时，人们越来越担心不平等、社会矛盾和政治分化等问题，弱势群体面临更加严峻的经济不确定性和自然灾害威胁。要使人人有机会享有最高水平的人类发展成果，我们需要哪一类思维模式，需要施行什么样的制度？为建立公平、包容的未来，我们必须改变现有的思维模式和制度。借鉴历次工业革命的经验，我们认为在系统剧变来临之际，要充分实现技术红利，全世界必须应对三大迫在眉睫的挑战。

挑战一：确保公平分配第四次工业革命的效益。过去历次工业革命中，财富和福祉的分配并不公平，并且这一趋势还在延续。20 世纪 70 年代以来，新兴市场国家快速发展，国家之间的差距已大幅缩小，但国家内部的差距在扩大。2011—2016 年，发达经济体的年收入中位数下降了 2.4%。2015 年，美国的平均预期寿命 25 年来首次下降，主要原因就是工薪白人的健康状况变差。[7] 人们可能出于多种原因错失制度的效益，例如效益不可得、无法承担或不相关；制度具有或显性或隐性的倾向；制度运行驱使利润流入私人手中，导致财富和机会集中。第四章详细考察第四次工业革命的利益相关者，以及确保他们享有效益的必要条件。

挑战二：管理第四次工业革命的外部性效应，控制风险和伤害。在以往的工业革命中，很少有针对弱势群体、自然环境和未来世代的保护措施，以防范意外后果、变革成本、二阶影响（second-order impacts）或蓄意滥用新技术所带来的伤害。

鉴于第四次工业革命各项技术的强大力量及其对复杂社会和环境系统长期影响的不确定性，这种外部性效应和意外后果带来的挑战尤其严峻。最为可怕的风险包括：地球工程对生物圈造成不可挽回的突然损害；通用人工智能寻求目标的行为与人类生活的多样庞杂相冲突；量子计算使现有加密方法失效，在某些情况下可能产生重大的隐私和安全风险，威胁新计算方法的任何用户；在已经拥挤不堪的城市中，私家自动驾驶汽车的广泛使用将令道路更加拥堵；虚拟现实的兴起可能助长网络骚扰，造成更加严重的精神创伤。

挑战三：确保第四次工业革命由人类主导、以人为本。技术开发必须尊重人类价值观本身，而不是只考虑经济价值。此外，以人为本意味着赋能于人，而不是支配人类的命运。这一挑战非同小可，原因是第四次工业革命技术与以往历次工业革命的技术都存在巨大差异。如第十二章所述，新技术能够侵入我们思想的私人领地，解读我们的想法，影响我们的行为；能够以人类无法理解的方式评估人类无法处理的数据并做出相应的决策；能够改变生命本身的要素，包括尚未出生的生命；能够通过数字网络以前所未有的速度传播。

新领导力思维

这三大挑战，即分配效益、管理外部性效应和确保以人为本的未来，无法通过管制或政府善政由上至下地轻松解决。鉴于目前的国际制度和国内制度、市场架构、有组织和自发的社会运动以及对个人的激励措施，我们也不可能广泛普及强大的新技术并完全避免伤害，或完全致力于向使用者赋能。全世界仍在努力解决与过去三次工业革命相关的一系列挑战，包括：发达经济体的工资中位数停滞或降低；发展中经济体仍在努力发展经济，力争广泛而可持续地改善生活；近 1/10 的人口还生活在极端贫困中。[8] 用美国前国务卿马德琳·奥尔布赖特（Madeleine Albright）的话来说，我们现在的任务是用 19 世纪的制度与 20 世纪的思维来理解和治理 21 世纪的技术。因此，制度变革是应对这些挑战的关键，但适应 21 世纪挑战的思维模式也同样重要。

以往工业革命的历史和第四次工业革命的技术动态表明，确定适应新挑战的思维模式，应当考虑以下 4 项关键原则。

1. 系统，而非技术：人们倾向于关注技术本身，但真正重要的是提供福祉的系统。有了政治意愿、投资和利益相关者合作，新技术便能促成更加有效的系统，否则只会使现有系统更加糟糕。

2. 赋能，而非支配：人们倾向于认为无法控制或引导技术变革，人类对技术影响行为的能力束手无策，但我们应当重视人类的决策和能动性，设计能够利用新技术的系统，让民众在生活中拥有更多选择、机会、自由和控制权。由于新兴技术有望赋予机器自主决定和行动的能力，以显性或隐性方式影响我们的行为，这一点特别重要。

3. 设计，而非放任：鉴于社会制度和政治制度的复杂性，人们倾向于认为塑造制度的任何尝试都不切实际，注定失败，但我们不应无所作为，放任发展。设计思维（特别是以人为本的设计方法和理念）和系统思维方法能够帮助我们认识那些指引世界发展的架构，理解新技术如何塑造系统的新形态。

4. 使价值观成为特点，而非漏洞：人们倾向于将技术视为纯粹的工具，可用于行善，也能用来作恶，但技术本身在价值上是中性的。在现实中，从初始概念到开发和部署的方式，所有技术都包含着一定的价值观。我们应当意识到这一点，在创新的各个阶段思辨价值观，而不只是到价值观产生伤害的时候才去反思。本书第三章详细考察了价值观的角色，以及哪些价值观可能在第四次工业革命中最为有用。

上述4项原则是从我们与科学家、企业家、公民社会领袖、政策制定者、企业高管、媒体人的数百次对话和访谈中总结而来的，它们构成了一个共同框架，可用于评估、讨论和塑造技术在当下影响我们的方式及其将在未来塑造世界的方式。

我们如何助力塑造第四次工业革命

从卢旺达到瑞士或中国，全世界都在讨论和制定治理第四次工业革命的社会规范、法规、技术标准与企业政策，因此需要上述原则的指导。从算法歧视到让工人失去社会保障的劳动市场变化，都证明了排斥、负外部效应和去权（disempowerment）这三大挑战。

许多颠覆性技术刚刚从全球各地的实验室、车库、研发部门中涌现出来，许多规定仍在制定和更新，因此各行各业的公民和领袖都应把握这一良机，共同塑造第四次工业革命的系统。如果成功把握机会，我们就能让更多人共享繁荣，缓解不平等状况，恢复信任并扭转社会分化与政治极化。我们应当通过第四次工业革命构建理想的系统，让人类更健康、更长寿，提升经济与人身安全以及幸福感，在可持续的环境中从事有意义的活动。

如何才能实现这一目标？

第一步是将第四次工业革命的不同技术连点成线。这将是下一章的内容。

本章总结

第四次工业革命是人类发展的新篇章，动力来自前三次技术革命基础上一系列超凡技术的普及和相互作用。这次革命还处于早期阶段，我们的机会与责任并存，不仅要塑造新技术的设计，而且要建立更加灵活的治理方式和积极的价值观，从根本上改变我们的生活、工作和交流方式。

新兴技术能够为行业和社会创造巨大效益，但以往工业革命的经验告诉我们，要充分实现技术红利，全世界必须应对三大迫在眉睫的挑战。

实现繁荣的未来，我们必须做到：

1. 确保公平分配第四次工业革命的效益。

2. 管理第四次工业革命的外部性效应，控制风险和伤害。

3. 确保第四次工业革命由人类主导、以人为本。

在应对快速技术变化产生的不确定性时，领导者应当认识到，适应变化无须预测未来，更为重要的是转变思维模式，考虑系统层面的效应和对个人的影响，同时确保面向未来，符合不同利益相关者的共同价值观。

因此，在考虑如何发挥技术影响力时，我们应牢记 4 项重要原则：

1. 系统，而非技术。

2. 赋能，而非支配。

3. 设计，而非放任。

4. 使价值观成为特点，而非漏洞。

针对一系列强大的新兴技术，各国都在制定与实施法规、准则和架构。行动时机已经到来，所有公民应当共同参与，塑造第四次工业革命。

第二章

连点成线

认识第四次工业革命核心技术的巨大影响并积极推动技术发展，要求采用“聚焦 + 抽象”（zoom-in, zoom-out）战略。在这里，“聚焦”指的是理解具体技术的特点和颠覆潜力，将在第二部分中进行阐述。更重要的或许是具备“抽象”的能力，观察技术互联的模式及其影响我们的方式。

关注“系统，而非技术”，有助于领导者研判第四次工业革命的技术变化。然而，没有对各类技术本身的深刻认识，又如何能真正理解技术改变重要系统（企业、政府和社会）的方式呢？许多人都面临这样的挑战，对此，我们可以双管齐下。第一种方法是充分学习每项技术，达到“最低可行理解”，从而在宏观背景中加以考察。这有助于和专家展开科学讨论、检验理论并探索能够在哪些领域创造价值。本书第二部分旨在提供这种程度的认知，简要介绍推动第四次工业革命的 12 个新兴技术集合。

本章将首先介绍第二种方法，即“连点成线”，理解第四次工业革命的动态，考察不同新兴技术的趋势和联系，了解它们如何相互作用并共同影响世界。今天举足轻重的技术突破，明天可能就被进一步的成果或应用淘汰，因此必须在快速变化的形势中培养必要的能力。本章考察第四次工业革命技术的多个共同方面，不拘泥于个别技术的细节，而是纵览技术的相互作用及其共同产生类似影响的方式。通过“抽象”并连点成线，我们看到，这些新兴技术仰赖并拓展数字系统，基于数字互操作性稳定扩展，附着于包括人类自身在内的不同实体，以出人意料的颠覆性方式相结合，产生相似的效益和挑战。

在第四次工业革命各项技术中，最明显的一个特点就是显著拓展并改变数字系统。第四次工业革命技术相互关联，都需要并基于第三次工业革命的数字技术和网络，正如后者需要并基于第二次工业革命的电力网络。过去 60 年中，信息处理、存储和通信技术不断发展，改变了整个世界的状况。如果没有这些技术的支撑，本书中讨论的技术也就不复存在。新技术的这一特性有时会引发一个结论，即所有激动人心的新技术只不过是数字革命的延续。实际上，关键差异在于，第四次工业革命技术必将颠覆现有的数字系统，创造全新的价值源泉，将现有组织努力掌握的突破性数字技术转化成未来商业模式中理所当然的核心基础设施。

我们现在都知道，尽管互联网的主体是电信号现象，但没有理由将互联网仅仅看作电力网络的应用：互联网代表着价值创造的全新生态系统，如果思维还停留在第二次工业革命，就根本无法想象这样一种系统。

同样，在未来也没有理由将从无序数据中独立学习的算法视为数字计算能力的应用。如果我们的思维还停留在第三次工业革命，就根本无法想象第四次工业革命将形成价值创造的生态系统。因此，我们的眼光必须超越现有的数字颠覆，关注新的挑战与机遇。

第四次工业革命技术的第二个特点是以指数级扩展，形成实体产品，并融入我们的生活。新技术扩展的速度越快，我们就越难以适应其颠覆性影响。由于能够利用第三次工业革命的数字网络并广泛传播，第四次工业革命技术扩展的速度将远远快于此前的工业革命。数字网络促进知识和思想的传播，加快实体产品增加的速度；同时，本身是纯数字化的产品或服务能够以极低的边际成本复制。如图 3 所示，电话用户数达到 1 亿用了 75 年，而互联网用了不到 10 年就积累了同样数量的用户。随着第四次工业革命技术的加速传播，技术也加速对投资、生产率、组织战略、产业结构和个人行为产生影响。如图 4 所示，人工智能公司在兴起的同时，也以指数级的增速被收购，而空前智能化的算法正在迅速提高员工生产率，例如使用聊天机器人加强（并逐渐取代）与客户的“实时聊天”。

第四次工业革命技术可能以数字化的形式扩展，但不会局限于虚拟世界。第三次工业革命似乎让实体产品实现了“非物质化”，完全抽象成为代码。例如，从（模拟）乙烯基和磁带录音发展为（数字编码）光盘（CD），并最终成为能够在线共享的纯数字音乐文件。第四次工业革命技术使反转工艺（抓取纯数据并用来创造广泛的实体对象、行动或服务）大为增强。例如，3D 打印机能够制造一切物体，从发动机零件到食品乃至活体细胞；物联网兴起后，我们能够指示虚拟个人助理关掉客厅的灯或打开暖气；机器人、无人机和自动驾驶汽车正在学习以更加自然的方式与世界交流互动。企业将这些新技术融入产品与服务，使“再现”（re-emergence）成为常见的消费体验：UPS（联合包裹速递服务）公司在全美近 100 个门店提供 3D 打印和扫描服务，客户能够建立原型、检验模具并创建模型或个人附件，而无须购置昂贵的计算机控制切割机。

第四次工业革命技术不会止步于我们周围的物理世界，更将成为人类自身的一部分。有些人已经发觉：智能手机成了我们自己的延展。现在的外部设备，从可穿戴计算机到虚拟现实头戴设备，几乎将肯定能够移植到我们的身体和大脑。外骨骼和义肢将增强我们的行动能力，神经技术的进步将增强我们的认知能力。我们将能更好地掌控自己乃至后代的基因。这些技术进步提出了深刻的问题：我们如何分辨人与机器？作为人究竟意味着什么？

第四次工业革命技术的另一个常见现象是，技术能够整合与催生创新，进而放大自身的颠覆力量。从蒸汽动力影响生产自动化和铁路开始，一直有一些技术影响着其他技术的开发和商业化。历史上，始终有一小批基础性的通用技术，对各行各业和各个地区产生重大影响，并衍生出更多的专业技术和应用。

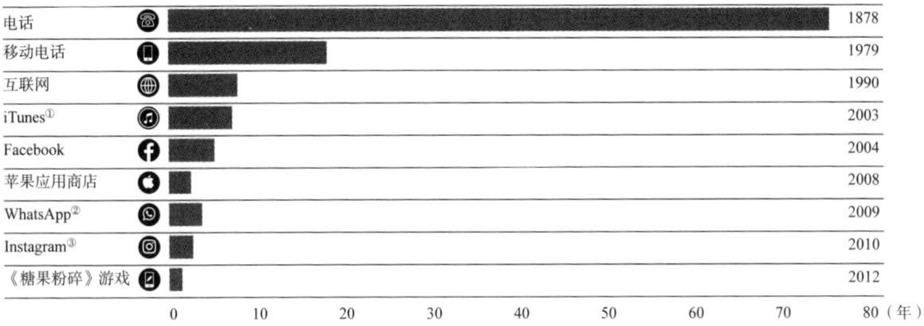

图 3　技术和应用覆盖用户数达到 1 亿所需的时间

注：①一款免费数字媒体播放应用程序；②一款智能手机通信应用程序，中文名为“瓦次普”；③一款图片分享应用程序，中文名为“照片墙”。

资料来源：波士顿咨询公司 ITU；Statista；波士顿咨询公司研究部；mobile-phonehistory.co.uk；《科学美国人》互联网实时统计；iTunes；《财富》杂志；OS X Daily；VentureBeat；《连线》杂志；Digital Quarterly；TechCrunch；AppMtr.com

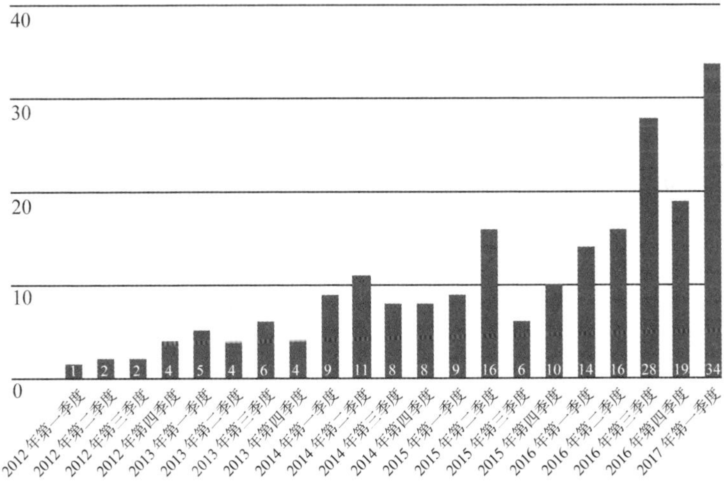

图 4　人工智能领域的并购活动数（截至 2017 年 3 月）

资料来源：CB Insights，2017

哪些技术最有可能成为第四次工业革命的基础性技术？没有人能够明确回答这个问题，但通过与新兴技术领域全球专家的 100 多次访谈，我们认为第四次工业革命的基础性技术有可能是人工智能、分布式账本和新计算技术，而能源技术和生物技术可能会对其他领域产生深远影响。也有些技术虽然影响重大，但经常被低估：先进材料是几乎所有领域的重要推动力量；虚拟现实和增强现实技术不断兴起，正在创造体验世界的全新方式。我们不难看出，更高效的算法、更强大的计算机和具有新性能的物理材料能够促进多数其他技术的发展，因此上述预测十分合理。我们也能预见，存在多种不同的互联和反馈回路。例如，在更强大的计算机上配置更优秀的人工智能，能够加速新材料的发现，反过来又能进一步提高计算机的性能；新材料能够提高电池的蓄电量，释放机器人和无人机应用的新潜能。影响最大、最惊人的进步可能来自技术的互联互通，这意味着如果公共或私营机构不能改革由上至下、条块分割的组织架构，就可能逐渐被淘汰。

最后，第四次工业革命各项技术还可能产生相似的效益和挑战。如经济学家和作家唐·布德罗（Don Boudreaux）所说，100 年前，即便是全世界最富有的人也无力购买一台电视机、一张跨大西洋飞行的机票、一副隐形眼镜、一盒避孕药或一个疗程的抗生素，而今天，发达经济体的普通人便能够承受这些支出。这些新产品和新服务的价值很难用货币数字来衡量。类似地，第四次工业革命的技术将为消费者提供空前丰富的选择，降低产品/服务的成本并提高质量，要量化其中的增加值也同样颇有难度。

然而，人们对第四次工业革命最担心的问题，就是价值不能公平共享，进而加剧不平等，削弱社会凝聚力。第四次工业革命可能加剧不平等的途径之一就是垄断。例如，谷歌已经控制了全球约 90% 的搜索广告份额，脸谱网控制了 77% 的移动社交流量，亚马逊控制了近 75% 的电子书市场。[9] 正如经合组织警告称，未来成熟的自学习算法可能会共同提高价格，而且人们还无法证明其不当行为。[10] 如果通用人工智能能够自我完善成为超级智能，那么先发优势将有助于在广泛市场取得支配地位。

有人担心第四次工业革命技术可能产生不平等，而好消息是许多技术在其构造形式和创造的机会方面提供了某种程度的去中心化。例如，作为去中心化的平台，区块链能够支持透明和匿名交易；假以时日，3D 打印可实现制造的“大众化”（democratizing）；资金有限的公司也可利用生物技术进行基因组编辑。在这里，“大众化”指的是随着数字基础设施的扩展和知识的全球共享，所有民众都更容易接触和利用技术。这种大众化是否等同于技术决策的大众化，在行业和社会中有何作用，都有待进一步观察。第三章具体考察这一问题，探讨如何将社会价值融入技术开发过程，并建立相应的规范，从根本上实现决策和开发过程（经常暗箱操作）的大众化。

另一个公认的重要问题是对就业的潜在影响。如图 5 和

图 6 所示，大量工作岗位面临自动化的威胁，风险远远高于前几次工业革命；技术快速扩张意味着职位消失的速度也在加快。相比过去几十年，目前技术前沿行业的就业增速也较为缓慢。[11] 新行业创造的岗位需要技术专长和非认知性技能，对低技能工人构成挑战。在发达经济体，新岗位大部分是独立承包、兼职、临时或“零工经济”活动，往往没有全职工作的法律保护和社会福利。以美国为例，2005—2015 年创造的新职位中，94% 为“另类工作形式”，这类工作缺乏社会保障、劳动权利甚至对工人的有效控制。[12] 因此，第四次工业革命技术似乎在损害人类的选择和能力，使之无法将技能和兴趣投入有意义的工作，甚至可能导致几代劳动者失去稳定的工作和生活。为了应对这些变化，我们需要对非标准工作制定新规，投资发展成人学习，并提供积极的就业服务。[13]

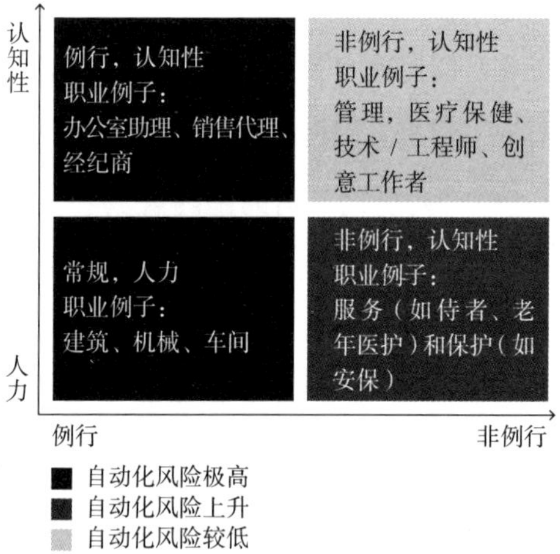

图 5　面临自动化的职业特点（部分行业）

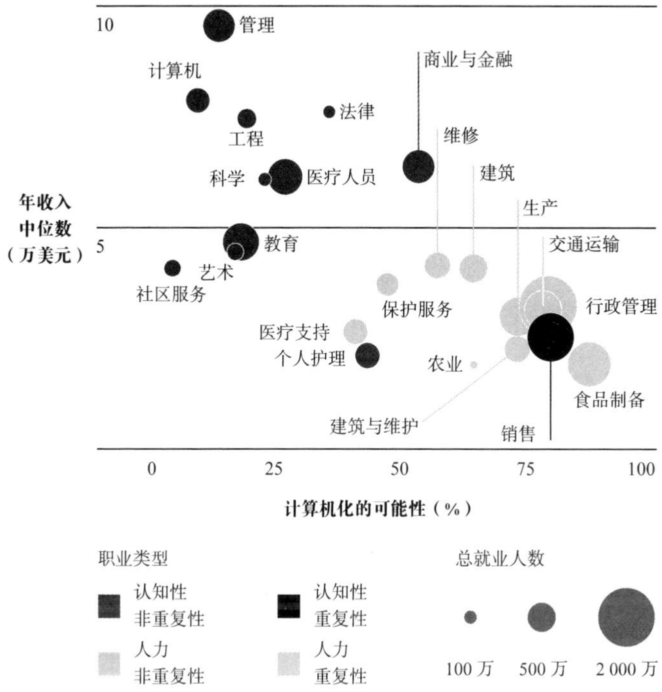

图 6　计算机化的可能性（部分行业）

资料来源：Autor、Levy 和 Murnane，2003；贝莱德投资研究所，2014

此外，我们还需要对社会保障制度和转移支付采取新思路。图 7 显示，在大多数经济体，作为最常见的政府支出和社会计划，转移支付在改变市场收入分配方面发挥着重要作用。例如，从结构上看，瑞典的不平等状况比美国、新加坡、墨西哥和土耳其更为严重，但在税收和转移支付后，其基尼系数成为几个国家中最小的一个。现在涌现出多种新型收入调节方法，如全民基本收入。据报道，美国旧金山正在探索这种做法，可能通过对机器人征税获得资金，[14] 但世界经济论坛《2017

年包容性增长和发展报告》(*Inclusive Growth and Development Report 2017*)提出，政府应当从根本上考虑如何加强包容性增长：国内结构性改革的范畴远不止税务和转移支付。[15]

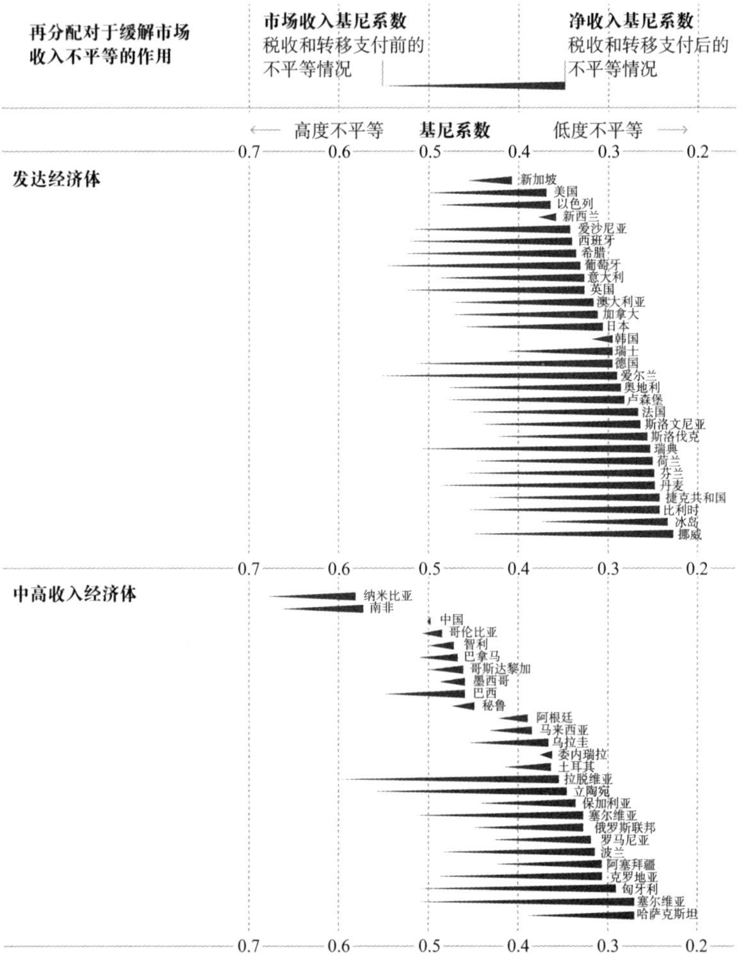

图 7　再分配对于缓解不平等的不同作用

资料来源：世界经济论坛，2017

除了经济不平等的潜在影响外，第四次工业革命的技术还可能在许多方面产生明显的负外部性。以下是《2017 年全球风险报告》（*The Global Risks Report 2017*）中受访专家提及的部分外部性风险，本书将在第二部分中详细说明：

- 第四次工业革命技术可能降低制造大规模杀伤性武器的门槛，例如，使用生物技术制造生物武器。
- 新材料（如纳米材料）可能对环境或人体健康产生负面影响，但只有当这些材料得到广泛应用时，人们才能理解此等影响。
- 清洁能源的突破性进展可能危及化石燃料出产国的稳定，造成地缘政治动荡。
- 尝试通过地球工程处理气候变化可能产生预料之外的后果，对生态系统造成无法挽回的损害。
- 量子计算的进步可能使现有网络安全协议失去作用。
- 广泛部署黑盒人工智能可能使经济体系更加脆弱与不稳定，模糊决策责任的界限（比如在冲突情况下部署）。
- 神经技术不断进步，对操纵点击链接、做出购买或其他行动的认识进一步增强，可能损害人类的能动性。

现行治理模式往往反应缓慢，倾向于回顾而非前瞻，如果我们依赖这种模式，就不可能有效管理此类外部性效应。例如，美国联邦航空管理局花了 8 个月才向亚马逊发出“实验可飞性证书”以测试一款无人机，彼时相关机型已然过时，结果亚马逊选择了在加拿大和英国进行试飞。[16] 如第三章和结论所述，全世界迫切需要灵活治理的新方法，不仅要反思法规、规范和标准的内容，而且要审视制定这些规范、标准的方式。

我们必须找到新方法，使技术治理符合公众利益，满足人类需求，最终为建立真正的全球文明贡献力量。为此，我们首先需要解决人类需求与技术发展的关系，考虑如何确立一致、积极的人类价值观，并将其融入正在改变世界的技术之中。这一重要问题将在下一章中讨论。

本章总结

深入理解第四次工业革命的一个有效办法是双管齐下，采取“聚焦 + 抽象”战略。这就要求我们：

1. 对一系列具体技术及其能力取得“最低可行理解”，更好地了解其潜力及应用方式。

2. 连点成线，理解技术之间的关系及其有助于促成的系统性变革。

第四次工业革命各项技术的一些共同点与正在发生的系统性变革相关。要看清系统层面的宏观形势，我们可以考察下列 4 个方面的动态：

1. 第四次工业革命显著拓展并改变数字系统。

2. 技术以指数级扩展，形成实体产品，并融入我们的生活。

3. 技术能够整合与催生创新，进而放大自身的颠覆性力量。

4. 各项技术可能产生相似的效益和挑战。

这些技术的效益和挑战与一系列重要问题息息相关，如不平等、就业、民主、主权、健康和安全及经济发展。

要掌控第四次工业革命技术影响的速度和规模，我们需要更加灵活的新型治理模式，让私营部门、社会利益相关者、政府和传统监管机构都能参与进来，最终制定一套新规范、新标准和新实践，建立面向未来、适应性强、由多方利益相关者主导的治理方式。

第三章

为技术赋予价值观

《第四次工业革命——转型的力量》一书认为，对于复杂、不确定和快速变化的技术环境，采取基于价值观的方法是“未来之路”的根本。[17] 本章即是从这一观点扩展而来，并提出原则和价值观，指引我们向前发展，确保社会在塑造未来技术中的作用。

毫无疑问，技术推动了全球生活水准和福祉的普遍进步，但也产生了负面影响，并持续造成不良后果。后者的例子包括：许多数字平台使财富日益集中到少数人手中，工人生活更不稳定，劳动力容易被滥用；天然气开采的新技术持续破坏环境，在让股东受益的同时，将成本转嫁给边缘化的利益相关者；1990 年以来，资本设备的投资可能使美国制造业职位数量减少了 83%，并因此瓦解了整个制造业共同体。[18]

过去 30 年里，这些外部性缓慢积累，但随着第四次工业革命的展开，变革的速度越来越快，我们需要处理空前多样、复杂而具有颠覆性的技术影响。技术影响的后果目前只能推测，但许多人对潜在的负面效应深表担忧。如第二章文末所列，世界经济论坛《2017 年全球风险报告》揭示，专家认为人工智能、生物技术、地球工程和物联网带来的风险尤为令人担忧。[19]《2018 年全球风险报告》(*The Global Risks Report 2018*)则认为，由于数据、基础设施、个人信息和身份等数字化产物的弱点越来越明显，相应的网络安全威胁已成为 2017 年以来最值得关注的风险。那么，如何判断第四次工业革命技术能否改善世界状况和我们的生活呢？经济和其他效益是否值得人类付出潜在成本？我们是否拥有缓解风险的有效手段？我们对这些技术的真正需求是什么？

归根结底，虽然许多具体技术可能会带来便利，创造乐趣，提高能力，提高生产率或兼而有之，但总体而言，我们对技术的需求往往与对健康经济体的需求一样，都是增进人类的福祉。我们在第一章中提出，技术应当“赋能，而非支配”，未来应当“由人类设计，造福于人类”，技术应当“使价值观成为特点，而非漏洞”。简而言之，在第四次工业革命中实现福祉，目标显然应该注重以人为本。如果第四次工业革命的技术最终加剧社会不平等、贫困、歧视、缺乏保障、流离失所或环境破坏等问题，并导致人类被边缘化、被侵占或降低价值，那无疑是大错特错。

然而，我们越发感到全世界正不顾一切地追求技术进步和经济发展，对真正重要的东西却视而不见。埃里克·布莱恩约弗森（Erik Brynjolfsson）和安德鲁·麦卡菲（Andrew McAfee）

等知名经济学家普及了“大脱节”（great decoupling）的概念，即技术发展导致劳动者与生产率脱节。[20] 到 2020 年，技术推动下发展起来的“零工”经济预计将影响全球 40% 的工作。[21] 经合组织成员中，劳动者在国民收入中占比降幅的 80% 被归咎为技术带来的影响。技术加剧了不平等，越来越多的公众认为政策取向重视经济增长，轻视社会团结和人类福祉。[22] 我们没有自问想从技术变革中获得什么，而是经常被迫去应对负面后果。

我们不要老是做“事后诸葛”，而要主动作为，采取价值型的技术发展方针，帮助我们重新取得平衡。首先，我们要明确技术的政治性，这有助于强调勇于担当、应势而为的治理方式。其次，我们要在技术治理中重视社会价值观，这有助于引导确立技术的使用方式及其受益人群。最后，我们要明确将价值观纳入技术系统的切入点和方式，这有助于增强意识并确定将价值观融入技术开发的最佳策略。

技术的政治性

技术与价值观的关系并不容易确定。价值观抽象、无形，因社会和个人而异。技术的范围也十分广泛，从语言到载人火箭，包罗万象。因此，我们必须找到处理这一关系的简单方法。然而，目前存在两种常见但具有误导性的观点，笔者在此剖析如下。

误导性观点 1：技术决定未来

第一种观点认为，技术以不同的方式激励、支持和约束我们，从而对社会产生影响，技术进步是几乎决定性的外在力量，不能改变也无法阻止。在持这种观点的人看来，无论有益还是有害，技术都在推进历史进程和人类的价值观，试图阻挡不过是徒劳之举。

误导性观点 2：技术没有价值倾向

第二种观点否认技术本身对社会的任何实质影响，将其描述为中性工具。这种观点认为，影响社会的是人们选择使用技术的方式。这一论点有失偏颇，只关注技术使用者（而不是开发者或传播者）的道德角色，忽略了技术的发展潜力及其对人的影响。

这两种观点都不足以指导第四次工业革命。事实上，尽管这两种观点都有一定的道理，但也都极度危险，因为正如第二章所述，技术发展正呈现出下列特性：传播更快，赋予使用者更强的能力，既包围我们又融入我们。

第一种观点认为技术超出社会控制，第二种观点则割裂了社会责任与技术施加的影响。这两种观点都忽略了一个要点，即技术与社会是相互塑造的。核技术就是一个典型，完全依赖这两种观点中的任意一种，都可能引发核技术的危险性。核技术显然不是“纯粹的工具”，它既拥有发展核能的潜力，又有产生核破坏的威胁，其存在本身就会对社会和社会之间产生巨大压力。例如，近期的地缘政治矛盾增强了人们对核危险的认识，而 2017 年的诺贝尔和平奖也颁发给了“国际废除核武器运动”（ICAN）。与此同时，核技术未必能支配人类的命运，因为各国社会有能力决定技术开发的种类、方式、主体和用途。事实上，越来越多的国家决定不再发展核能，德国政府就在 2011 年宣称，将在 2022 年之前关闭境内的最后一个核能反应堆。[23]

为了推进第四次工业革命，我们必须对技术采取更加严肃、务实的态度，并仔细探讨技术的用途、风险和不确定性。我们还需要树立第三种技术观，即“所有的技术都具有政治性”。这里的“政治”是一种描述性语言，不是说技术代表了政府，采取明确的党派立场，或者具有“左翼”或“右翼”的特点。我们的意思是，技术是通过社会机制开发出来的解决方案、产品和举措，它包含一整套假设、价值观和原则，服务于人民和社会制度，反过来又能够（并确实）影响社会权力、结构和地位。

毕竟，技术与我们的认知方式、决策方式、看待自我和他人的方式密切相关。它关系到我们的身份和世界观，也影响着我们的未来格局。从核技术到太空竞赛、智能手机、社交媒体、汽车、药品和基础设施，技术的内涵决定了其政治性。即便是“发达”国家这一概念，也隐含着这样一层意思，即国家依赖技术的应用及其经济意义和社会意义。

许多科学家和技术专家已经认识到技术的政治性。例如，电气电子工程师学会（IEEE）在“全球人工智能和自主性系统伦理问题提案”中将人工智能定性为“社会–技术系统”。[24] 事实上，为了深度思考人工智能的价值观，学界、政界和行业专家已经协调发起了许多公共倡议。同样，纳菲尔德生命伦理学理事会将生物技术界定为“知识、实践、产品与应用的结合”。[25] 这一定义指出，技术与人一样，绝不只是物理成分的简单加总。

> 尽管生物技术具有高度多样性，但由于某些条件的限制，特定的社会和历史环境中只能产生特定的结合，这导致了一些常见的问题。这类条件包括自然约束和自主选择（即便这些选择并非总是得到认可或显而易见）。这类选择取决于对技术及其应用的复杂判断，包括价值观、信念和期望。做出选择的方式，包括如何产生、评估、整合或排除不同的价值观、信念和期望，与各种考量因素的性质一样，具有重要的伦理意义和政治意义。

任何技术在开发之时，都包含了一定的价值观、目标和妥协。技术越强大，我们就越需要理解这些因素。

一般情况下，经济因素决定了哪些技术值得开发，也决定了如何设计和实施这些技术。我们可以通过它们的社会影响力观察这些激励因素。例如，关于过滤数字内容（以及大规模推广的成本）以打击“假新闻”是否合乎道德的讨论，就直接关系到技术公司的经济需求、平台设计与用于跟踪、分类和推送内容的方法。与报纸、电视和收音机影响受众的方式一样，在数字化社交媒体环境中，经济压力和产品管理影响着数十亿人获得信息的内容与方式。互联网的开放性令社交媒体技术快速扩展，同时也使对“反社会”内容的监控极具难度。

如果能够理解技术包含明确的社会态度、利益和目标，我们就能增强启动变革的能力。事实上，这要求我们承担责任，因为我们不能将不良后果归咎于技术本身，也不能忽视技术对我们所做决策的影响。接受这一点意味着我们要承担三项责任：

1. 识别对特定技术最重要的价值观。
2. 理解技术影响我们选择和决策的方式。
3. 确定如何与利益相关者一起充分影响技术发展。

在政治层面商讨社会、技术与经济三者的关系时，对社会价值观的重视程度取决于我们。

优先考虑社会价值观

既然技术融入社会生活，我们就有责任塑造其发展，有义务优先考虑社会价值观。尽管技术往往传达已经融入其设计和用途的价值观，但对于具体应当考虑哪些价值观，并非总能存在一致意见。如电气电子工程师学会的约翰·黑文斯（John Havens）所说：“如果我们自己都不知道应该重视哪些价值观，机器又如何知道？……如果不在开发技术前确定共同的价值观，我们就不可能增进人类的福祉。”[26]

每个人、每个社会的价值取向均有不同，针对技术发展的社会和文化视角也一定会有分歧。不同文化和价值观的关注点也不同，但这不应妨碍我们对技术开发采取价值型思维。相反，我们思考得越透彻，就能越好地理解哪些方面对社会最为重要，以及技术如何影响并调和这些价值观。事实上，在大多数文化中，我们都能发现一些普遍性的价值观。世界经济论坛全球议程理事会“价值观”议题组（2012—2014 年）编制的《新型社会契约》白皮书认为，“在不同的文化、地区和信仰中，人们广泛认同某些共同的人类愿望”，这些愿望构成“有力、统一的理想”，即“重视个人、相互承诺和尊重后代”。[27]

约定积极、统一的价值观只是第一步，我们还需要将价值观付诸实践。一种方法是采取应势而为、勇于担当的治理。总体而言，现有制度难以跟上技术变革的速度和广度，许多法律系统无法有效防控新的风险。事实上，全世界才刚刚意识到这样一种可能性，即前所未有的广泛情境将威胁从环境到人权等所有方面。此外，我们也很难预见新兴技术会产生哪些外部性，以及它们是否因技术的设计、使用、管理或治理方式而产生。不同技术学科的聚合能够并且确实产生了意料之外的风险。因此，我们必须实施足够灵活和灵敏的治理策略，以正确应对上述风险，而不是妨碍制度发挥作用。

关于价值观的新型社会契约

世界经济论坛全球议程理事会“价值观”议题组（2012—2014年）编制

我们呼吁：在全球范围内，认真反思我们在当今最重大的决定中所包含的价值观。促进反思的方法就是制定一份《新型社会契约》。

此前许多工作关注的是个人权利，其重要性不言而喻，但我们这里强调的是人类相互之间的义务，包括在国家之内和国家之间的义务……人类的价值观存在巨大的文化多样性，但在不同文化、地区和信仰中，人们广泛认同某些共同的人类愿望。

- 无论种族、性别、背景或信仰，人人均有尊严。
- 公共利益高于个人利益。
- 承担责任，不仅关心我们自己，而且关心子孙后代。

培育这些价值观既是对每个人的挑战，也是我们共同的任务。我们必须将价值观纳入公共生活，缩小期望和现实之间的差距。仅仅讨论还不够，我们必须做出不一样的决定，在人类活动的所有领域中发挥价值型领导力来推动变革。我们必须在世界经济论坛及其他平台培育、鼓励并表彰这种模式。我们必须召集能有效应对全球挑战并治愈社会疾病的各界领袖，建设并维护更加公正、繁荣与可持续的世界。

目前，已经出现了若干基于价值观的治理行动，例如将于2018年年中生效的欧盟《通用数据保护条例》（GDPR）。该条例将改变关于用户许可的规定，要求提供明确、可理解的条款与条件。控制数据的公司必须向用户告知安全漏洞，说明用户资料的使用方式，遵守“被遗忘权”（right to be forgotten）流程，实现数据可携性（data portability），必要时任命数据保护官，并依法遵守流程，在技术与服务的设计阶段确定数据保护规则。[28]

《通用数据保护条例》强调在技术设计阶段明确隐私保护规则，这代表了践行价值观的第二种方法：将价值观纳入技术开发过程，确保技术开发反映社会整体的价值观，而不只是开发者的价值观。与其事先在技术和道德问题上自由散漫，事后再努力纠正出现的问题，我们不如积极通盘考虑技术开发各个阶段可能产生的道德、价值观和社会问题，因为这能大大影响技术整合和支持社会共同利益的方式。区块链、物联网、自治系统、神经技术和算法，都是由具有特定利益的专业化社区开发的技术，所在领域未必都建立了明确的价值观。

然而，将具体价值观融入技术开发过程并不简单。这绝不是添加一项“道德”功能那么轻松，而是一个复杂的过程，需要采取新方法，培养组织文化，甚至质疑推动发展的经济学市场思维。另一个挑战则是许多技术，特别是数字技术的应用方式多种多样，其风险和潜在影响难以评估。即便在风险可以预见的情形下，也不是所有技术都“可控”。例如，现在无法确定如何开发区块链技术才能预防其被用于犯罪或减少潜在的碳足迹。无论如何，企业和机构都不应当只考虑如何设计和执行，而应从流程伊始就注意承担社会责任。在工程和产品开发层面，它们应当更宏观地考察技术对社会的潜在影响，而不只是着眼于对开发或使用技术的系统性激励因素和工艺要求。[29]

为技术赋予价值观

要使社会价值观成为优先项，我们不能采取自上而下的方式，而需要将价值观设为议题，为个人和组织实施新行动创造机会，还需要领导者的激励和动员。如下一编关于转折点的讨论所述，这一做法可以在许多方面首先推行，但无论从哪儿开始，我们都可以采取下述方式，促进行为改变，宣传技术的广泛影响，并将社会价值观定为优先任务。

第一，我们必须认识技术的重要性和普遍影响。技术涉及人类生活的方方面面，它协调我们的相互交流，促进经济发展，影响我们的身体和环境，处理机构和个人所需要的信息。人们已经充分认识到，发展先进材料和制药等技术需要可靠的环境，而搜索引擎、自治系统、区块链等其他技术也都需要同等程度的重视。如果用对人类生活的共同影响而不只是死亡率来衡量，许多看似平淡无奇的技术都会呈现新的意义。

第二，反思和理解个人和 / 或组织的意图，我们能够对采用技术提供明确观点。科技事业需要拓展边界的自由空间，但我们也应努力结合背景来看待新技术，在反思其意图和意义时也考虑社会整体的福祉。例如，在1945年人类首次使用原子弹后，物理学家J.罗伯特·奥本海默（J. Robert Oppenheimer）发表了一次著名的演讲。他说，科学家的使命就是学习和分享知识，发挥知识对人类的固有价值。[30]因此，他赞同成立联合原子能委员会，旨在自由交换信息并停止制造原子弹，同时支持人们放眼长远、探索未知、共担责任。

第三，站在价值观及其与技术关系的立场上，我们就要将信念化为行动。一个极为有用的做法是：树立信条，遵守组织的价值观。制定道德守则或组织愿景，对技术采取目标明确的价值型方法，均有助于确立企业或组织乃至整个行业或部门的文化。医学界的《希波克拉底誓言》就是典型例子。这一誓言关注技术研究、分析和应用中的重要风险，这或许也能解释：和医疗行业一样受此誓言约束的生物技术行业，为何具有相对较高的自我反省和克制能力？

第四，我们必须利用这些转折点，使价值观成为塑造技术发展的有效工具。寄希望于良好的意图和承诺固然重要，但公民和领袖可以采取更多措施，在技术开发过程的关键环节把握机会并提高价值观意识。例如，在道德教育中，教育者成功普及了极具挑战的“电车难题”，证明理性决策的困难性。[31]作为一种学习工具，这一道德难题说明，人类的决策难题往往涉及无形或无法估价的生命要素。当机器面对这种决定时，这些不曾被衡量（或许也是无法衡量）的标准必须简化为代码。

利用转折点，领导者就能够强调价值观在塑造技术发展中的作用。

为什么需要价值观

作者：斯图尔特·沃利斯（Stewart Wallis），独立思想者、演讲者与新经济制度倡导者，英国

这个世界正面临前所未有的挑战。有史以来，我们第一次遭遇这样的挑战，其甚至突破了地球生态的临界限制。同时，在人口增长和技术加快变革（大部分技术将成批取代现有工作）的背景下，我们还需要在 2050 年之前创造出大约 15 亿个新的工作 / 营生机会。此外，鉴于目前经济发展摆脱碳和其他稀有生态资源的速度，我们无法在创造就业的同时维持在地球上的安全生存。此外，一个非常明显的事实是，随着地缘政治安全状况的恶化、跨洲难民和经济移民的增加、全球财富和收入不平等的上升，以及第四次工业革命产生的正反两方面影响，我们要么遭遇灾难性的倒退，要么迎来人类发展进程的积极转型。无论是哪种结果，我们都面临势不可当的系统变革。现在已经有许多潜在解决方案，但是否采用此等解决方案以及系统变革能否产生积极成果，在根本上还是取决于价值观。

价值观为我们提供明确的终点以及抵达终点的途径。西欧工业革命的背后，是更注重创新、信任和进取精神的

价值观变迁。废奴运动和民权运动的背后，也是深刻的价值观变化。同样，20 世纪西方经济两次巨变的背后，也是价值观的重大转变：首先是转向凯恩斯主义（20 世纪中叶），其次是转向广泛意义上的“新自由主义”（20 世纪 80 年代到 21 世纪第一个 10 年）。在这几次转型中，价值观的转变提供了目标和实现目标的方式，鼓舞人们采取行动，也激发了明确、积极和强烈的愿景，以及对变革的坚定支持。社会规范和法律随之发生改变，才使得整体人群的价值观发生广泛变革。

鉴于第四次工业革命将引发空前快速的技术变革和社会变革，单凭政府立法和经济刺激无法保证取得成功。立法往往滞后于形势，缺乏现实性，或在实施之际已时过境迁。确保积极成果的唯一方法，就是价值观的进一步革新。

认识技术的复杂影响并不难，在媒体中这类议论可谓司空见惯。更加困难的是找到合适的切入点，提高价值观意识，逐渐形成技术开发不同阶段所需的情境化资讯。那么，应当在哪些阶段考虑效率和美学等具体价值观，并使之符合尊严和公益等更广泛的社会价值观呢？

我们认为，可以从下述 9 个转折点切入。无论是技术设计者、企业家、政策制定者还是具有重要影响力的社会人士，各类领导者都可以利用这些转折点批判性地反思价值观，鼓励探讨技术实施的宏观背景，并采取相应的行动，从而发挥价值观的作用。

教育课程

我们应当关注的不只是技术，还需要负责任地培养人。一些学术认证机构近年来开始将道德定为工程师的必修课，这一做法值得赞扬。[32] 这些课程一般是关于合规和职业操守，强调走捷径或规避要求会造成严重后果。为应对欺诈行为的公共影响，在企业社会责任和环保宣传议题之外，MBA（工商管理硕士）课程也开始纳入道德课程。通过更加开放地探讨价值观如何融入技术、社会和经济系统，上述两类课程都能受益。对教育者而言，培养学生的价值观意识，有助于工程师和管理者采取更宏观的视角解决问题、反思并结合背景考察目标，从而影响其他相关方。

筹资和投资

企业家和投资者是采用价值型技术开发的先锋。企业家寻求解决特定需求人群的问题，必然会影响更大范围的行动方。因此，在这一阶段考虑广泛的社会影响，将会产生显著的瀑布效应。投资者通过手中的资金，可引导技术的开发方向。独立投资者可发挥更大的作用，重点关注社会影响，建立价值型投资的理论基础。如果能找到适当的方式，他们就能积极影响并激励企业家采取价值型技术开发，从而产生极为可观的影响。

组织文化

对于工作场所和技术开发方式，企业家和组织领导者的价值观具有巨大影响。领导者率先垂范，能够改变公司文化，以社会价值观为上。在设定价值观方面，初创企业效率更高，因为早期雇员往往因为志趣相投或共同目标走到一起。佛罗里达冰与农场公司（FIFCO）就是有效领导力的一个案例。该公司是哥斯达黎加的酒精饮料制造商，在首席执行官的价值观指导下，公司支持适度饮酒，确保没有任何员工生活贫困。[33] 在这一转折点，首席执行官和组织领导者的潜在影响最为显著。他们能够制定政策和设置范例，帮助建立目标明确、有社会责任感的组织。

决策和设定优先任务

在任何制度性流程（如编制预算、决定研究日程或选择市场）之初，都要或隐或显地确立优先任务，随之产生明确的连带效应。例如，工程和商业项目的决策流程往往包括有关效率、可扩展性、利润等要素的假设和激励措施。追问这些假设和激励，有助于识别其中隐含的价值观，了解组织或个人在开发或实施过程的选择如何影响下游各方。无论产品是手机应用程序还是秘密军事技术，剖析决策流程都有助于探明其内在的价值观结构。领导者可利用这一机会，重新评估产品价值观是否符合社会整体的优先愿望。

工作方法

从 20 世纪 70 年代开始，社会学家就指出，科学家、工程师和其他科研工作者所用的方法与流程反映了其工作场所的价值观，这种结构性价值观又反过来影响他们的实际成果和科研发现。[34] 探讨流程、程序和规范也有助于在技术开发中增强价值观意识。此外，机构领导者应当考虑如何在工作场所应用科学方法，或技术工具和产品的限制如何在无形中影响价值观并将其融入工作方法。机构领导者和从业者可全盘检查工作环境的动态，识别工作成果中包含哪些类型的价值观和偏见。

经济激励机制

任何经济制度都会创造影响社会价值观和目标的激励机制。识别经济压力（如股东责任或竞争性生存能力）促使我们思考使用了哪些技术及其是否更加符合激励机制或价值观。考虑经济压力也有助于凸显激励机制对整个技术类别的负面作用。例如，目前的经济激励机制常常妨碍开发具有社会效益的技术，如机器人修复术。这类技术没有快速的投资回报，也缺乏广阔的市场。通过识别这些领域，我们能够关注对技术的真正需求，并塑造自身行为，实现理想成果。

产品设计

从形式到功能，产品设计的几乎所有方面都与价值观息息相关。设计团队需要考虑许多因素，包括产品责任、文化偏见和产品希望激发的情感。公开鼓励产品设计师考虑价值观的一个例子，就是英国工程与物理科学研究理事会制定的机器人开发5项原则。其中3项明确指出，机器人作为设计的产物，必须考虑人类的需求。[35]企业高管、发明家、设计师和社会公众，都有责任在产品开发周期中发挥作用。强调技术及成果要符合社会价值观，也是发挥领导力的良机。

技术架构

互联网、军事和交通运输基础设施等大型而复杂的技术架构能够支持其他技术的部署，它们本身的构建或应用方式和地点就包含了价值观。例如，与基础设施相关的技术决策决定了数据流的治理规则，影响着互联网访问权，产生关于公民权的问题，并导致形成数字鸿沟等现象。[36]要将价值观纳入决策过程并持续关注社会优先任务，政策制定者和行业领袖可采取另一种方式，即在大型系统的设计和建设阶段考虑技术架构如何影响社会。

社会阻力

价值观通过各方协商融入技术。新兴技术源自小群体，这些群体具有特定的利益诉求，会有意或无意地为技术赋予特定的价值观。如果技术的属性与社会优先任务相冲突，就会产生阻力，技术开发者则会设法应对。如果技术遭到公众或特定利益相关者的强烈反对，开发者应当审视遭到反对的方面，找出在开发过程中已融入技术的价值观与社会价值观的矛盾之处。

这些转折点多半没有得到充分利用，与投资者相关的道德和价值观问题以及投资者在塑造价值型技术开发方面的潜力鲜有重要讨论。虽然投资者可能早早参与技术开发，但最后一个转折点（即社会阻力）才是监管机构被迫处理价值观的最常用方式之一。社会阻力存在本身就表明，在技术开发过程中考虑广泛影响和价值观的其他机会已经丧失。在每个转折点主动考虑价值观而不是事后弥补，将为首席执行官、政策制定者、机构领导者和其他相关方提供灵活性，让他们在经济角色之外影响技术开发，并有机会代表自己和公民发声。

青年科学家的道德守则

为制定明确的价值观和优先任务，我们可采取多种形式建立信条，具体或宽泛不拘。世界经济论坛青年科学家社区制定的道德守则就属于宽泛一类。

下列道德守则跨越学科、面向全球，其中的内容仍在持续发展，以确保最高行为标准，帮助研究者在工作中进行自我约束。

1. 追求真理——在研究中实事求是，对流程和结果保持透明，寻求同行的客观验证。

2. 支持多元化——努力营造包容的环境，在实证性证据的基础上听取和重视多元群体的看法。

3. 与公众沟通——公开、双向沟通科研的影响以及社会对研究的需求。

4. 与决策者沟通——及时与相关领导者沟通，支持基于证据的决策，确保积极的社会变革。

5. 成为导师——将经验传授给其他专业人士，帮助他们成长并充分实现研究潜力。

6. 最小伤害——采取一切合理的预防措施，将实验过程及其结果中的已知风险和危害降到最低。

7. 承担责任——开展研究时，勇于承担责任。

秉持价值观，努力向前进

新兴技术不仅改变我们创造、交换和分配价值的方式，而且改变我们获得意义的方式。意义帮助我们设想可能的未来，以及什么样的未来值得追寻。未来，我们必须提高对技术政治性的认识，思考在每个转折点所做选择的影响。要推动第四次工业革命的发展，各行各业的领导者必须承担对技术的责任，考虑自身决定可能影响的群体。为了将包容性纳入技术创新生态系统，领导者需树立强大的价值观，并彰显对塑造美好未来的坚定承诺。

要创造新体系，为越来越多的人口提供优质机会，维护个人作为社会成员的固有价值，我们需要深入思考技术改变世界的方式。此外，致力于实现价值型技术开发，也有助于增进公众、政府和企业之间的互信。展望未来，为了发挥新技术的潜力，我们也必须保持推动技术发展的能力。为了实现文化复兴，我们必须申明社会价值观的重要性，实现社会、技术与经济的再平衡。我们必须携手合作，立即行动。为了建设普惠包容、繁荣发展的未来，我们首先应当考虑多方利益相关者的需求，仔细听取并重视他们的看法。这将是第四章的主题。

当前的新兴技术将在两三代人的时间内发展成熟。当我们的后代回顾往昔时，也许会感谢我们确保技术发展支持了公平、尊严和公共利益，也许会抱怨我们错失了机会，辜负了他们。

本章总结

关于技术，存在两种常见的误导性观点，任何一种都无助于指导组织战略或第四次工业革命的治理。这两种观点分别是：

1. 技术不受我们控制，将支配我们的未来。

2. 技术只是工具，没有价值观倾向。

这两种观点都没有反映真实情况，即技术和社会通过内含的政治性与价值观持续地相互塑造。

我们需要转变观念，树立更具建设性的技术观，实现以人为本的方法。这种技术观认为：

1. 所有技术都具有政治性——体现了技术开发和实施

过程中表达的社会愿望与妥协。

2. 技术和社会相互塑造——我们是技术的产物，技术又是我们创造的成果。

这种技术观提醒我们，技术是通过社会机制开发的解决方案和产品，已经反映了根深蒂固的倾向和价值观。

以这种方式理解技术涉及三类责任：

1. 识别与具体技术密不可分的价值观。

2. 理解技术影响人类日常选择和决策的方式。

3. 确定如何与适当的利益相关者一起有效影响技术开发。

本章确认了9个转折点，旨在探索、反思并影响融入技术的价值观：

1. 教育课程。

2. 筹资和投资。

3. 组织文化。

4. 决策和设定优先任务。

5. 工作方法。

6. 经济激励机制。

7. 产品设计。

8. 技术架构。

9. 社会阻力。

延伸阅读

以人权为基础的框架[①]

第四次工业革命的技术正在改变社会并重塑我们的未来。

因此，我们需要更加明确地阐述道德框架、规范标准和价值型治理模式，引导组织开发与利用这些强大工具，采取以人为本的技术开发方式，超越地理边界和政治边界。

人权是价值观的“硬边”（hard edge），国际人权框架为处理人权问题提供了坚实基础。

1948 年，联合国通过了《世界人权宣言》（UDHR），提出可在不同文化中应用的一套普适性原则，签约国达到史无前例的 192 个。当时，世界尚未从第二次世界大战大屠杀的创伤中恢复，迫切需要一个尊重人权的未来愿景。这份文件旨在成为最重要的全球价值观表述，正如起草委员会成员、智利人埃尔南·圣克鲁斯（Hernán Santa Cruz）所说：

---

① 撰写：希拉里·萨克利夫（Hilary Sutcliffe），非营利性组织 SocietyInside 总监，英国；安妮–玛丽·奥尔格罗夫（Anne-Marie Allgrove），贝克·麦坚时国际律师事务所合伙人，澳大利亚。

> 我清楚地感受到，这是一个重要的历史性事件。各国对人类至高无上的价值达成共识，这一价值并不是由世界强国决定的，而是根植于既存的事实。

《世界人权宣言》制定了共同标准，支持国家和其他相关方制定法律与政策，应对从刑事犯罪到环境、从全球发展到贸易、从安全到移民等众多问题。另有一系列具有法律约束力的协定对《世界人权宣言》条款进行了详细说明。这些协定和《世界人权宣言》一起，为民间组织、国际组织以及国家提供了重要基础，帮助它们在新兴技术和强化技术的推动下，通过以人和地球为中心的创新议程，促进平等、公正和正义。

国家采用这些全球性权利标准来约束政府行为，但这些标准也越来越多地被应用于私营部门。例如，寻求在全球供应链中处理劳工权利问题的全球企业，或努力解决隐私和言论自由问题的信息公司与通信公司，都被要求使用权利框架来处理这些问题。同样地，尽管新兴的基因编辑技术振奋人心，但人权标准能够在我们协调各方努力、缓解人类痛苦的时候帮助我们解决治理难题，并处理在应用新型科学工具的过程中产生的风险和不确定性。

在讨论人类理想社会的广泛问题时，我们应当以第四次工业革命为基础。今天，技术创造了为人类赋能的无限可能，但我们必须继续关注技术对人类、日常生活以及人权的影响。

此外，这也不光是政府和国际机构的责任，私营部门也必须肩负起领导角色。私营企业及其利益相关者应首先将其价值观与《世界人权宣言》及相关人权标准对照，然后制定机制，衡量和评估自身的行为。

第四章

为所有利益相关者赋能

为了释放第四次工业革命的潜力，我们必须确保向所有利益相关者公平分配技术的效益。本章强调采用多方利益相关者方法的重要性，考察了三个常被忽视和排斥的利益相关者群体，并思考如何为他们赋能并将他们纳入发展进程：仍在努力实现此前工业革命效益的发展中国家、承载了历次工业革命技术变革外部性（以牺牲其他物种和未来世代利益为代价）的环境和整个自然界，以及世界范围内无法获得巨额收入或显赫政治权力的绝大多数公民个人，特别是经常被排斥或忽视的人群。

从城市化和全球化到人口结构变化、气候变化和日新月异的新兴技术，多项变革性趋势在全球各地同时发生。发展中地区青年人口激增，需要快速创造大量就业机会。环境变化要求我们加速采取气候减缓和适应性措施，并且不限于责任最重的发达地区。新技术对财富分配和社会凝聚力的影响表明，我们的政治制度和经济模式未能公平地向所有公民提供机会。

这些趋势共同产生影响，要求我们超越传统边界，建立可持续、包容性的合作伙伴关系。历史已经证明，如果没有意愿和行动，包容性发展就会遥遥无期。如第三章所述，技术系统本身无法为广泛的人口提供有意义的机会。真正的机会在于所有利益相关者参与，从一开始就考虑社会价值观和包容性解决方案。在制定塑造人类未来的决策时，我们绝不能闭门造车："决策者必须掌握能力并做好准备，与所有利益相关者沟通。唯有如此，我们才能期待更加互联和包容的未来。"[37] 为了实现第四次工业革命的互联性和包容性，我们需要深思熟虑的承诺与行动。

让所有利益相关者参与讨论新兴技术对发展中国家的影响，反映了多方利益相关者方法的核心原则。这一原则认为，要采取切实可行的解决方案来应对纷繁复杂的全球挑战，商界、政界、公民社会和学界领袖必须携手合作，同时要让青年一代参与进来。

新兴技术有望产生真正革命性的社会效益。波士顿咨询公司与世界经济论坛展开合作，研究自动驾驶汽车对城市环境的影响。结果表明，在某些情况下，自动交通系统可降低排放量、减少拥堵、加快车速和减少事故死伤。[38] 即便不考虑目前用基因编辑技术直接延缓衰老的尝试，精准医学也能通过治疗和管理非传染病的新方法，将全球人口寿命延长 1~2 年。基因编辑还拥有其他强大能力，例如对疟蚊应用基因工程，彻底消除疟疾等疾病。区块链技术可用于公共土地登记，使全球数百万人对土地拥有正式所有权，反过来可用作抵押，进入金融市场。通过虚拟现实和增强现实技术，我们可以在安全、沉浸式环境中发展和练习技能，从而大大改善教育效果。

以对于劳动生产率的重要性而论，新兴技术的间接影响甚至大于直接影响。第二次工业革命普及了家庭用电，促使洗衣机、洗碗机、电烤箱、真空吸尘器和其他家电不断问世，大大减少了烹饪和清洁所需的时间。虽然女性在今天仍然承担着较多的家务劳动，但她们获得了更多休闲时间。更重要的是，这类机器缩小了家政服务业的规模，改变了家庭结构，为家庭之外的生产活动创造了更多时间。

然而，对于贫困群体、边缘化群体或生活在未受工业革命眷顾的地方的群体，这些优势的意义何在？今天，还有大约 6 亿人口生活在小农农场，没有任何机械化设备，连第一次工业革命的果实也不曾享有。世界范围内，大约 1/3（24 亿）的人口缺乏清洁饮用水和安全的卫生设备，大约 1/6（12 亿）的人口没有用上电（第二次工业革命的成果）。得益于社会压力和制度改革，新技术可能解放了发达地区的女性，但在中东、拉丁美洲和加勒比海地区，1/5 的女性仍然是家庭主妇。全球过半数（约 39 亿）人口仍无法访问互联网（第三次工业革命最具变革性的系统之一）。[39] 在发展中国家，未上网人口比例为 85%，而在发达世界，这一数字是 22%。[40]

如果对全球不平等状况听之任之，第四次工业革命就难以发挥真正的变革潜力。我们现在面临着选择：是开发技术和系统，向所有利益相关者分配经济和社会价值（如收入、机会和自由），还是置大量人口于不顾？包容性思维不只是将贫困群体或边缘化群体视为我们能够解决的异常状况，更使我们认识到“我们的特权和他们的不幸在同一片土地上”。[41] 这不仅关乎收入和权利，更重要的是，让各利益相关者参与工业革命并向他们分配效益，能够拓展所有人的自由空间。

经济学家和哲学家阿马蒂亚·森（Amartya Sen）认为，自由（免于饥饿的自由、工作的能力、参与民主的能力、拥有爱的关系等）“既是根本目的，也是重要手段”。自由赋予人民能力，让他们不管是在发达还是发展中社会都能过上好的生活。分配财富和效益不需要形式上的人人均等，但必须足以让所有利益相关者过上值得珍惜的生活。作为一种建立对话的方式，多方利益相关者方针旨在改善世界状况，让所有民众而不只是少数人受益。

确保公平分配效益以及第四次工业革命的正外部性不只是一种道德挑战。过去政治革命的经验告诉我们，不平等自有其后果。许多民主政体未能妥善处理其主流经济模式中的财富差距或机会差异，导致社会和经济的长期失衡，产生分裂与动荡。正如世界经济论坛《2017 年全球风险报告》指出的，当今经济不平等和政治极化相结合，威胁到正当的经济和政治制度所依赖的社会团结，使诸多全球风险进一步加剧。[42]

2016 年 1 月生效的联合国可持续发展目标确认并致力于应对这些长期存在的结构性分歧。可持续发展目标关注扶贫、民主治理与缔造和平、气候行动与缓解风险、减少不平等状况和促进经济增长等。重要的是，我们必须确保第四次工业革命能够促进而非削弱各方共同努力，公平分配机会，促进人类发展。

发展中经济体

经济学家里卡多·豪斯曼（Ricardo Hausmann）以及媒体艺术与科学教授塞萨尔·伊达尔戈（Cesar Hidalgo）称，推动人类进步的是高效利用新技术的集体能力。然而不同国家之间，这种能力差异悬殊：

> 生产性知识的社会积累并非普遍现象，只存在于全球部分国家。在确实产生积累的地方，人们的生活水平大幅提高；反之，人们的生活水平则与过去几个世纪相差无几。富国和穷国之间存在巨大的收入差距，也是不同国家积累的生产性知识存在重大差异的表现。[43]

成功的经济体之所以实现了很高的生活水平，是因为它们不仅拥有技术，而且拥有使用和开发这些技术的知识与能力，更拥有推动知识从少数人向多数人流动的市场和组织。虽然不是每个国家都能够或应当尝试在各个领域都进入技术前沿，但在全球化的知识经济中，每个国家都必须具备吸收和改造技术的能力，促进国家、社会和经济发展。

有观点认为，第四次工业革命技术若能与制度改革相结合，能够使经济体基于以往的技术推动方式实现“弯道超车”，帮助发展中经济体超越传统的工业化道路，以更快的速度发展。一个常见的例子就是，发展中国家大力发展第三次工业革命的数字技术，不断扩大手机的覆盖范围，降低手机的使用成本，因此无须高额投资固话基础设施，也能让国民使用高质量的电信网络。[44]技术影响的其他例子包括使用民用无人机运送急救药物和疫苗，转基因种子和新型肥料提高农业生产率，新型低轨道卫星网络有望提供低成本、高速度的网络连接等。然而，在第四次工业革命中，“弯道超车”还只是一种设想。

第一个问题是依赖数字基础设施，这将加速并扩大第四次工业革命的影响，但也使得缩小国内和国际数字鸿沟更加迫切。如果高速数字网络和数字技能是第四次工业革命的必要前提，天平可能会倒向那些拥有地理、教育和收入优势的人群，但在数字鸿沟的另一边，数十亿人则因收入、基础设施、语言或内容相关性不足而被进一步排斥。

移动技术革命的第二个问题在于这一新的基础设施尚未真正促进创新或发展。在非洲，移动革命主要服务于消费者，而非技术制造者，因此在创造正式就业、建立经济发展的基础设施、吸引和部署周边技术方面并不成功。[45]要促进工业发展和经济多元化，移动革命就需要结合“第四次工业政策”，即同时推进创新、创业、基础设施建设和工业化政策。

第三个问题是第四次工业革命有可能颠覆传统的工业化发

展道路，即国家先利用大量低成本劳动力招徕制造业，然后吸引投资和技术。现在已出现了更为极端的自动化替代人力的场景，如高精度车间密集使用智能机器人，大规模 3D 打印造成生产回流，而低成本、低技能的劳动力似乎越来越不重要。在此背景下，还处于农业和初级工业化阶段的国家，该如何转型成为知识型经济，从而获取、部署乃至开发第四次工业革命的新技术？

鉴于技能的重要性与日俱增，加强国家有效采用技术的能力仍然必不可少，此外还需要投资发展教育、技能培训和研发能力。面对第四次工业革命，缩小发达国家与发展中国家的教育和科研差距更为重要。尽管新技术有望加快技能发展，但绝大多数发展中国家需要数十年持续而大量的投入，才能收获高质量科研和教育体系的红利。

2014 年，全球辍学 / 失学的青少年人口达 2.63 亿。失学率最高的地区也是社会经济发展需求最紧迫、青少年占人口主体的地区。[46] 除了地区不平等外，缺乏教育机会的问题在女童身上更为严重。女童比男童的失学率更高，特别是在最不发达地区。[47] 对失学率最高地区的人而言，输在起跑线上约束了他们的发展机会，也遏制了国家的工业化进程。

保持儿童入学率只是第一步。为了发展多元、复杂的经济，我们需要稳定、可靠的教育制度和充足的研究资金。目前全世界索引收录的期刊中，半数以上出版于美国和英国，这两个国家都拥有众多世界一流大学。[48] 尽管出版的地点与作者的国籍和意向关系不大，但大部分新知识在西方出版和创造，限制了在其他地方的传播和接收。因此，西方国家有责任与其他地区合作，采集并阐述当地知识。此外，虽然北美和西欧在全球研发投资［以及用于研发的 GDP（国内生产总值）份额］中占据主要地位，东亚和太平洋地区的研发投资也在逐渐增加，[49] 但是全球其他地区的份额几乎可以忽略。教育和研发资金长期不均，使得在第四次工业革命展开之时，发展中国家在知识产出和技术发展中处于非常不利的地位。

发展中经济体如果增加教育和研发投资，将改善所有各方的状况。在更广泛的文化中增加知识贡献和专业知识的来源，还能够显著增强全球研究的思想多样性。这也是 Meta（一家人工智能科研搜索引擎公司）等项目的目标。Meta 是加拿大的一个创业项目，在 2017 年 1 月被陈－扎克伯格倡议（Chan Zuckerberg Initiative）收购。Meta 的目标是“使用人工智能服务于科学生态系统”，创造工具来理解每天在全球各地产生的大量研究。这不仅仅是阅读或搜索科学文献的能力，许多文献都需要付费阅读：Meta 所做的是，利用第四次工业革命技术，实时理解不同学科的数据、发现模式并揭示见解。

仅靠投资研发还不够，改善民众生活需要有效的知识商业化机制，要让思想和技术在各国社会与各行各业得到保护、传播及应用。在通过专利对知识进行商业化方面，西方国家一直以来占据主导地位。虽然亚洲正在迎头赶上，拉丁美洲和非洲仍然较为落后。

世界各地区中，注册专利明显较少的，创造的财富也较少，影响全球不平等状况。与此同时，发展中国家需要购买昂贵的专利技术，也制约其工业化进程。

教育水平不高、研发投入少和缺乏商业化的新技术，都制约了发展中地区掌控发展方向的能力。事实上，一些发展中国家无缘塑造技术与知识对自身社会的影响，遑论把握第四次工业革命的全球进程了。由于发达经济体具有领导技术发展、设计和使用的先行优势，技术、社会与经济的平衡可能偏向于西方价值观，被西方经济体的激励机制左右。如果不采取行动，我们迎来的将是一个放任发展而不是精心设计的未来，技术将支配人类而不是赋能于人。

要成功应对所有这些挑战，我们尚缺乏足够的政治意愿和适当的机构。我们需要付出巨大的努力，才能比以往工业化更快、更有效地普及技术，刺激教育和技能发展。面对即将来临的第四次工业革命，这些必要工作将为我们提供可靠机会，去承担责任并利用新兴技术系统实现包容性，扩大自由度，让全球所有利益相关者共享技术效益。

为了管理风险并利用第四次工业革命的技术，促进发展中国家的经济和社会发展，我们需要更加包容与精心设计的新方法，即多方利益相关者合作机制，让发展专家、技术创造者、全球性企业、政府、公民社会和国际组织以及受影响人群均参与进来。为全世界多数人口规划未来责任重大，不能由某一个群体决定，否则就容易被他们的偏见扭曲，结果要么是妨碍“弯道超车”，要么是只有极少数人能受益于新技术。国际社会广泛致力于可持续发展目标是第一步。为了获得真正的成功，地方和国际利益相关者均应发挥领导力，勇于担当、应势而为。

环境

近三个世纪以来，人类的工业化创造了无与伦比的财富，但这些财富不仅在人类之间分配不均，而且对自然体系造成巨大伤害：气候、水、空气、生物多样性、森林和海洋均承载着空前严重且不断增加的压力，濒临灭绝的物种是自然灭绝水平的 100 倍。[50] 1800 年，全球 10 亿人口中只有 3% 生活在城市。现在，全球 74 亿人口中超过 50% 生活在城市。[51] 其中，92% 以上遭受的空气污染高于世界卫生组织认定的安全水平。[52] 到 2050 年，海洋中塑料的重量将超过鱼类的体重之和。[53] 1850 年以来，全球二氧化碳排放量增长了 150 倍。[54] 以目前的排放速度，地球上的气温到 2100 年将比目前上升 4~6℃，[55] 人类过去 1 万年来享有的稳定气候系统届时将产生不可逆转的变化（见图 8）。[56]

事实上，气候变化已经在颠覆国民经济并影响人们的生活，对个人、社区和系统造成高昂代价，包括由不确定性和波动性带来的成本。许多地区仍在工业化进程中，未来 15 年世界人口将增加 10 亿，气候变化预计还会加剧，引发地缘政治动荡，产生大规模移民，干扰粮食生产，加重安全威胁等。[57]

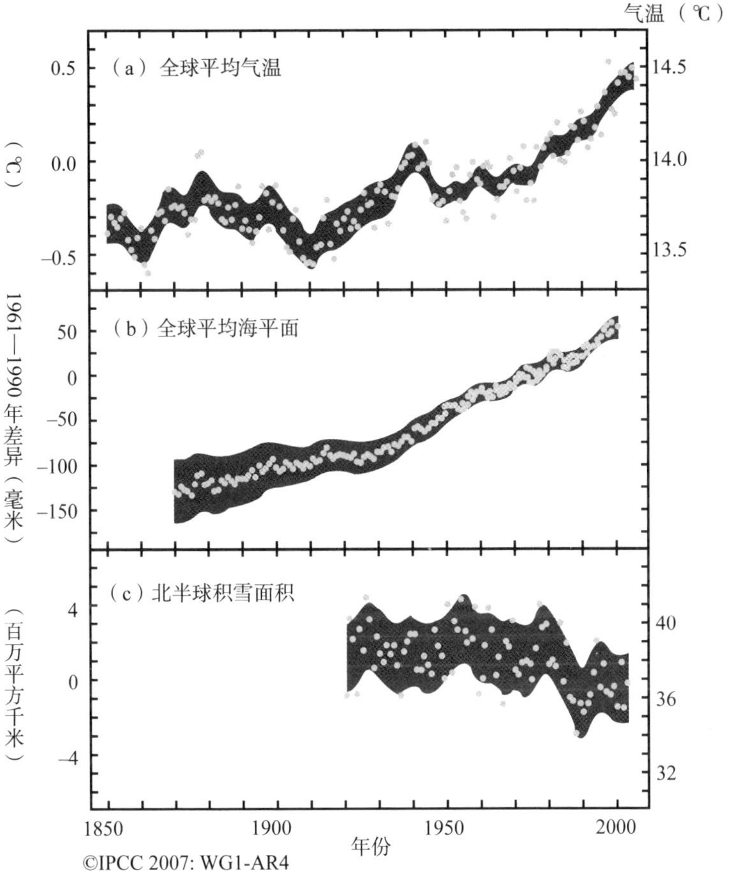

图8 气候变化趋势

资料来源：联合国政府间气候变化专门委员会（IPCC），2014

第四次工业革命期间，我们需要应对许多挑战，其中一部分是数字技术对环境的影响，包括向环境中释放有毒化学物质的海量电子垃圾。此外，不断增加的数据中心虽然构成了有效分配数字设施的必要条件，但也消耗了大量电力，导致了碳排放量的增加。其他挑战则与指导技术开发和应用的原则相关。在未来几年乃至几十年中，我们应对挑战的行动不仅将决定子孙后代的生计，而且将决定未来数千年的地球生态系统。

第四次工业革命的技术为我们提供机会，选择更加可持续并能保护全球公域的方式来治理前几次工业革命的外部性。2030 年之前，全球大多数家庭都会拥有至少一部 3G（第三代移动通信技术）手机。如果将区块链等分布式账本技术用于移动碳交易，那么每个人都将在地球的行星边界内获得均等配额。区块链也能用于管理水资源分配和森林采伐。事实上，洪都拉斯政府已经采取行动，探索用分布式账本管理地权分配的潜力。

卫星成像技术的进步有助于管理森林采伐（全球温室气体排放总量的 15% 要归咎于这一行为）。[58] 无人机正被用于监控森林火灾、农作物收割和水资源，甚至种植作物。例如，农民靠双手每天可播种约 3 000 颗种子，而在向地面撒种子的测试中，无人机可每天播种 3 万多颗种子。[59] 卫星也能促进海洋管理和保护。通过卫星界面传感器和数据处理工具，我们能够更加清楚地观察船只使用海洋的情况。在不久的将来，纳米卫星网络将能逐日拍摄整个地球的高清图像。无人船队能够协助监测海洋健康状况，跟踪海洋资源的捕捞情况。[60]

技术的可获取性和可用性意味着环境管理可以摆脱对专家的依赖，越来越多行动者只需一部智能手机就能参与进来，环境管理在走向水平化和大众化。结果是，当前的环境管理制度虽然很好，但不足以应对第四次工业革命将产生的快速而广泛的颠覆性变革。为了有效应对即将来临的颠覆，我们必须改革当前的经济模式，鼓励生产者和消费者减少资源消耗，促进形成可持续的产品和服务。这就需要新型商业模式将目前影响环境的隐形成本纳入价格，鼓励更加可持续的生产和消费。这种改革要求从短期思维转向长远规划，摈弃“攫取–制造–废弃”的线性经济模式，转而发展循环经济，精心打造可恢复或可再生的产业体系。改革的短期成本在所难免，但不作为的代价更为高昂。

第四次工业革命才刚刚开始，已经出现了一些积极的信号，例如可再生能源的投资达到化石燃料投资的两倍。[61] 全世界需要做出选择：是重蹈前三次工业革命的覆辙，将环境保护视作非优先事项，还是发挥领导力，利用第四次工业革命，通过精心选择以及利益相关者合作解决环境问题，包括为兼有商业价值和社会意义的解决方案提供资金？我们必须避免以往工业革命的倾向，将新兴技术的成本抛给自然界。实现这一目标并非易事，但领导者别无选择，唯有积极管理第四次工业革命的外部性，才能使意外后果由全体人类分担，而不是让弱势群体或（通过破坏环境）让未来世代独自承受。鉴于前三次工业革命后地球生物圈已经变得十分脆弱，外部性治理一旦失败，必将产生极为高昂的代价。

社会与公民

除了地缘政治和环境影响外，技术革命还会改变被人们视为成功所需的技能，从而影响社会的整体面貌。例如，第三次工业革命改善了脑力劳动者的生活，使他们的生活水平超过车间工人，而后者的生活则是在第二次工业革命中得到提高的。经济学家布兰科·米拉诺维奇（Branko Milanovic）著名的大象曲线（见图 9）显示了 1988—2008 年的全球收入分配变化：未能享受到红利的不仅是赤贫者，而且包括全球发达经济体中 80% 的中低阶层。许多产业工人成为“不稳定无产者”，工资停滞，生活缺乏保障。现在，自动化的发展有可能再次改变受益群体。

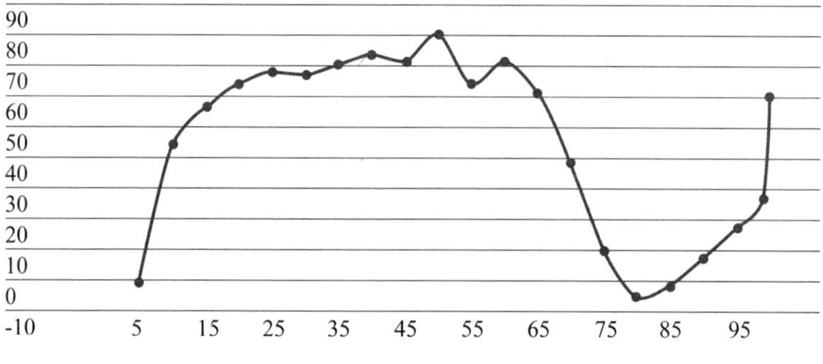

图 9　1988—2008 年全球不同百分位人群的真实收入增长的分布（按 2005 年国际美元价值计算）

资料来源：Milanovic，2016

新型自动化包括最新人工智能技术支持的机器人和算法，不仅将取代车间工人，而且将逐渐取代会计师、律师和其他专业人士。2000年，高盛集团的纽约办公室雇用了600名交易员，到了2017年，由于采用自动化交易程序，只剩下两名权益交易员。[62]华尔街几十家交易公司都出现了同样的趋势。[63]这种转变可能导致财富进一步集中到资本和知识产权所有者手中。英国和美国近期的选举就表明，如果放任这种社会变化及其个人的影响，就会导致憎恨、恐惧和强烈的政治反应。

除了直接的经济挑战外，工作所扮演的角色（即为个人、家庭和社区赋予意义）也面临危机。过去250年里，我们正是积极发挥了劳动者和社会成员的作用，才有了归属感、身份、目标和能动性。现在的颠覆迫使政治领袖反思那些塑造了个人、社会与经济活动关系的范式，包括考虑推行改革，重塑个人与社会之间的社会契约。

全民基本收入就是此类对话的一个例子。从芬兰到肯尼亚，从加利福尼亚到印度，许多地方都在检验这一前卫理论。除了合理性与财富分配外，实行全民基本收入的主要理由是社会公平：收入越来越趋向于土地、自然资源和知识产权等社会共同财富，每个人都应当以无条件基本收入的形式适当享有部分共同财富。全民基本收入并不是万灵药，但其激进性质已经引发了重要争论。这一做法必须广泛结合经济和社会改革，并反思经济制度本身如何在第四次工业革命中惠及所有利益相关者。

领导者还需要注意的是，第四次工业革命会对不同性别产生不同影响。第一次工业革命和第二次工业革命将女性推入家庭，削弱了她们的政治和经济影响力。19世纪，女性进入工厂后，多数人生活艰难，导致形成了更有力的女权组织和抗议行动，后来又兴起了争取普选权和政治代表权的运动。这些运动整体上提高了女性的经济和社会参与水平，但性别差距依然存在。全世界范围内，男性的经济和政治权力都大于女性。在世界经济论坛《2016 年全球性别差距报告》（*Global Gender Gap Report 2016*）评估的 142 个国家中，近半数国家的性别差距在扩大。[64] 由于第四次工业革命的技能趋势有利于少数高技能工人和企业主，这一差距可能会进一步扩大。

在科研领域，女性工作者占比不到 30%，其在科学、技术、工程和数学领域的占比则更小。[65] 在 IT（信息技术）职位中，仅有 25% 的女性工作者，科技企业中的比重更小。[66] 女性使用互联网的概率比男性低 50%，在某些发展中经济体，这一差距可能会越来越大。[67] 在几乎所有指标上，发展中国家的性别差距都是最大的，女性的处境更为不利。这种状况剥夺了女性充分参与并塑造第四次工业革命的机会。数百万人的聪明才智被排除在对话之外，阻碍了迫切需要的知识产出。为此，我们需要在政治、经济和社会领域中处理性别差距问题，并重视男女平等。在第四次工业革命中，释放女性的潜力就是释放整个社会的潜力。

除了缩小性别差距外，我们还有机会将历史上被边缘化或被迫害的人群纳入第四次工业革命，无论其遭遇是由于性别、种族、年龄、性取向、残疾还是出生时的性别未获认同。新兴技术能够改变我们认识性别、年龄和身体本身的方式。增强人类能力的技术必定能让残疾人受益，使残疾这一概念逐渐失去意义。

机器人和增强技术的普及也有助于破除陈规陋习，但这并非必然结果，而是取决于我们开发和部署第三章所述技术的价值观。我们的机器编程及人机交互已经受到现有偏见（如性别歧视和种族歧视）的影响。[68] 虽然理论上仿人机器人的设计可以超越种族和性别，但我们看到，客服机器人通常较为女性化，而工业机器人则更加男性化。这妨碍了我们利用新技术来破除长期以来的陈规陋习，以及对传统的群体分类采取更加包容开放的心态。新技术是固化现有陈规陋习，还是增进所有人和全社会的福祉，将取决于技术发展过程中有意识的选择。

领导者要勇于担当、应势而为，将所有利益相关者纳入发展进程

第四次工业革命将如何展开，取决于我们是进行有意识的选择，还是草率应对日益严峻的经济、环境和社会挑战。如果要超越我们自身利益，建立具有共同命运的全球文明，我们就必须在制订规划时纳入所有利益相关者。我们肩负着共同的责任，即为越来越多的发展中国家人口赋能并为其提供平等机会，特别是仍在努力争取过往工业革命成果的青年人。我们必须扮演好管理者的角色，将健康的星球交给子孙后代，努力让所有公民，无论其年龄大小、收入多少、种族或信仰是什么，都能共享这一次工业革命的成果。

解决共同挑战需要不拘一格、大胆思考。技术取代人力，严峻的气候变化，担心不平等和失去经济保障，这些问题都在侵蚀社会经济所依赖的模式与范式。有鉴于此，各行各业、各个国家的领导者都必须承担责任，围绕下列问题促进对话：我们必须推行哪些社会和经济制度改革？我们应当采取激进式改革还是渐进式改革？

本章总结

多方利益相关者方法是指导第四次工业革命实现可持续、包容性未来的关键。

根据多方利益相关者原则，要采取切实可行的解决方案来应对纷繁复杂的全球挑战，商界、政界、公民社会和学界领袖必须携手合作，同时要让青年一代参与进来。

让发展中国家参与第四次工业革命，我们就必须：

- 开展当地和区域对话，探索理想的未来状况，了解如何发挥新兴技术对当地民众的效益。
- 制定关于创新、基础设施和工业化的地方、区域与全球政策，为所有公民赋能，让他们把握新兴技术的价值和机会。

在第四次工业革命中保护环境，我们就必须：

- 设计和部署新兴技术，不仅是为了避免伤害，而且是为积极实现前瞻性目标，维护和改善自然环境。

- 围绕技术的使用与影响改革经济模式，鼓励生产者和消费者减少资源消耗，促进形成可持续的产品和服务。

为了创造繁荣、包容、平等和普惠的第四次工业革命，我们必须审慎选择那些不可避免会影响经济、环境和社会体系的技术，必须勇于质疑并重塑现有经济与政治范式，为公民个人赋能，无论种族、年龄、性别或背景。

第二部分

技术、机会与颠覆

概述

在第一部分中，我们论述了第四次工业革命的动态和挑战，强调必须采用以人为本的、涵盖所有利益相关者的价值观方法。在第二部分中，我们将深入探讨部分超凡技术，考察这些技术产生以及它们合力推动时代发展的条件。这些技术将带来可观的变革规模、范围与速度，不仅将影响各行各业的发展，而且可能改变历史进程，影响我们生活的方方面面。

在第四次工业革命蓬勃发展、影响全球之际，我们与世界经济论坛全球未来理事会及专家网络一起，共同撰写了下列 12 章内容，深入解读将推动和塑造第四次工业革命的各项技术。这些内容分为 4 个子部分，即“拓展数字技术”“改革物理世界”“改变人类自身”“整合环境”，探讨关键主题下的各项技术，聚焦技术如何影响世界并开启新时代。这些章节将遵循第二章的“聚焦 + 抽象”策略，全面考察技术发展潜力，并提供技术应用案例，旨在为读者提供“宏观图景”。

除了改变现有价值链和组织架构外，这 12 类技术还将催生全新的技术门类、创新的流程以及优异的产品和服务。例如，数字技术通过云计算技术连通机器人、基因测序仪、可穿戴设备、无人机与虚拟现实和增强现实设备，在实体世界扩大应用范围。人工智能平台支持各个行业的应用，增强公司的决策能力。此外，先进材料造就新产品，不断“升级”我们的物理世界。

新型工程能力、科学应用和基础设施发展的效应波及各利益相关者群体，影响工业能力、社会关系和政治战略。公私部门都认识到，有效管理这种影响对驾驭未来数十年的发展至关重要，而通览“宏观图景”是有效管理的关键。因此，第二部分中的每一章都是为了让读者更全面地理解技术能力，获得“抽象”视野。为了帮助读者“聚焦”，各章提供了技术的实际应用案例，并具体说明应用潜力。每一子部分均配有延伸阅读，提供专家对技术的看法。

新兴技术浩如烟海，还有更多技术呼之欲出，第二部分中的 12 类技术不可能面面俱到，我们选择的是现今阶段最引人注目的技术。尽管这些技术仍处于早期开发阶段，但可以预见的是，它们将与人类的生物结构、智力、经验、环境相互作用，产生难以估量的广泛影响。这些技术将影响我们的生活、工作、社交与抚养下一代的方式，还将影响更为宏观的方面，如个人权利以及我们与社区和国家的关系。这些技术将重塑我们生活中的可能性、可行性和必要性。为此，我们必须密切留意技术进步，确保技术发展始终以人为本。

2.1 拓展数字技术

数字革命（即第三次工业革命）带来了通用计算、软件开发和个人电脑，并通过广泛的数字基础设施和互联网创造了一个互连互通的世界。然而，我们所熟悉的计算技术大多是在传统计算基础上的发展，这一方法早在20世纪40年代就已确立。如今，研究人员和企业家正在探索其他计算的可能性，力争在信息存储、控制与通信等方面拓展能力、延展想象。这一子部分的三章内容探讨新计算技术、区块链与分布式账本系统以及不断兴起的物联网，并通过案例说明创新数字、量子计算与嵌入式计算方法如何变革未来。

第五章　新计算技术

第六章　区块链与分布式账本技术

第七章　物联网

延伸阅读　聚焦数据伦理

延伸阅读　网络风险

2.2 改革物理世界

在第四次工业革命中，技术凭借不断扩展的带宽、日益普及的云服务以及快速增强的图形处理能力，从幕后走到台前，进入工业生产、城市交通基础设施和互动设备领域。正如第二次工业革命的电网和机械控制系统奠定了数字技术的基础，今天的数字基础设施也正为某些技术的重构奠定基础，提供用于人类生活环境、工业及社会空间的素材。这一子部分的三章内容探讨人工智能与机器人、先进材料、增材制造与多维打印及无人机。未来，数字代理和数字角色可能突破软件与人工制品的界限，产生新功能，甚至在人类当中独立行动。

第八章　人工智能与机器人

第九章　先进材料

第十章　增材制造与多维打印

延伸阅读　无人机的利弊

2.3　改变人类自身

技术与人类的界限日益模糊，不仅是因为人类现在能够制造栩栩如生的机器人或合成有机体，而且是因为新技术有望真正成为人类的一部分。技术已经影响了我们理解自身、看待彼此以及界定现实的方式。这一子部分中讨论的技术能让我们深入触及自身的不同部分，甚至开始将数字技术融入我们的身体。“半机器人”的说法也许已不再惊世骇俗，但未来或许会出现数字—模拟结合的神奇生命体，重新定义人类的本质。这一子部分的三章内容探讨生物技术、神经技术和大脑科学、虚拟现实与增强现实设备。相比第四次工业革命的其他技术，上述技术或许将提出最为严峻的伦理挑战。这些技术将在我们自身体内产生作用，改变我们与世界交互的方式，突破身体与心灵的界限，提高我们的身体机能，甚至对生命本身产生深远影响。这些技术不仅是工具，而且能增强人类能力、影响人类行为或侵犯人类权利，对此我们需要特别留意。

第十一章 生物技术

第十二章 神经技术

第十三章 虚拟现实与增强现实

延伸阅读 谈文化艺术与第四次工业革命

2.4 整合环境

第四次工业革命将依赖支持基础设施开发、维护全球系统乃至开拓未来道路的技术。这一部分各章探讨的正是拓展这些能力的技术。能源获取、储存和输送的能力（特别是基于可持续材料和实践的能力），必将减少人类对化石燃料的依赖，为人类及技术发展提供低成本的分布式能源。地球工程即便还存在高度不确定性，也迫使我们思考如何管理气候，如何有效应对大气温度不断上升的全球挑战。空间技术包围着我们，监测地球及生态系统的变化，为科学探索和技术创新提供新天地。这些技术将人类与地球和浩渺的宇宙联系起来，同时也让我们意识到，多方利益相关者对环境（土地、空气和太空）负有共同责任。鉴于这些技术有望发挥巨大影响，各方应当协同合作，为人类共同的未来做出重要决策。

第十四章 能源获取、储存和输送

第十五章 地球工程

第十六章 空间技术

2.1 拓展数字技术

第五章

新计算技术[①]

自 1947 年问世以来，晶体管的尺寸呈指数级缩小，而成本呈指数级下降，这使数字计算能力成为第三次工业革命的通用技术。新计算技术将保持这一重要地位，是因为普遍、可靠、高效与低成本的数字能力成为第四次工业革命技术和系统的支柱，也是因为有望出现全然不同的计算方法，为未来创造全新机遇和挑战。

计算进步的核心是材料、组合与架构的创新。这些创新成果帮助我们处理、存储、操控信息并与信息互动。它们集中于几个领域，如中央云计算、量子计算、神经网络处理、生物数据存储、光学与网格计算。这些方法促进软件开发和新型加密技术的发展，制造并解决网络安全挑战，实现自然语言处理，并有望显著提高医疗保健应用及物理化学工艺等领域的效率。新计算技术能够应对一些当前最严峻的挑战，但如果没有灵活的监管手段，确保效益为全人类所共享并管理安全隐患，这些

---

① 与世界经济论坛全球未来理事会“计算的未来”议题组联合撰写。

技术也会带来巨大的风险。

扩展摩尔定律的大众化影响

摩尔定律以英特尔公司联合创始人戈登·摩尔（Gordon Moore）的名字命名。根据摩尔的观察，自20世纪60年代中期以来，每平方英寸（1平方英寸约合6.45平方厘米）上晶体管的数量每隔18~24个月增加一倍。这意味着计算机的尺寸呈指数级缩小，速度呈指数级加快，且每年可降低约30%的成本。没有摩尔定律，我们将无法受益于依赖微型处理器和存储器的移动消费计算，也无缘得见移动电话技术及其影响。根据皮尤研究中心的调查，全球约43%的人口拥有某种类型的智能手机，就是受到了摩尔定律的影响；[69, 70] 没有摩尔定律，研究人员、技术创业者和企业也无法以微不足道的成本利用当今最快计算机的惊人运算能力，推动创新和生产率增长。

虽然已大大降低了成本和提升了性能，但是我们还需要这一趋势继续下去，即使摩尔定律已难以为继。目前，全球仍有逾40亿人还未用上互联网，而数字信息技术则能够显著增加经济机遇。[71] 维持摩尔定律也面临着挑战。多年来，芯片制造商与材料科学家一直担心晶体管尺寸的缩小会触及物理极限，而晶体管速度提升、耗电量下降（即“登纳德定律”）的趋势在近10年前就已结束。如今，晶体管已经比病毒还小；14纳米是目前最小的商用晶体管规格。更小（10纳米）的芯片于

2017 年投产，一家英特尔工厂还计划在未来 5 年内生产出 7 纳米的芯片。相比之下，人类头发的直径为 5 万纳米。

由于量子隧穿效应的干扰（电子直接穿过薄材料）及其他形式的漏电会损坏芯片或导致芯片失效，5 纳米或许是硅晶体管的物理极限。正如国际半导体技术发展蓝图（ITRS）组织所指出的："就半导体的水平空间而言，半导体行业已接近极限。"[72] 垂直堆叠晶体管是一种解决办法，但会导致散热等新问题，因为芯片密集产生更多热量，导致性能下降。新材料或许有助于突破尺寸的限制，进一步缩小晶体管。

美国劳伦斯伯克利实验室的研究人员利用碳纳米管和二硫化钼，成功研制出栅极线宽 1 纳米的晶体管。[73] 但是，每平方英寸晶体管数量增加一倍的定律迟早将达到物理极限，甚至在这一天到来之前就已失去商业价值。作为摩尔定律的补充，洛克定律（Rock's Law）预测，由于需要提高机器精度并降低出错率，工厂生产更小的新型芯片所需的成本大约每 4 年增加一倍。彼得·丹宁（Peter Denning）和特德·刘易斯（Ted Lewis）曾指出，洛克定律意味着每一代新型芯片的市场规模必须至少达到现有市场的两倍，新制造设施才具有经济上的可行性。[74] 投资需求更高，芯片制造复杂性剧增，已使得芯片密度两年翻番的规律延长到约 2.5 年翻番。[75]

让计算能力保持指数级增长，更重要的是在更大范围内改进系统而不仅仅是缩小晶体管尺寸。2016 年，电气电子工程师学会确认了采取新思路的必要性：多年来，他们的报告关注缩小晶体管尺寸，引导芯片投资；未来，他们将重新聚焦于制定“国际设备和系统蓝图”，旨在“提出关于计算机性能的新‘摩尔定律’，加速实现新型计算技术的市场化”。[76]业界正在寻求采用新材料、新架构与新的计算系统来提高计算性能和效率，让更多人员和机构能够从无处不在的低成本计算中受益。

加速提高性能的方式之一是转向更加专业化的处理器，如同在计算技术的早期，芯片都是针对具体用途定制的。自20世纪70年代以来，数字计算就被标准化、批量生产的通用微处理器主导，这些处理器几乎可用于任何目的。[77]对重复执行同一操作的数据密集型功能而言，标准的中央处理器效率相对较低。目前，仅次于中央处理器的第二大常用微处理器是图形处理器，它采用专门的电路来处理屏幕上显示的信息，可执行密集型任务，快速创建并更新三维图像。

机器学习的重要性与日俱增，适用性越来越强，对新型定制化计算架构提出需求。作为世界上最大的芯片采购方，谷歌设计了大批张量处理器，一种用于深度学习算法的专用集成电路。谷歌称，张量处理器支持了AlphaGo（阿尔法围棋）项目，在2016年的五番棋中击败世界围棋冠军李世石。新型存储和处理结构产生新型微处理器——“人工智能加速器”，它能优化架构并助力人工神经网络的运行，为许多机器学习方法提供核心支持。这些处理器具有速度、成本和能效优势，有望促进人工智能算法的大规模应用。[78]

增加供应和提高性能只是解决问题的一个方面。我们不仅需要更高的电量、更快的计算或更多的晶体管，而且要能够应对设备和数据激增带来的需求。我们需要将计算能力实时用于重要情况和环境。例如，基于云技术的应用只需几秒即可在全球运行，但要让人工智能与人类配合，满足公共安全或交通系统等重大需求，就必须具备以毫秒或微秒运行的能力，以运算可能达到艾字节级别的数据量。我们要解决的问题关键不在于体积，而在于速度、延迟时间和能源。

归根结底，解决方法在于物理学与材料科学的突破，不仅基于数字计算实现更高效的专业处理器，而且要创造新型计算方式，其中最具前景和颠覆性的就是量子计算。

量子计算——理论的颠覆性、现实的挑战性

一旦我们建成稳定、强大的量子计算机模型，这一技术就有望成为第四次工业革命中最具颠覆性的技术之一，但将设想化为现实，还有很长的路要走。量子计算机利用量子力学的奇异性重构计算。量子计算机不使用基于二进制单位的晶体管，即传统计算机用于存储信息和执行操作的 1 或 0（位），而是采用量子位。与仅限于 1 或 0 的二进制位不同，量子位叠加存在，在被测量前可以任何状态存在，因此能够同时模拟多种状态。

量子层物质的另一奇异性是纠缠（entanglement），即多个量子位相互关联，测量一个量子位的量子状态可以获得其他量子位的信息。因此，量子计算机可运用量子算法，创建概率捷

径（probabilistic shortcuts），对各种数学难题提供令人信服的答案，而传统的数字计算机解决这样的问题则需耗费大量时间。一个例子就是分解大数的质因数。许多现有加密技术之所以有效，只是因为传统计算机的运算速度还不够快。其他例子包括以大量变量解决优化问题，可用于大幅提高运行效率和应对物流挑战，或在非结构化的大型数据库中检索数据。[79]

量子计算机还可以更准确地模拟其他量子系统，如原子和其他粒子的行为，或非常规条件下（如大型强子对撞机内）的量子系统。利用量子模拟，量子计算机可轻松执行传统计算机难以胜任的运算，如分子之间的相互作用等。这些运算是创造更加智能的材料、清洁能源设备和新型药物的关键。量子计算如果得以实现，必将推动第四次工业革命多项重大技术和系统的发展。

我们也必须注意：虽然自1982年理查德·费曼（Richard Feynman）首次提出以来，量子计算机理论上已存在了30余年，但最具颠覆性的潜力仍只是猜想，因为在工程领域，建造通用量子计算机仍困难重重。制造和维护量子位需要在极端条件下保持系统的稳定，如将组分温度维持在接近绝对零度的水平。[80]当今领先的量子计算机要么量子位有限（IBM的量子计算机有5个量子位），要么应用很少（如量子计算机公司D-Wave的量子退火法），大多数量子计算机能力有限，能解决的问题类型也有限，但目前发展的速度足以证明量子计算机的实际潜力。量子理论仍在不断发展，在量子算法和量子机器学习的新兴领域，新的观点也不断涌现。

在解决了物理与工程的问题后，量子计算还将面临更多挑战，其中最重要的是信任和安全问题。目前的传统计算机需要130亿年才能破解受传输层安全协议保护的2 048位证书（网络浏览器通过该证书连接到银行或电子邮件账户）。利用数学家彼得·肖尔（Peter Shor）于1994年提出的算法，量子计算机完成此类运算的速度之快，足以使目前的许多加密方法失效。[81]我们需要重新思考确保网络交易安全和保护其他信息安全的标准。为此，我们需要进一步开发不易被量子计算机破解的方法，同时设法利用量子效应创造新型量子加密方式。

量子计算不太可能导致传统计算机完全无用武之地。相对于在数学与化学等专业领域的巨大优点，量子效应对日常处理的需求作用有限。以我们目前的物理知识，也很难想象量子计算机有朝一日会比传统计算机更小、更便宜。就量子计算潜在的变革性影响而言，至少在第五次工业革命之前，可能都只有专业化、高成本的计算领域才会利用量子效应的奇异性。

小型化、快速化的计算机带来更大的影响

马克·维瑟（Mark Weiser）在1991年写道："影响最深远的技术是隐没的技术。那些技术已经渗透到日常生活中，直至人们察觉不到它们的存在。"[82]摩尔定律的大众化意味着数字计算机作为离散对象的状态逐渐消失：如今，计算机不仅是新

车、消费电子品和大多数家用电器的重要组成部分，而且融入纺织品和衣物，进入我们身边的基础设施，如道路、街灯、桥梁和建筑。[83] 我们生活在计算机构建的世界中。

新型传感器和机器学习算法的出现，让我们能够以全新的方式使用计算机。语音控制和自然语言技术让我们摆脱屏幕和键盘。传感器捕捉身体语言、手势和眼神，使计算机可以解读我们的意识与潜意识，了解我们控制计算机和轮椅、假肢等其他设备的意图。2017 年 4 月，脸谱网宣布成立一支由 60 位研究人员（包括机器学习和神经假肢专家）组成的团队，研究如何只通过思维活动向计算机传达指令或信息。[84] 利用访问计算机的这些递归法，我们就可以通过新的方式执行多重任务或处理周围世界的信息。

计算机还将成为我们身体的一部分。灵活的可植入微芯片将逐渐取代智能手表、智能耳机、增强现实眼镜等外部穿戴设备，打破人体的皮肤壁垒，创造令人激动的可能性，如整合治疗系统乃至增强人类能力等。

随着生物计算的不断发展，我们很快就能用量身定制的有机体取代专用微芯片。这种有机体构成了“生物骇客”（一种新型表达和消费形式）的重要方面。麻省理工学院的研究人员已证明，传感器、存储开关与电路可编码到普通人体肠道细菌中，这表明我们能够有意识地设计自身的生物群落，检测并治疗肠道炎症或结肠癌等疾病。[85]

然而，这些潜在的益处也伴随着挑战和风险。提高信息在人类与环境之间双向流动的可能性，需要不断扩大带宽，改进压缩技术。在数字化世界中创建大量数据，需要能提供长期密集存储的新方法。一种办法是用 DNA（脱氧核糖核酸）来存储信息。2012 年，哈佛大学的乔治·丘奇（George Church）教授证明了在 DNA 中存储数据的可能性，其数据密度达到当时顶尖闪存卡的 10 万倍以上，而且可在较大温度范围内保持稳定。丘奇教授称："你可以把它扔在任何地方，不管是沙漠还是自家后院，40 万年后它还在那里。"[86]

在某种程度上，尤其是在极端情况下，普适计算（ubiquitous computing）会让世界变得更脆弱。如果依赖需要持续计算的系统，断电导致的风险将大为提高。更糟糕的是，我们对更简陋、更依靠人工的备用系统越不熟悉，危机的负面后果就越严重。不断发展的普适计算也一定会产生社会影响，小型化、快速化的计算机已经改变了人类行为。比如，桌上只要出现手机，就意味着人们很可能与对话伙伴疏离，也不太可能记得交流的细节。[87] 社交媒体的使用也在一定程度上使年轻人缺乏同理心。

计算技术的不断扩展也将使环境外部性更为严重。在发达经济体，数据中心的耗电量已约占用电总量的 2%。在美国，这一数据达 700 亿千瓦时，高于奥地利全国一年的用电量。充当地球的管理者意味着，在研究人员和企业开发新材料来支持未来的计算创新时，我们要建立相应的市场机制，提高计算方法和硬件的可持续性与能源效率。随着新型处理器的问世，资源的可持续性应当成为我们关注的重点。

在牢记可持续发展的同时，我们也必须思考正在建构之系统的局限。“云技术”广泛运用于消费领域虽不到10年，但正在向更大型、更高效的中央数据中心转型，也引起人们对安全与隐私的担忧。为此，我们需要更富创造性地考虑存储数据的方式、地点和成本等问题。如果数据的重要用途之一是形成实时见解和决策，那么网格计算（一个网络上多台设备的分布式计算）也许会是更灵活的解决方案。数据中心可保留存档资料，而网格计算则能提供急需的分析和灵活决策，加快付诸行动，运行效率更高，而且不产生数据中心所需的扩展性成本。

另一个重要方面是机会平等。开发与应用新型计算技术的前沿一般位于发达经济体，这些经济体拥有规模庞大的消费市场、充沛的人力资本，能够为技术发展募集投资，但要确保第四次工业革命惠及更多人口，我们需要开发可负担的计算技术，以及在广泛环境中均可顺利运行的技术，包括供电不稳、温差较大甚至存在辐射的地方。[88]一个例子就是低成本高性能计算机“树莓派”（Raspberry Pi），其开发者的目标是让世界各地的人都能利用计算技术。自2012年上市以来，这款设备已售出1 200多万台。[89]

相比设计广泛可用的计算机，分配新计算技术带来的效益则是更为重大的挑战。创新技术带来的效益通常归属于先行者。我们应当采取特别措施，确保经济、社会和身体条件处于弱势的群体同样可以利用新工具。这一问题必须解决，使他们共享新型通用技术的经济效益。这不仅涉及税负公平，而且关乎竞争策略和消费者权利。原因是处于计算技术前沿的“超级平台”将对价值链产生巨大影响。比如，利用专业处理器以及海量数据，能够对消费者实行差别定价，将处于不利地位的竞争对手挤出市场。[90]

最后，正如本书前言所述，公众对制度与技术的信任岌岌可危。随着计算机日益渗透到世界各国民众的日常生活，确保这些方法的安全并保护隐私，对重拾公民、政府和企业之间的信任至关重要。

5 项要点

1. 摩尔定律（晶体管尺寸不断变小，成本不断降低）在原子层面接近物理极限，而登纳德定律（晶体管速度提升，耗电量下降）也已失效。材料科学致力于寻找解决方案，但直接的线性处理技术也逼近物理天花板，需要采用能增强能力的新型计算。

2. 计算需求的主要问题不仅在于处理能力（晶体管数量），还涉及速度、邻近效应、延迟时间和能源要求，这些都需要采取新型计算思维。量子计算、光子计算和网格计算等潜在替代方案极具吸引力。

3. 小型化、快速化的计算机逐渐普及，意味着设备渗透到城市环境、消费产品、住房甚至人体内。连入互联网后，这些设备将成为全球网络的一部分（见第七章“物联网”）。

4. 数据中心成为数据的集中空间，可访问存档数据并利用计算能力。未来，对响应式计算的需求可能需要能够在本地访问的分布式计算能力，涵盖不同设备，以确保速度和时效。这或许意味着计算能力分布和应用地点将发生重大变化。

5. 新计算技术面临的更大挑战在于，从宏观角度考察技术对社会和群体的影响。我们需要像重视技术本身一样，重视技术的可访问性、包容性，以及人们对安全、隐私和权力的担忧。

第六章

区块链与分布式账本技术[①]

2008年10月，中本聪（Satoshi Nakamoto）发表了一篇论文，详细阐述分布式账本技术的基础原理。未来某一天，中本聪这个名字或许将家喻户晓，知名度甚至远超许多技术“大牛”。中本聪并非真名，性别不明，也许不是一个人。他、她或他们匿名发布了一套以区块链为基础的支付技术，该技术突破性地结合数学、密码学、计算机科学与博弈论，具有深刻的变革意义，成为数字货币崛起的第一步，开创了在数字经济和实体经济中存储与交换价值的全新系统。[91]

到21世纪30年代，分布式账本技术或“区块链”也许会彻底改变我们生活的各个方面：从网上金融交易到投票方式，乃至辨别商品产地的方式。想象一下：如果全球GDP的近10%将以超越国家主权的货币存储或交易，或者对经济体成员自动、透明、实时征税，这将产生怎样的影响？区块链技术的

① 与世界经济论坛金融科技总监杰西·麦克沃特斯（Jesse McWaters）以及世界经济论坛全球未来理事会“区块链的未来”议题组联合撰写。

广泛实施很可能成为一个历史转折点，但技术本身及各组织对这一技术的应用能力尚处于早期阶段。许多问题妨碍这一技术充分发挥效益，例如对区块链网络结构的争论，交易可能违反国家数据传输规定，等等。要让这项革命性技术实现重新定义交易和信任的潜力，我们首先必须实行共同治理，让各利益相关者参与，并解决一系列“线下”协调问题。

建立值得信任的架构

正如“分布式账本技术”这一词组所表达的含义，区块链技术的核心是创建与交换唯一数字记录，无须通过中心化的受信任方。利用加密技术与对等网络的巧妙组合，该技术确保以准确、透明的方式实现群体之间信息的存储和共享，并产生多项额外价值，如查看每条记录的先前状态，创建可编程的记录，即所谓的“智能合约”。

这项技术的革命性体现在 4 个方面。第一，区块链技术有助于克服数字经济“双刃剑”的特点：数字对象可精确复制，同时传输给多人，边际成本几乎为零。这对共享信息十分有用，但如果传输的是具有独特价值或来源受保护的对象，诸如数字货币单位、包含必要信息的文件或艺术作品，则会产生问题，在这些情况下必须明确原件的持有者。区块链能够创建并传输可验证的独特数字对象，消除了虚假副本或重复发送的风险，从而建立被称为“价值互联网”的架构。[92]

第二，分布式账本技术可实现透明度、可验证性和“不变性”，任何人都无须委托单独的中心化第三方。这一特点极为重要，因为难以信任、约定或设立第三方来记录交易详情的情况比比皆是，难以断定有价资产来源或所有权的情况也不在少数。

第三，分布式账本能够设定可编程行为：交易可自己执行（然后被跟踪和验证），无须人为干预。这一能力的意义远不止算法交易或自动网上传输。经过设计，基于区块链的智能合约可在任何特定情况下传输信息或资产，如在保险合同中规定降雨超过一定量即自动给付，自动支付版税，根据项目工作量自动发放报酬等。重要的是，执行智能合约的代码就存储在区块链内，任何人都可以检查和运行，无延迟之虞。

第四，数字账本的设计可具有包容性。区块链交易兼具透明、安全、可跟踪的特点，如有需要还能匿名。至少对用户而言，交易只需少许带宽、基础软件、存储和连接。这意味着通常被市场排斥的个人和小规模贡献者，可作为生产者、股东、受益人或消费者，以数字形式跟踪和交易任何资产。[93]

这些特点决定了区块链将带来前所未有的机会，帮助我们分配经济活动的效益，大大降低被中心化、垄断型或寻租型中间方收取留存成本（capture cost）或隐性成本的风险。使用分布式账本，或许还能让个人拿回其个人数据所创造的部分价值，或至少在人类数据既是重要资产又是潜在负债的环境中确保更高的透明度和安全性。

在区块链荒野中前行

美国伯克曼互联网与社会研究中心副教授普里马韦拉·德菲利皮（Primavera De Filippi）将目前的区块链比作20世纪90年代初的互联网。当时，技术专家和企业对互联网的潜力与价值毫无概念，也看不到互联网的无限用途。德菲利皮认为，区块链最具变革性的作用是反对剥削，影响新社会契约，使之更适应日益依赖技术并被技术包围的社会和经济。

然而，尽管区块链具有诸多优点，加密数字货币的概念也受到热捧，但区块链并非万灵药，也不乏重大挑战，这从比特币的发展即可一窥端倪。作为规模最大的加密数字货币，比特币是区块链最初也是最知名的使用案例。在发展壮大的过程中，比特币对网络的要求也在提高，导致参与者在下列问题上产生分歧：为了提高交易效率，是否要改变比特币区块链的关键要素，如构成“区块”的尺寸？由于没有任何形式的中心化治理，比特币链会发生“分叉”，即参与组织根据自身利益采用替代路径。

创建区块链需要解决艰巨的协调任务。布赖恩·贝伦多夫（Brian Behlendorf）就指出，有效的区块链仍需要初始的多方利益相关者相信，分布式账本比任何其他方式（包括完全不交易）都能更好地满足他们的利益需求。[94] 这需要各方认同一系列技术手段，并坚定地投入资源，采取新的技术和工作方式。

区块链何时派上用场

根据超级账本项目执行董事布赖恩·贝伦多夫的观点，分布式账本能够在以下情形中大放异彩：

- 两方或多方之间存在交易需求或尚未实现的交易潜力。
- 执行这类交易的效率低下或完全不可能，或许是因为：
    - 对于担当高效、中心化交易中介的受托第三方，各方无法达成一致。
    - 垄断权力、寻租、腐败、缺乏透明度或制度效率低下，导致交易成本高昂和/或系统不确定性。
    - 因验证或管理参与的成本高昂，个人或组织被现有平台排斥。
    - 交易的资产易于伪造或复制，参与者为避免欺诈而互不信任。

创建有效的专用区块链系统并非易事。个人或组织基于分布式账本开始交易前，潜在参与者必须先就若干事项达成一致，包括但不限于：

- 价值指标：账本代表的价值采用什么单位？
- 技术架构：这是一个借助公共区块链运行的私人区块链吗？账本以何种方式安全地验证交易？如何生成新的价值代币，以什么速度生成？

• 参与者如何验证区块链的“启动条件”？

如果数字交易与物理对象有关，如何安全地识别、标记物理对象，并使之与数字代币挂钩？

分布式账本广泛应用后，协调问题会变得更加复杂。理想情况自然是区块链能在不同网络间互操作，将加密数字货币链与碳信用网络或林业承包账本等连通。这需要不同应用间的统一标准，但此类标准尚未出现。

分布式账本也有环境外部性。区块链实现不变性目标最常见的方式是“工作量证明”，即网络参与者相互竞争，投入大量计算工作和能源，以安全验证交易并获取潜在回报。比特币和以太坊这两种加密数字货币均采用这种模式，交易量越大，验证交易所消耗的能源越多，对环境的影响也越大，这一特点揭示了第四次工业革命技术中又一种并不隐性的交易成本。[95]

还有一个事实就是，安全、匿名、可编程的网络会降低犯罪成本。智能合约通过加密保护个人利益的协议，同样也能被团伙用于不法活动，如非法毒品交易、贩卖人口、欺诈等。[96]另一个问题是技术本身的可访问性。虽然比特币“钱包”越来越容易访问和使用，但是要让个人和组织接受采用区块链平台的转换成本，还需要大规模或广泛的激励措施。平台和直观应用程序不足也是障碍之一，但这一问题预计很快就能解决。

构筑值得信任的技术

作者：卡斯滕·施托克尔（Carsten Stöcker），能源公司 Innogy 区块链能力团队负责人，德国；布克哈德·布莱希施米特（Burkhard Blechschmidt），高知特信息技术公司首席信息官顾问团负责人，德国

从历史来看，当产品或交易在制造供应链中流动的时候，信任就逐步积累起来。纸质或电子记录跟踪每件物品，证明其来源、目的地、数量和历史。编制、跟踪、验证这些信息需要银行、会计师、律师、审计师与质检人员付出大量时间和精力，相当于征收了不菲的“信任税”。此外，在此过程中，重要信息可能丢失、无法访问甚至被故意隐藏。

随着第四次工业革命的逐步展开，物理世界与数字世界的界限日渐模糊，区块链将支持数字产品记忆，在整个供应链内跟踪并引导物理对象。如果与加密安全标记相结合，区块链可以创建独一无二的身份和不变记录，简化供应商和消费者的交易过程，降低费用并加以验证。

区块链支持的“分布式信任”将催生全新的制造业务模式，例如：

- 为设计者确保市场安全，以受保护的制造设计文件形式发布作品并获得报酬。
- 打造数字产品记忆市场，帮助制造商降低质量控制、

监管合规、保修或召回的成本。

- 数据服务利用区块链，出售基于数据的深刻见解，涵盖产品设计、市场营销、供应链控制或制造等领域。
- 依赖第三方制造商的“轻资产”企业，通过区块链实现透明、可信的供应链数据，核实制造商的工作。

在这个新世界中，潜在的赢家包括：

- 法治与知识产权保护薄弱地区的产品和服务提供商：凭借区块链，即便没有强大的政府机构，他们也更容易保护自己的数据和金融交易。
- 小型产品设计者、原材料供应商和服务提供商：如果没有区块链，他们可能要耗费大量财力或时间，才能与地点分散的大型对手方建立信任。
- 受区块链保护的制造或运营数据的整合者和卖家：将区块链价值链中产生的产品价值最大化。
- 区块链支持的去中心化自主制造组织的服务商：这类服务包括机器人制造、海运与金融。
- 专门生产高价值定制产品的微型制造商。

潜在的输家包括：

- 隐性成本较高、效率或质量低下的供应链参与者：传统、烦琐、不透明的信任机制将被区块链取代。
- 提供“匹配”或“市场”服务的中间商业服务商：如电子商务聚合平台。

- 流水线与辅助性文职岗位上的低技能劳动者：区块链和3D打印、先进机器人等新技术可实现自动化常规组装，并跟踪产品和合约。
- 供应商经理、会计师、质保经理、律师等高技能劳动者：区块链技术可实现复杂谈判、跟踪及验证流程的自动化。
- 财务、审计及相关机构：支付、风险管理和品质保证转移到区块链。

随之而来的是，区块链支持的分布式信任与第四次工业革命多项技术交叉，彻底变革整个生态系统。

由于区块链仍在发展之中，采用这一技术的先行者也面临许多挑战，包括系统集成、商业论证、遵守标准和监管要求等。许多机构建立跨行业合作伙伴关系，积极构建生态系统，同时发挥“应用生态系统领导力”，支持成本效益优良的低风险创新。

区块链记录具有永久性、透明性的特点，非常适合创建安全数字身份，有可能彻底改变从医疗保健记录到投票乃至政府服务等各个方面。伦敦帝国理工学院加密数字货币研究与工程中心联合主任凯瑟琳·马利根（Catherine Mulligan）指出，在大步迈进这个方向之前，我们应当先想一想其中的风险，即无可辩驳之账本中的信息可能被握有密钥访问权限的恶意政府机构滥用。[97]

从理论上说，最具挑战性的一点或许是失去中央权威。这一挑战不仅是制度性的，而且将产生强烈的心理冲击，因为它与人类的秩序体系息息相关。依赖一套复杂算法来实现信任的去中心化将引发一场剧烈的变革，类似此前的观念巨变，即从人类推演产生知识转变为依靠现代科学工具产生知识。虽然经济因素可能有助于前者，但人类社会用了几百年时间才适应后者。应用区块链之后，信任最终将依赖数学家和基础设施，而不是政治家和可辨识的个体机构。这不仅带来政治和技术挑战，而且对人类存在本身提出疑问。

超越商业应用的技术

2000 年 5 月，非洲钻石出产国代表齐聚南非金伯利，协商制止冲突钻石的扩散。各国达成广泛协议，对参与成员实施严格政策与认证，要求参与国通过立法和制度予以支持。2015 年，Everledger 公司在伦敦成立，结合区块链与计算机视觉技术，支持金伯利行动议程，打击钻石供应链造假。

区块链最具革命性、最有价值的某些应用是在现实世界。不论是濒危鱼类还是高级艺术品，分布式账本都有望解决它们的供应链追踪问题，前景极具吸引力。例如，区块链可打击全球假货市场（占全球贸易的比例预计高达 2.5%）。[98] 如果将物理对象与数字账本关联，我们就能克服安全标记的“最后一英里”挑战。如果能把计算机视觉、生物识别、3D 打印和纳米技术等各项技术创造性地结合起来，我们就有望提供标记和跟踪方案，实现安全、透明的供应链，这对于商品价值较高的行业特别有用。

区块链在现实世界小心试探的同时，在原生数字环境中却是大步前进。作为比特币与其他加密数字货币的基础，区块链已实现数十亿美元的货币和外汇交易，虽然也经历了估值调整带来的波动。2017 年 6 月，通过比特币区块链交易的价值超过 7 000 亿美元。区块链应用在金融业大有市场，赢利前景可观，还能促进普惠金融，让人们无须通过银行即可进入金融市场，获取金融服务。应用于实体商品的“最后一英里”问题，只剩下应用的可用性、客户的可获得性以及平台本身的稳定性。

区块链的大部分影响要借助第四次工业革命各项技术的共同力量。如上述有关供应链的探讨所述，区块链与物联网结合具有令人振奋的前景。相关方正在设计市场机制，由区块链全面保护端到端服务，涵盖生产可行性证明、合同约定，以及文件传输和贸易融资，且所有参与者和财团组织都参与这一过程。此等服务加上现实世界的验证组件，如摄像头、打印机和传感阅读器（价格稳步下降），这样的市场将指日可待。

加密数字货币、资金、交易和资产管理仍构成分布式账本生态系统的重要部分，但身份管理、政府和法律科技、能源、物流甚至是为了宣传而吸引眼球的代币也开始发挥重要作用。[99]

对多数企业而言，区块链可带来有利影响，如进入新市场，执行安全、可编程的交易，减少日常监督和审计工作，但对社会而言，结果是喜忧参半。美国Blockchain公司首席执行官彼得·史密斯（Peter Smith）表示："区块链可为个人提供更安全的协作方式，帮助他们产生并传递价值，但在各行各业实施区块链，会淘汰现有的交易中间商，导致数百万工作岗位消失。"[100]如果经济富有活力，自然能产生正收益，原因是区块链实现大量微交易和机会，创造的价值远高于中间商的损失。而且，未来越来越多的工作由算法和机器人执行，社会保障制度将发生根本性改变，分布式账本可成为新制度的基础。

鉴于区块链技术巨大的潜在影响，多方利益相关者应重点探讨如何权衡利弊，确定监管行动。这项技术还不成熟，市场相对较小，过于严格或草率的监管都可能会抑制区块链的潜力。尽管如此，我们仍需解决一系列风险和挑战。这些重要问题很可能成为未来几年的关键议题：

- 基于区块链的交易在法律上存在重大模糊地带，比如，发生冲突或意外问题（如服务中断或无心之失，如"乌龙指"交易失误等）时，如何确定责任框架与追索机制？[101]
- 全面采用基于区块链的新型基础设施，需要有效的治理框架。在金融、实体经济与人道主义领域的应用，将凸显人们对技术实施的各种担忧。更换数据基础设施时，监管机构必须考虑下列问题：区块链应用将如何影响当前风险？如何防范监管对整个系统造成意外后果？
- 目前尚无标准促进不同区块链技术或实施方案之间的技术和数据互操作性。如果不纠正这个问题，区块链可能就无法真正取代数据孤岛，提高操作效率。

- 在现实世界的应用方面，目前的“最后一英里”难题需要精密完善的方案来验证商品和服务。这容易助长干涉和腐败，妨碍将区块链用于供应链验证。行业领导者可与当地支持者和监管机构一起，针对这些独特的情境挑战共同设计解决方案。
- 国家层面的数据监管与区块链流程要求的数据传输可能会产生冲突。此等数据可能涉及支付或非金融数据，如商业信息或保密的个人信息（如医疗数据）。鉴于区块链去中心化的特点，识别这些领域并提出适当解决方案将颇具挑战。

5 项要点

1. 区块链技术是一种分布式数字账本，有助于安全共享数字记录和信息，并确保这些独特记录没有多个副本，从而保护数据对象或信息的价值。

2. 区块链技术是一股去中心化的力量，没有中央权威负责维护系统。相反，它采取协作式激励机制，要求各方善意行事，并确保无法通过数学手段入侵系统。

3. 区块链技术适用的领域包括创建加密数字货币和数字身份，用加密技术和数字标识符跟踪物理对象，以及需要验证虚拟对象或物理对象来源的其他领域。实现这些资产的可验证性，我们就能作为数字设备、服务和应用的用户，以全新的方式与我们创建的数据产生关联。

4. 区块链技术有助于向传统上未能分享经济效益的群体分配效益。比如，若没有区块链技术就只能合作参与大型商业流程的个人和小群体。

5. 需要解决的挑战包括法律模糊地带、区块链基础设施、缺乏标准、实体产品的“最后一英里”难题及国内和跨国数据监管问题。例如，加密数字货币还处于发展初期，其环境影响、被犯罪组织利用及一般争议解决方案等外部性尚未解决。

第七章

物联网[1]

未来10年，全球将有逾800亿台互联设备，它们能够与彼此以及人类持续连通。这一具有互动、分析与输出功能的巨大网络将重塑产生对象的方式，预测人类需求，提供看待世界的新视角。与此同时，分布式系统将挑战我们创建、衡量、分配数据和价值的方式。随着传感器的普及，世界还将发生其他变化。比如，超市不再需要结账设施，快餐店工作人员将比10年前减少一半以上。随着商业模式利用物联网来优化运营，形成“引力经济”（pull economy），周围世界将分析我们的行为模式，不断预测我们的需求。在这样的未来，我们将更加重视自身数据的价值，更关注数字安全；数据流铺天盖地；网络安全威胁更是家常便饭。

然而，物联网也有许多积极潜力。发展中国家应用这一技术跟踪水位，还可通过卫星覆盖帮助偏远地区加速发展医疗技

① 与世界经济论坛数字经济与社会事务联合总监德里克·奥哈洛伦（Derek O’Halloran）联合撰写。

术。如果传感器、摄像头、人工智能和面部识别软件共同发挥作用，公共场合的犯罪可能会减少。物联网实现经济生产的去中心化与大众化，为世界各地民众提供全新的创造性机遇，有助于提升公众对技术系统的信任。不过，要使物联网发挥预期的社会经济效益，我们必须解决一系列问题，如缺乏安全协议、带宽限制、文化接受壁垒、缺乏对数据价值与协作机会描绘方法的共识等。物联网还远未成为现实，人类需要共同努力，合作治理，才能让投资获得回报。

包围世界

物联网是第四次工业革命的核心基础设施，由一系列智能互联传感器组成。这些传感器根据需要收集、处理和转换数据，再将数据传输给其他设备或个人，实现系统或用户的目标。伦敦市场分析公司 IHS 预测，物联网设备将从 2015 年的约 154 亿台增至 2025 年的 754 亿台。[102] 这种规模的增长将加深人类生活所有方面的连通，以崭新的方式将全球经济体联系在一起，甚至包括蓬勃发展的机对机经济（machine-to-machine economy）。

在物联网的巨大影响下，今天的服务业和制造业将经历传媒业在 1995—2015 年的剧变。相关方必须制定管辖原则以及复杂的数据通信法律，确保最终能够释放物联网的巨大价值：首先，在生产和制造业积累，快速提高其运营效率；其次，实现提高资产利用率和生产率的重大潜力。这些转变预计将创造相当于全球经济总量 11% 的价值。[103] 世界经济论坛与埃森哲的合作研究表明，物联网的工业应用将产生其中大部分价值，使受企业和社会经济影响的消费侧相形见绌；到 2030 年，工业应用将为全球经济增加高达 14 万亿美元的产值，并支持联合国可持续发展目标中的第十二个目标（见表 1）。[104]

能否实现这些价值取决于物联网的三项核心能力。首先，物联网可将丰富数据与智能分析相结合，提供情境数据的新来源，将事件置于更宏观的环境中。物联网还提供设备性能数据，帮助企业和个人预测资产绩效，找到拓展价值的良机。物联网也能提供用户影响力数据，显示人们行动方式、时间和原因的影响。这种能力将刷新我们的认知，优化我们的决策顺序。

其次，设备的通信与协调方式能提高效率和生产率。端对端自动化和新型人机协作将简化常规任务，提高个人发挥创造力和解决问题的能力，应对具有更高价值的挑战。由于人们在塑造产品、服务和观点时习惯于考虑外围意见（peripheral input），跳出行政管理和任务型思维模式有助于形成更加综合性的视角。

最后，创造智能互动对象，提供向民众交付价值的新渠道。作为由传感器和设备构成的分布式网络，物联网也为其他分布式技术提供协同机会，如云端人工智能、区块链、增材制造、无人机、能源生产等。随着这些新技术的不断聚合，价值创造和交换的去中心化既借助基础设施实现，也模仿这种基础设施，相应的经济转型成果可能会带来惊喜。有鉴于此，物联网最终会挑战现有制度和概念框架，促使人们反思产品、服务和数据的性质，以及如何定义其中的商业价值。

表 1　2025 年物联网每年可能创造 4 万亿 ~11 万亿美元的经济价值

可能产生并积累价值的九大应用场景	2025 年规模（万亿美元）
工厂 如运营管理、预防性维护	1.2 ~ 3.7
城市 如公共安全和卫生、交通控制、资源管理	0.9 ~ 1.7
人口 如疾病监控和管理、改善健康状况	0.2 ~ 1.6
零售 如自助结账、布局优化、智能客户关系管理	0.4 ~ 1.2
户外 如物流路线设定、自动驾驶汽车、导航	0.6 ~ 0.9
工作场所 如运营管理、设备维护、健康和安全	0.2 ~ 0.9
车辆 如视情维护、减少保险需求	0.2 ~ 0.7
家庭 如能源管理、安全和安保、家务自动化	0.2 ~ 0.3
办公室 如组织重构和员工监督、增强现实用于培训	0.1 ~ 0.2
	总计 4 万亿 ~ 11 万亿美元

较低估值
较高估值

资料来源：麦肯锡全球研究院，2015

这三项能力将推动各行各业改变商业模式与结构，包括制造业、石油天然气行业、农业、采矿业、交通业和医疗保健业。世界经济论坛《工业物联网：释放互联产品与服务的潜能》（*Industrial Internet of Things*：*Unleashing the Potential of Connected Products and Service*）报告中提到，变革之路从公司提高运营效率开始，通过创造新产品和服务不断演进。这将首先形成“成果经济”（outcome economy），继而产生“自主式引力经济”（autonomous, pull economy）（见图 10）。[105] 环境中的传感器同样可采用这一过程，帮助建立积极的资源管理方式。例如，实时向民众提供激励，塑造有助于最优交通路线选择和能源使用的行为，从而优化耗能和排放等系统性问题。

拓展物联网需要在四个层面进行开发和部署：第一，感知、沟通并（在某些情况下）采取行动（如移物或开门）的设备；第二，连通这些设备的通信基础设施；第三，收集、分发（第四层面所用）设备所生成数据的安全数据管理系统；第四，处理数据、提供捆绑式服务来满足组织或个人需求的应用。

数据的管理和应用层面常被忽视，但十分关键。对象互联并不能产生价值，只有当数据转换成有价值的信息或可行的见解时，才能形成价值的流动。麦肯锡的分析显示，石油钻井平台一般拥有 3 万个传感器，但只有 1% 的数据得到分析利用。[106] 同样地，其他许多行业也坐拥海量数据，却没有分析数据的创造性机制。许多公司缺乏处理大量数据的经验，还在尝试理解应该寻找什么线索，或在简单扩展先前指标之外还能提出什么问题。

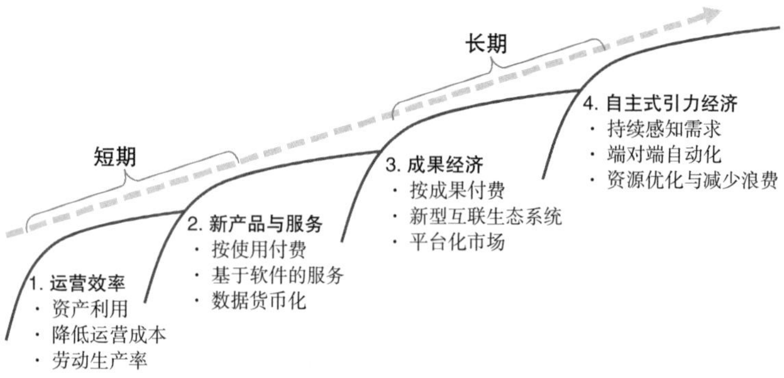

图 10　工业互联网的应用和影响路径

资料来源：世界经济论坛，2015

第四次工业革命带来大量新型互联设备、身份、商品和服务，企业和消费者可能需要学习新方式，对使用数据互付报酬，并学习如何通过交易和协作拆分价值。在这种新的安排下，消费者可能成为企业的合作伙伴，即便协商过程会较为困难。法律难题在所难免，在深度互联的未来，社会利益相关者将负责维护消费者权利和隐私空间。如果媒介就是信息，那么物联网就如同万维网，动摇的将不只是商业界。

革命，而非演进：物联网的前景、挑战与机遇

作者：理查德·索利（Richard Soley），对象管理组织（Object Management Group）董事长兼首席执行官，美国

过去 40 多年来，写到新技术的颠覆性时，我无数次说道：“（新技术是）演进，而非革命。”专业系统、分布

式计算、对象技术、图形建模、语义建模，都提出挑战，更带来机遇。“旧有的”计算模式并未改变，架构基本相同，软件逐步改进，总体成果虽然值得投资，但增速单位只有数十个百分点。这就是演进，而非革命。

这一次则不同。物联网的变革成分或许并非全新，但从定性和定量角度来看，结果都迥异于以往。本质上，物联网聚集成百上千万个传感器数据点，实时整合数据并执行预测性分析，或是为决策者提供决策支持，或是为现实世界的执行机构提供直接控制。普适通信（依托全球互联网）的存在、计算能力和存储技术（同样借助互联网和云计算）的强大功能与低廉价格，加上海量数据（所谓“大数据”）实时分析技术的进步，让不可能变成可能，引起彻底的革命。

然而，有关物联网革命的讨论几乎都围绕着冰箱、灯泡等消费技术。虽然这些改变的确会发生，并且前所未有地凸显互联网缺乏信任、隐私和安全性的问题，但更重大的机遇被忽视了，那就是产业的“互联网化”，这一革命的影响力堪比100年前的产业电气化。与电气化一样，物联网的应用不会限于制造和生产（虽然首先在这两个行业出现），相反，我们会看到物联网的影响波及每一个重要行业：医疗保健、金融体系、交通运输、能源生产、传输和分配、农业、智慧城市服务等。太多的演讲者都关注接入互联网的设备数量，但更重要的是要理解这些互联设备的潜力。

具体而言，许多全新的商业模式有待探索：

- 最显著的就是"成果经济"，转向以小时、米或升为单位购买成果，而不是购买机械来交付同样的成果。航空公司几十年前就从拥有飞机转向租赁飞机；他们还开始租赁喷气式发动机，让最熟悉这些巨大精密机器的人员（制造商）来承担保养和维护工作。由此，航空公司提高了发动机的效能和调度的可靠性，而喷气式发动机制造商则获得新的服务收入来源。通过保持与设备的连接，获取海量性能数据和同类发动机数据，制造商可改善服务，提高效率，降低价格。更好、更快、更经济，一举三得。
- 先前孤立的数据流连通后，能够在最出人意料的地方产生全新机遇。在一个地方救护车管理系统中，通过分析司机使用设备的模式优化路线，尽可能地缩短出车并返回医院的时间，同时在急救电话间隔期间让司机休息，还可能拯救更多生命。在救护车位置数据与急救电话数据和咖啡馆位置数据连通之前，没人能看到这种机会。在互联的世界里，惊喜无处不在。

在这全新的世界中，赢家将是：

- 尝试解决数据收集、分析和管理挑战的先行者。在我们看到的每一个实体物联网项目或测试平台中，都出现了意想不到的乐观结果。

- 将看似无关的数据流实时相连，发掘意外关联和机会的行动者。在计算能力充足、价格低廉的时代，市场准入成本已大为降低；努力寻找机遇必将获得回报。
- 最重要的是，意识到行业面临着颠覆，想参与颠覆而不是被颠覆（可能产生灾难性后果）的行动者。我们见证了交通运输业与制造业的重大颠覆，其程度之深已经引发社会变革。

在彻底变革的新世界里，那些袖手旁观、等待颠覆的人将成为输家，他们对新的商业模式与进步视而不见。本轮巨变不仅发生在信息通信技术行业，而且影响那些依赖信息通信技术的行业，即每一个行业。

挑战、风险与危险

实现物联网的潜力需解决若干挑战。妨碍企业采用工业物联网最常见的因素是欠缺标准（缺乏或可能缺乏互操作性）及安全问题（见图 11）。没有类似万维网联盟这样的组织制定标准和协议，物联网的潜力会受到影响。另一个障碍虽不明显但同样不容忽视，即在资产互联的情况下，企业如何管理基于数据分析和数据服务而创造的新型商业模式。

物联网系统的若干风险不仅影响采用系统的公司，而且会影响用户和公众。例如，对物联网系统产生依赖的个人和公司在某种程度上失去重要技能；若不能保障连通性和电力供应，便会增加新的风险漏洞。系统越复杂、联系越紧密，就越容易遭受“普通意外事件”的冲击。[107]

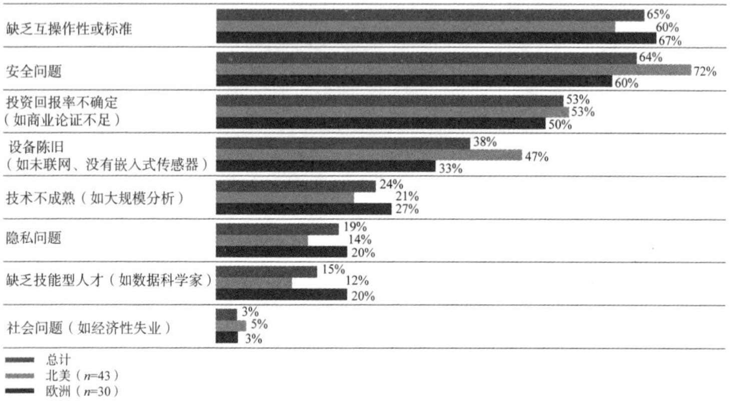

图 11　采用工业物联网的主要障碍

资料来源：世界经济论坛，2015

网络安全就是突出风险之一。数据在设备和网络之间流通，与数据相关的公司和利益相关者都面临着侵入风险。世界经济论坛《工业互联网调查报告》（*Industrial Internet Survey*）显示，76% 的受访企业认为其物联网系统受到攻击的可能性“很高或极高”。[108] 或许更令人担忧的是，物联网不仅是网络攻击的目标，而且能被用来实施攻击。有案可查的记录中，某些最大规模的网络攻击发生在 2016 年，监控摄像头和其他监视器等物联网设备被侵入，发送大量数据，导致网站瘫痪。[109]

因此，解决物联网的网络安全挑战要求控制多种风险，包括阻止不安全设备攻击第三方，防范个人或智能系统控制物联网设备或系统以恐吓他人、窃取信息、带来伤害或索取赎金，确保基本私人和公共服务的稳定性等。安全还涉及数据隐私和跨境数据通信问题。不同司法辖区的政策制定者应在保护消费者权益与推动企业发展两者之间实现平衡。要让全球数据流充分实现物联网的潜力，共享与存储数据的程序和协议将成为关键议题。

正如区块链等安全分布式账本技术的兴起，物联网架构的创新也激励业界通过新方法实现这一平衡。例如，物联网创业公司“感官系统”（Sensity Systems）与知名安防公司 Genetec 合作，开发智慧城市安保系统，管理安全与隐私问题。它们的物联网设备在网络“边缘”执行数据处理，相当于一个折中方案。敏感的视频数据保留在设备上，除非设备侧算法在视频馈送中检测到威胁。如果没有威胁，则系统授权将视频发送给安全代理。这一折中方案降低了带宽需求，并解除了集中存储大量数据的安全隐患。

与人工智能、机器人与区块链等其他新兴技术一样，关于物联网的重要问题之一是对就业和技能的社会影响。具体而言，物联网的颠覆潜力将彻底改变组织和行业。结合人工智能和机器人技术，物联网可能减少对例行人力工作的需求，也会增强对劳动者的监督（见图 12）。在人力劳动需求下降的同时，对创造力和解决问题能力的需求会上升，特别是与编程、设计和维护相关的能力。我们在讨论物联网对社会和伦理的影响时，应关注得到赋能的数字—人类一体化劳动力，以增强而非取代人类的方式创造价值。特别是，这些技术单独而言可能会减少就业机会，但组合起来可能为个人带来全新的发展机遇。答案将在未来揭晓。

数字基础设施、产品及通信调和我们的生活，物联网将进一步深化这种共生关系，扩张到整个物理环境，进入深层次社会互动，并影响不同利益相关者之间的关系。物联网将变得不可或缺，但也会像现在的移动技术一样，对所有利益相关者群体提出要求，例如：

- 在物联网的许多商用场景中，数据用途广泛，可在许多情况下为多个相关方提供价值。谁拥有数据，谁从数据利用中获利，如何对数据适当定价等情境问题，都需要根据所采用的商业模式来解决。
- 在物联网的部分应用中，数据利用的潜在成果可能带来巨大的环境和社会效益，如减少浪费或降低能耗，但在某些情况下，社会的最佳利益未必与企业的最大利益一致。政策制定者和社会利益相关者需要考虑，在不以生产率作为首要成果的领域，如何评估基础设施和机对机通信的利用情况。
- 为减少事后冲突，企业需要学习如何利用协作机会（如使用移动应用数据来确定保险费），阐明商业论证的逻辑。在分布式系统中通过数据共享创造的价值需要分解，确定必要参与者创造和应得的价值。在讨论公平分配成果的框架和最佳实践时，应纳入社会利益相关者。

- 技术，尤其是互联网，已经对社会生活、经济机遇、工资、知识获取、通信等诸多方面产生巨大影响。在社交网络时代，技术化生活加速发展。有人担心技术压力越来越大，这样的生活将令人不堪重负。利益相关者很有可能面临互联网用户提出的类似问题：技术是否应作为公共产品提供？谁拥有访问权限？如何确立没有剥削的公平做法？这些问题都必须得到解答。
- 正如互联网对传媒业、娱乐业和旅游业造成了巨大冲击，物联网也会使全球经济的大部分产生震荡。政策制定者和企业需要制定策略，管理物联网的负面效应。行业和政府利益相关者应携手合作，从过往产业转型的最佳实践中学习。

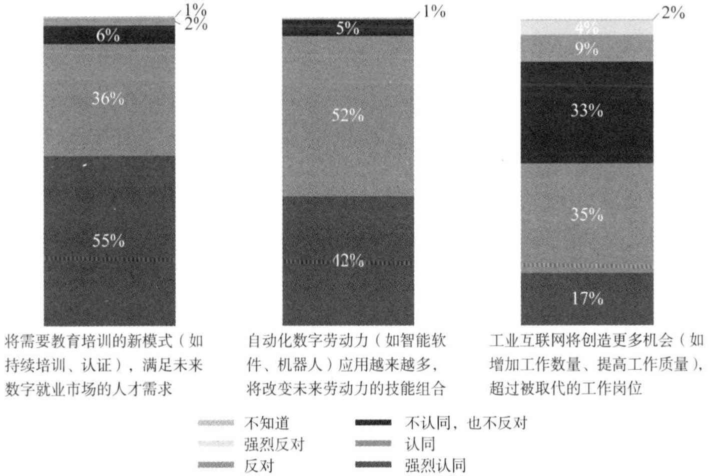

图 12　工业互联网对劳动力的影响

资料来源：世界经济论坛，2015

5 项要点

1. 物联网由一系列智能互联传感器组成。这些传感器收集数据并传输到互联网的其他设备或个人，实现广泛用途。物联网将加强人机互动，机对机数据经济的规模将超过人对人经济。未来 10 年，将有数百亿台设备加入物联网，通过产业化应用，可在 2030 年之前为全球经济创造高达 14 万亿美元的价值。

2. 传感器和设备分布广泛，产生了跨境数据问题，如隐私权、所有权、可用性等。关于全球物联网数据流的政策和监管，将是第四次工业革命的主要挑战之一。

3. 物联网不仅仅是接入互联网的智能家电及其提供的服务，其真正的价值在于收集、分析和管理数据，发掘意外关联和机遇，预测颠覆性趋势。

4. 利用传感器传回接近实时的数据，形成对消费者及公民行为的优化和刺激，创造引力经济，实现螺旋式上升成果。这意味着物联网能够发挥重大作用，解决许多系统性问题，如提高能源利用效率、改善交通系统、减少全球排放等。

5. 公众对物联网最担心的问题之一是物联网对就业和技能的社会影响，即物联网与人工智能和机器人技术结合，减少对常规或人力劳动的需求。然而，一般认为物联网系统的风险主要在于网络安全，如设备不安全、欠缺标准及跨境数据等问题会带来风险。

延伸阅读

聚焦数据伦理[①]

数据和算法，以及相关的科学、技术、使用和应用，为改善我们的个人生活、公共生活和环境提供了重大机遇。然而，伴随机遇而来的还有巨大的伦理挑战，其中有三大趋势尤其值得重视：过度使用大数据；日益依赖通过算法完成任务，影响选择和做出决策；许多自动化流程中的人工参与甚至是监管逐渐减少。上述因素共同催生出一系列迫在眉睫的问题，涉及公平、责任、平等和尊重人权等。这些伦理挑战并非无法解决。我们有必要也有能力利用当前的重大机遇，推动制定和应用数字化解决方案，同时确保尊重人权和捍卫价值观，支持建立开放、多元和包容的信息化社会。

要通过合理、公平的方式平衡上述两点并非易事，但反之，如果我们不能在信息化时代的大背景下推动科学技术背后的伦理发展，未来将面临令人惋惜的后果。一方面，忽视伦理

---

① 撰写：卢西亚诺·弗洛里迪（Luciano Floridi），牛津大学哲学与信息伦理学教授、牛津互联网学院数字伦理实验室主任，英国；莫瑞奥萨瑞·塔代奥（Mariarosaria Taddeo），牛津大学研究员，英国。

问题可能会产生负面影响，致使社会抗拒新技术。例如，英国国家医疗服务体系（NHS）的健康医疗数据项目就因此宣告失败。另一方面，在不恰当的情况下过分强调保护个人权利和伦理价值观，会导致监管规定过于僵化，进而妨碍我们利用数字化解决方案造福社会和公众。欧洲议会公民自由、司法和内务委员会（LIBE）最初提出的《通用数据保护条例》修正案就是如此。为避免出现这两种极端情况，笔者建议采用4个阶段的衡量尺度，即关注技术可行性、环境可持续性、社会接受度和大众偏好度，作为所有数字化项目的指导原则。有些项目即使不会对人们的生活和地球产生明显影响，也应当遵循这些原则。这样可确保将风险降至最低，同时又不致错失机遇。

如何才能实现这种平衡？近几十年来，我们已经认识到，伦理策略关注的焦点不应是某项具体的技术（如计算机、平板计算机、手机、互联网协议、网页应用程序、在线平台、云计算等），而应是所有数字化技术所操控的数据。所谓的“互联网伦理”“机器人伦理”“机器伦理”其实都没有切中要害，只是延续了“计算机伦理”时代的思路，如今已不合时宜。无论是隐私、匿名权，还是透明度、信任和职责，伦理问题首先关乎的不是具体的数字化技术，而是数据的整个生命周期，包括从数据的收集、监管到操作和使用。因此，我们需要建立数据伦理学，指导我们既避免新技术引发社会抗拒，又防止监管措施过于严格，在二者之间找到平衡，寻求行之有效的解决方案，最大限度地发挥数据和算法的伦理价值，造福我们每一个人以及整体社会和环境。

数据伦理学是伦理学的分支，专门研究和评估数据、算法和相关实践涉及的伦理道德问题，旨在制定和支持符合良好道德规范（如正确的行为准则或价值观）的解决方案。研究内容涵盖以下三大方向：数据伦理、算法伦理和实践伦理。

狭义而言，数据伦理学关注数据的产生、记录、监管、处理、传播、共享和使用，研究大数据集在收集、分析和应用过程中涉及的伦理道德问题。从大数据在生物医学研究和社会科学中的使用，到数据概要分析、广告和数据慈善，再到政府项目中的公开数据，都是数据伦理学的研究对象。数据伦理学的一个关注重点是，通过数据挖掘、绑定、合并，以及大数据集的再利用，可能会对个人的身份进行再识别。另一项明显的风险涉及“群体隐私”，这是指即使个人数据已去身份化，仍可能对某一群体进行身份识别，导致严重的伦理问题，包括群体歧视（如年龄歧视、种族歧视、性别歧视），以及针对某一群体的暴力行为等。信任和透明度也是数据伦理的核心主题，涉及目前众所周知的问题，即公众对数据科学与技术的益处、机遇、风险和挑战缺乏了解。

算法伦理关注的领域包括软件、人工智能、人工代理、机器学习和机器人。一般认为，算法伦理主要解决由于算法日益复杂和自动化产生的问题。算法催生了人工智能程序，以及包括互联网智能服务机器人在内的智能代理，由此带来了伦理挑战。其中，机器学习应用程序带来的挑战尤为明显。应用程序的使用者、设计者和数据科学家承担着重大的道德责任，可能因其行为导致不可预见的不利后果，或错失某些机遇。正因如此，越来越多的研究开始关注算法要求的伦理设计和审核，以及对潜在不利后果（如歧视或散布反社会内容）的评估。

实践伦理主要涉及负责任创新、编程、黑客行为、职业操守和道义论，针对数据科学家等负责数据流程、策略和政策的个人和机构，解决有关其责任和义务的迫切问题。实践伦理的目的是为制定负责任创新、开发和使用的职业准则提供一个伦理框架，确保符合伦理的实践既能推动数据科学和技术进步，又能保护个人和群体的权利。这一研究方向涉及三大核心问题：许可、用户隐私和二次使用。

数据伦理、算法伦理和实践伦理这三大研究方向各有侧重，却又紧密相连，构成了一个概念性的三维坐标系，可识别和定位所有的伦理问题。例如，围绕数据隐私的分析也有助于解决有关许可、算法审核和职业责任的问题。同样，算法的伦理审核往往包含对设计者、开发者、使用者和采用者的责任分析。

数据伦理学要完全覆盖整个概念空间，就要综合三条研究坐标轴，毕竟大多数问题不只是涉及某一个坐标轴，不过不同问题的研究重点和焦点可能会有差异。因此，数据伦理学在构建之初就应作为一门宏观伦理学，或者说是伦理空间的总体“几何学”，避免狭隘、点对点的研究方法，在协调一致、全面包容、多方参与的框架下，应对信息革命带来的广泛伦理影响。

延伸阅读

网络风险①

10 年前，还很少有董事会讨论网络风险问题，除非该机构最近遭到了已知的网络攻击，并因此蒙受损失。2008 年，卡内基－梅隆大学调查发现，在美国，77% 的董事会成员很少或从未收到高级管理层关于隐私或安全风险的报告。超过 80% 的董事会成员表示，他们很少或从未探讨网络安全资源、相关职责或高级别政策的问题。[110]

2015 年，纽约证券交易所通过对 200 名董事的调查发现，在相继发生了一系列令人瞩目的企业数据外泄事故后，网络安全日益成为董事会的重要议题。80% 的受访董事表示，他们几乎每逢会议，必探讨网络风险问题，其中数据外泄损失与品牌形象受损、企业间谍活动并列成为三大最受关注的问题。[111]

各国政府也开始高度重视针对数字系统的犯罪行为和恶意攻击。2009—2011 年，经合组织 8 个成员专门制定了针对网络

① 本部分与以下人员联合编写：琼－吕克·韦兹（Jean-Luc Vez）和乌尚·达马希（Ushang Damachi），世界经济论坛。

风险的政府政策。2012 年，经合组织报告称，网络安全政策正逐渐成为“一项在强有力的领导下推行的国家重点政策”。[112] 此后，鉴于人们越发担忧如何保护国家重大基础设施，以及如何防范国外势力渗入民主程序，政府越发敏锐地意识到网络安全风险问题。当前，随着公民社会活动的监管环境越来越严格，政治环境日益走向分化，公民社会组织也因此更关注网络攻击的风险。

不过，世界经济论坛调查发现，尽管网络风险意识有所增强，但许多机构认为自身缺乏足以控制网络风险的有效工具，并且在此方面的先进做法“尚未列入董事会的标准能力要求”。[113]

如何缩小认识与能力的差距，是个人、企业、政府、公民社会组织都应认真对待的一项重大任务。

在以下三大趋势的推动下，数字化领域的范围不断扩大，网络风险也迅速递增。这三大趋势相互关联。第一，迈入 21 世纪以来，全球互联网用户数上涨近 10 倍。[114] 2018—2020 年预计还将新增 3 亿名用户。[115] 第二，可能影响更深远的一项趋势是，接入互联网的设备不断增加。据估计，2017 年，共有 200 亿部手机、计算机、传感器和其他设备连入全球数字网络。据金融数据公司 IHS Markit 预测，到 2020 年，互联设备还将新增 100 亿部。第三，随着更多的人越来越频繁地使用数字系统，以数字化形式生成、处理和传播的数据量呈指数级增长——据国际数据公司（IDC）预测，2017—2025 年，“全球数据圈”将实现 10 倍增长，年增长率达 30%。[116]

用户、设备和数据的增长导致对数字化系统的依赖也日益加深。诚如国际数据公司所言，数字化数据和运营正迅速从背景问题转变为“与社会和个人生活切身相关”的重要问题。因此，确保数字化系统发挥应有的功能变得越来越重要，也越来越具有挑战性。

为有效控制网络风险，我们提出以下 4 种策略，既是应对挑战的新思路，也是今后应投入更多资源的领域。

1. 重设目标：从网络安全到网络弹性

首先，个人和机构应突破思维，不能只关注“网络安全”概念中的 IT 系统边界防护，还应转变思维模式，提高相互依赖性和弹性，更灵活地应对千变万化的网络风险，以免影响系统的正常运行。在此方面，网络弹性可理解为系统和机构承受网络异常事件的能力，具体可结合系统崩溃和恢复的时间来衡量。[117]

如图 13 中的框架所示，网络风险让资产和价值都面临危险，这是外部威胁和内部系统漏洞共同作用下的结果。因此，应将网络弹性作为一个战略性问题，纳入总体业务模式和系统运作中加以考虑。

网络弹性拉大了抵御网络攻击的时间跨度。要改变此前以边界防范为主的方法，需要事先仔细思考在网络攻击前、中、后三个阶段应采取的行动，尤其要思考应通知企业内外的哪些相关方。

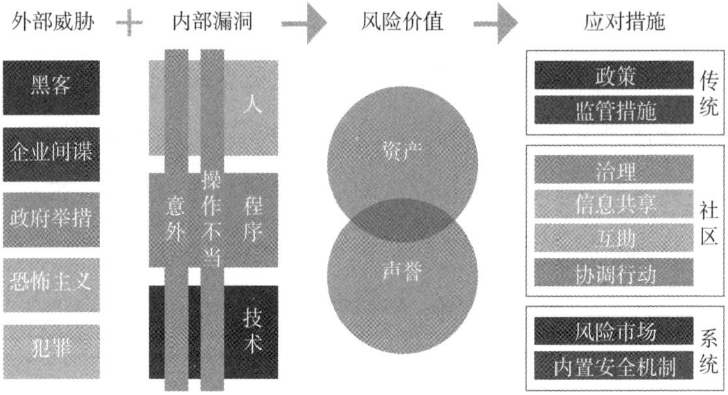

图 13　网络风险防范框架

资料来源：世界经济论坛

当关注的重心由数字化运作转向与数据相关的系统时，机构和个人应建立起抵御至少三种网络风险的弹性能力：数据保密性、数据完整性，以及保障业务持续开展的数据可用性。数据外泄导致私人信息泄露，无疑是当前讨论最广泛的网络风险；与此同时，通过数据删除或勒索导致系统或数据不可用的网络袭击也日益增多。例如 2017 年 5 月，英国医疗系统遭受勒索病毒软件 WannaCry 的攻击，大部分系统陷入瘫痪。同样令人担忧的一类风险是，数据或系统受到破坏和篡改。

当数据与数字化运作以及提供现实服务或管理基础设施的数字化互联系统相结合时，情况会变得更加复杂。在此情况下，机构必须能应对关键系统功能失控的威胁，甚至是危及生命的风险。例如，2015 年，黑客通过网络入侵，远程操控了一辆吉普自由光汽车的变速器和刹车系统。[118] 另一大挑战是多系统互联可能会在业务或运作流程中的其他环节滋生入侵渠道。例如，2013 年美国零售商塔吉特公司（Target）支付系统数据外泄，最终发现是由于向分包商提供的供暖和空调系统证书遭窃。[119]

2. 重新定义对手：从黑客到犯罪组织

在流行文化中，安全系统的入侵者往往被刻画为孤身一人、缺乏组织，为荣誉或复仇而行动的“黑客”，这也成了大多数人心中的固有印象。然而，这种印象可能让人们对如今真正的网络风险认识不足。

单打独斗的天才型黑客固然存在，但与我们更切身相关、更常见的网络风险往往源于技能超群的犯罪分子进行的有组织团伙作案。这些犯罪组织的人员配备、研究和运作预算通常高于其目标机构为抵御入侵而投入的资源。此外，此类组织通常以经济回报为目的，例如勒索被攻击方、出售数据或向他方提供系统访问权以换取金钱，或者通过入侵系统进行有利于入侵者或其客户的其他活动。

因此，我们有必要扭转对网络威胁来源的固有认识，认识到对手往往财力充足，有着系统化的操作和充分的动机，攻击手段千变万化，威胁始终存在。

3. 反思网络攻击途径：从依赖技术到人为因素

除了“单打独斗的黑客”形象外，人们对网络攻击的另一错误印象是，他们主要依靠技术来远程绕过系统安全屏障，因此通常认为，网络风险的防御阵地主要在IT部门及其部署的技术屏障，包括防火墙和强大的密码系统等。

然而，进入安全系统最简单的方式莫过于直接索要访问权。据估计，97%的恶意软件试图欺骗用户提供进入其系统的访问权，仅有3%的软件专注于攻击技术漏洞。84%以上的黑客以这种社会工程学的策略作为入侵系统的主要手段。[120] 这种入侵方式往往在长时间内很难被发现。澳大利亚网络安全软件厂商Nuix的首席信息安全官克里斯·波格（Chris Pogue）表示，数据外泄的平均发现时间长达250~300天。[121]

面对来自机构外部的威胁和内部的系统漏洞，网络风险管理应成为所有人的共同任务和责任。对此，应改变应对策略，培训员工如何避免网络钓鱼陷阱和其他社会工程手段的攻击，通过实施端点安全策略以限制访问，并部署系统用于监测和隔离异常用户及网络活动。

4. 共同行动，建立网络弹性：从个人风险到各行业和机构面临的集体风险

应对风险的弹性受系统化因素的影响，是个人或机构均具备

的特性。随着全球互联程度的加深，网络风险越来越系统化，这不仅源于企业和国家之间的风险蔓延，更因为如今的世界日益依赖关键领域的共享服务来支撑全球贸易、金融、安全和交通。

从另一方面而言，这也为我们提供了重大机遇，促使我们制定跨社区的方法，纳入更多利益相关者，提高应对网络风险的弹性能力。在各行各业内部，以及政府、行业和公民社会之间定期交流有关网络活动和攻击的重要信息，有助于在发生网络攻击时尽早采取干预措施，降低蔓延风险。鉴于目前在网络弹性的策略和运作方面缺乏专业人员，各方有必要共同投资培养网络技能，以降低各行各业的风险。

当前，国际社会和多方利益相关者正就网络弹性积极开展对话。例如，世界经济论坛在日内瓦宣布设立全球网络安全中心，为加强全球网络弹性提供公私合作平台。此外，国际刑事警察组织在新加坡设立全球综合性创新总部，着手打造信息共享平台；欧洲刑警组织成立防治网络犯罪联合工作组；多个国家开展相关项目，如英国启动“网络安全信息共享合作项目”（CiSP），旨在提高英国企业对网络信息和相关威胁的认识。然而，跨部门和跨国家合作需要克服公私机构之间的固有猜疑，以及主权国家不愿意详细披露各自网络攻防能力的问题。

这些都是亟须克服的障碍。当前世界日益依赖数字化系统，其重要性可谓“生命攸关”，要应对网络风险的巨大威胁，需要各个层面共同的投入和行动，包括个人教育、创新举措、机构投资、董事会承担责任、国内国际合作，以及更敏捷的治理模式。

2.2 改革物理世界

第八章

人工智能与机器人①

人工智能正在彻底改造数字经济，很快也将重塑实体经济。人工智能在21世纪早期的目标包括让自动化机械引领物理世界的发展，以及实现人类与计算机之间的互联。未来，人工智能系统能应对系统性挑战，例如全球二氧化碳排放和全球空中交通管制，从而解决人力所不能及的复杂问题。专家预测，存在于科幻小说中的智能操作系统或具有同理心的数字助手也可能成为现实。有朝一日，机器人或许可以承担大量基础性的警务工作。人工智能已用于监控传感器网络和视频流中的数据，能将可疑情况告知安全人员。此外，警方已开始使用机器人执行搜救任务，还用机器人击毙过一名枪手。[122]

人工智能给世界带来的改变影响深远，但也存在风险。例如，人工智能控制的机器人会对人类的技能和就业产生难以预测的颠覆性影响，这让全社会忧心忡忡。不仅如此，大多数人对机器学习算法的运行方式不甚了解，这可能成为不受社会欢

---

① 与世界经济论坛全球未来理事会“人工智能与机器人的未来”议题组联合撰写。

迎、需要予以纠正的不平等现象。预测人士警告称，从长远来看，我们不应低估人工智能价值观与人类价值观不一致对人类存亡造成的威胁。此外，如果犯罪分子骗过、入侵或混淆人工智能应用，可能引发网络安全风险。因此，研究人员呼吁对人工智能的伦理框架和价值观展开讨论，以此来指导人工智能和机器人的开发与应用。无论未来如何，人工智能终将与我们同行，而我们与人工智能建立的关系将产生深远影响。

人工智能融入人类世界

人工智能与机器人所激发的公众想象超越了其他任何技术组合。1956 年在达特茅斯学院召开的一场会议揭开了人工智能发展的序幕，世界上第一台工业机器人于 1961 年诞生。在此后的 10 年中，流行文化构想出大量能让生活更加便利的新事物，如动画片《杰森一家》（*The Jetsons*）中的家政机器人罗西（Rosie）描绘了技术带来全新威胁的恐怖场景，如斯坦利·库勃里克（Stanley Kubrick）执导的电影《2001 太空漫游》（*2001: A Space Odyssey*）中拒不服从命令的电脑 HAL 9000 让人印象深刻。

目前，人工智能的认知能力发展迅速，而这些能力是人类所独有的，如综合学习和高级推理。在过去认为需要人类直觉才能进行的游戏中，机器学习技术正在超越人类。实际上，计算机已通过简单的图灵测试（判断机器是否与人无法区分的测试）：2014 年，一台伪装成 13 岁男孩的聊天机器人尤金·古斯特曼（Eugene Goostman）让超过 30% 的测试人员认为它是真人。[123]

传感器技术与材料科学领域所取得的突破也提高了机器的感知、移动和认知能力。飞行机器人（无人机）和那些能够独立装配汽车的工业机器人，运用人工智能来实现复杂的导航和互动功能。无人驾驶机器人（自动驾驶汽车）目前已解决此前难以逾越的挑战，如无人驾驶卡车已能在高速公路上自主行驶。[124] 类人机器人也开始为人类提供服务，如个人助手和伴侣服务，拉近了科幻与现实之间的距离。

纵观全球，专注于机器人工程和人工智能研究的研究生课程越来越多。[125] 通过从超出人类处理能力范围的大型数据集中获取洞察，人工智能应用能解决气候建模和核能应用场景等问题，并能管理大规模传感器网络。它们也能从公开信息中挖掘出具有重大经济意义的新信息。例如，卫星数据分析公司 Orbital Insight 已将机器学习应用于分析美国陆地卫星 Landsat 和欧盟"哨兵"（Sentinel）系列卫星提供的低分辨率卫星图像，从而更精确、更快速地识别图像中的物体，从中获取不同领域的信息，如贸易、排放、基础设施以及海洋相关数据。这些信息对行业、社会和政府都具有重要价值。人工智能应用不仅能为决策提供信息，而且能自行做出决策：有人预测人工智能将成为对冲基金管理的常见工具。目前已有至少一家投资公司请人工智能加入董事会。[126]

人工智能的决策能力越强，受这些决策控制的机器人就越能更好地与人类合作，反之亦然。如果要让家政机器人罗西成为现实，机器需要学会观察和解读人类价值观。随着机器人学会提供各类服务，如教书、驾驶飞行器、做手术、执行搜救任务，信任问题变得至关重要。我们将在日常生活中习惯人工智能的存在，而与人工智能的互动可能成为我们认识世界的渠道，好比飞行员在恶劣天气信任飞行仪表一般。引发人们忧虑的是，人工智能与机器人应用可能成为国家和个人手中的武器。这是人工智能应用的极端情况，但也并非不切实际或难以实施。因此，许多国际机构正在寻求为人工智能与机器人应用的发展制定切实可行的伦理框架。从目前的发展趋势来看，人工智能与机器人的结合将应用于权力和责任更大的职位，因此需要更广泛的监管控制。

由于认识到人工智能将对经济、社会和地球产生巨大的颠覆性影响，该领域的部分领先企业，包括微软、亚马逊、脸谱网、IBM、谷歌和 DeepMind（深思），加入了“造福社会与公众的人工智能合作组织”。它们的目标是“研究和制定人工智能技术的最佳实践，提高公众对人工智能的认识，发挥开放平台的作用，促进关于人工智能及其对社会与公众影响的讨论和交流”。[127] 实际上，在公司内部组建相关团队和伦理部门已成趋势，我们从 DeepMind 的做法可见一斑。[128] 这一明智的举动旨在向公众证明人工智能行业明白自身肩负的责任。2011—2016 年，这些公司投入数十亿美元并收购了数百家公司

（见图 14），力图证明自己正在履行应负的责任，以此回应斯图尔特·鲁塞尔（Stuart Russell）等思想家对日益先进的人工智能所产生影响的担忧。[129]

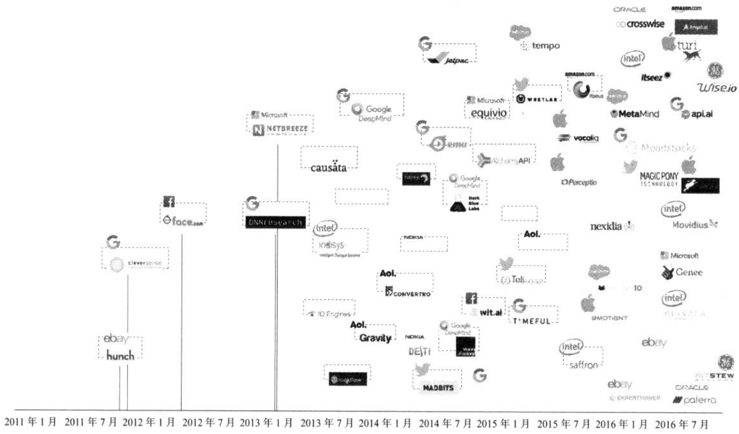

图 14　人工智能竞赛：人工智能领域的主要收购者（2011—2016 年）

资料来源：CB Insights，2017

智能的人工智能

作者：斯图尔特·鲁塞尔，加利福尼亚大学伯克利分校计算机科学教授，美国

人工智能研究进展迅速，新功能的问世速度日益加快，研发投资也不断增加。在该行业，很少有人认为机器智能存在固有限制，而认为应该自我设定规则的人更是少之又少。因此，从审慎角度预测，机器的能力有可能超过人类，正如艾伦·图灵（Alan Turing）在 1951 年所指出

的："如果机器可以思考，它的思考方式可能比我们更加智能……这是新的危险……的确会让我们感到忧虑。"[130]

目前，创造具有一般智能的机器最常用的方法是向机器提供我们所期望的目标以及用于实现这些目标的算法。（我们也可以为机器预先编好程序，但我们因此需要承担所有脑力工作，这不仅谈不上人工智能，而且即便是像下国际象棋一般简单的任务，也是不可能完成的。）遗憾的是，正如米达斯王（King Midas）在付出代价后才领悟到道理，我们目前不清楚如何以标准化的方式让机器充分了解我们的目标，使其无法以不恰当的方式实现这些目标。这涉及人机价值观是否一致的问题：如果一台足够强大的机器获得的目标指令与我们的真实目标存在偏差——即便仅仅是因为我们没有充分说明真实目标，机器会如何反应？我们像是在以世界为棋盘，以人性为棋子，与机器博弈。图灵认为"在关键时刻切断电源"是可能的解决方案，但一台高度智能的机器或许会采取措施防止我们切断电源——不是出于生存本能，仅仅是因为在断电的情况下，它无法完成既定目标。

我们必须假设，一台足够强大的机器能解决任何既定的决策问题。巧妙的做法是界定好要解决的问题，让机器找到确实对人类有益的解决方案。这听起来似乎自相矛盾，但实际上是可行的。关键是要让机器的目标尽可能地贴近人类真正的目标，但机器一开始并不知道人类的真正目标是什么。正是这种不确定性能防止机器固执地追求不完整或错误的目标，以免产生灾难性后果。通过观察人类行为，学习这些行为背后的真正目标，机器能逐步消除最初的不确定性。至少在某些情况下，这类机器可能造福人类。甚至让机器自行关闭也不无可能（或许图灵还是对的）：一个理性的人只有在机器可能对实现他的真正目标造成损害时才会关闭机器，而这个目标理论上也是机器的目标，因此它能学会在出现此类情况时自行关闭。

这些思路带来了些许希望的曙光，我们可以围绕如何让机器做出对人类有益的决策建立一个工程学科，让人工智能朝安全的方向发展。当然，道路是曲折的：人类会有恶意、缺乏理性、反复无常、意志力薄弱、计算能力有限、个体差异大，所有这些使得从人类行为中学习人类价值观变得十分困难。另外，人工智能近期的发展成果，如智能个人助手和家用机器人，促使人们去了解价值观统一问题，因为给员工预订 20 000 美元一晚的套房或把宠物猫做成家庭晚餐的机器人不可能受到欢迎。

人工智能很快将在工作中学习

人工智能研究自有其局限性。目前的基本做法是野蛮式匹配，输入信号的微小变化也会破坏机器学习模型。原因可能是目前的方法在结构上还不够完善，无法解决人工智能所面对的最大挑战，如解决“常识性”问题或复制人的处境意识。研究人员希望机器能根据环境采取适当的行动，并且无须使用巨量的数据池进行训练，也能拥有泛化能力，但这些目前尚未实现。量子计算等新技术也许可以改变人工智能应用分析问题的方式、通过反馈回路进行学习的方式，使其能像人类一样去认识世界。如果这一切成为现实，人工智能应用能避免产生人为错误，承担那些让人感到疲劳的合成任务，从而创造经济效益。

即便还没有取得这些突破，人工智能的发展也很迅速，前景诱人。人们用机器人探索火星，协助护士，甚至是制造其他机器人。[131] 未来，小型机器人集群在云端人工智能的控制下，能通过人工智能应用向中央服务器传送数据，使其具备任务协调和资源部署能力。人工智能早已进入基于知识的领域，如新闻、医药、会计和法律领域。即便无法完全取代律师或医生，能对案例研究和诊断影像进行合成与分析的人工智能应用也将给这些领域带来改变。人工智能正在不断完善自己，而对机器人行业的投入预计在 2019 年超过 1 350 亿美元，是 2015 年的近两倍。[132] 车辆不仅将具备无人驾驶功能，它们自身也有可能是机器人制造的，因为汽车行业是自动化机器人的头号买家（见图 15）。[133]

在经济发展的众多领域，日益提升的自动化水平可能会在淘汰一些工作岗位的同时创造新的工作岗位。例如，自动化货车运输可能让物流行业的部分从业者失去工作。[134] 无论在发展中地区还是发达地区，人工智能与机器人对劳动力市场的影响预计都将不断加强。在美国，预计有 10%~50% 的职位面临计算机化的风险。[135, 136] 在中国，富士康在两年时间内用机器人取代了 6 万名工厂工人。[137] 自动化削弱了发展中国家的劳动力成本优势，给这些国家的工业化进程造成了不利影响：发达国家迁移到境外的产能目前正在回归本土。[138]

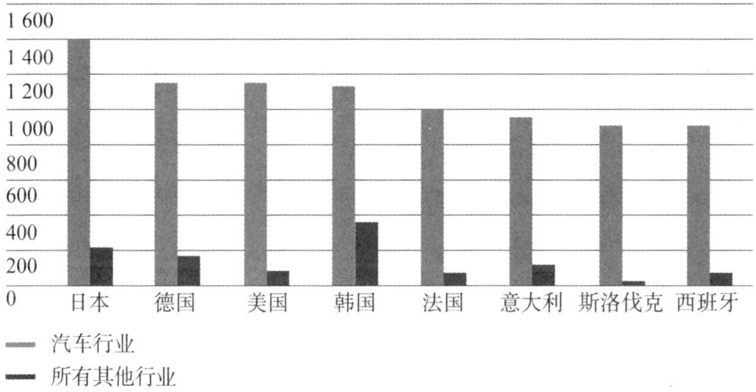

图 15　2014 年汽车行业和所有其他行业每 1 万名员工使用的（所有类型）多用途工业机器人数量

资料来源：Pittman，2016

人工智能与机器人对全球经济影响巨大且难以预测。经济学家忙于给可能出现的自动化“后工作”经济建模，而教育家正在预测未来劳动力所需的技能组合。[139] 对多方利益相关者之间开展合作的需求从未如此之高，政策制定者、商业领袖和公民社会领袖需要在经济诉求与社会诉求之间寻得平衡，才能达成目标。领导者和政策制定者也需要解决人工智能的安全漏洞问题。尽管专业人工智能应用为社会创造了大量机遇，但也很容易被欺骗、被迷惑或遭遇黑客入侵。有鉴于此，我们需要努力确保机器做出决策的程序环境安全无虞，能抵御网络攻击的破坏或利用。

这一重大问题背后是另一个影响更为广泛的问题：机器学习算法的决策方式对其人类创造者通常是不透明的，这引发了是否应授予机器决策权力的问题。在人类世界，合理性与信任深度相关。即便人工智能在某些方面强于人类，如预测哪些犯人会再次犯罪，哪些贷款人会违约，但如果机器无法解释做出这些决策的理由，我们也可能会对允许机器去做此类决策感到不安，尤其是当机器学习算法因接触了反映人类偏见的数据集而产生偏差时。机器能找到有用的模式，但如果无法理解这些模式，我们可能会认为机器的决策存在瑕疵。因此，利益相关者最迫切需要考虑的问题包括：

- 伦理标准：需要为自动化流程和机器的伦理标准与预期规范制定原则及指导方针。英国工程与物理科学研究理事会等机构和团体已提出制定“机器人原则”，但目前尚未形成总括性的全球标准。[140]
- 人工智能与机器人治理：缺乏关于人工智能研究和应用的通用专业知识将成为政策制定者今后面临的一大挑战。此外，也难以决定应由哪些机构负责制定人工智能政策。认识到这些问题为制定创新的治理程序和设立新的委员会、机构或咨询团体创造了空间，但这些组织的职权目前尚不明确。

- 解决冲突：对于与人工智能应用和系统有关的冲突，目前尚未形成有助于解决此类冲突的框架或最佳实践。预测潜在冲突也面临重重困难，让这些框架的制定工作变得十分复杂。例如，尽管部署人工智能应用的产品可能受到了监管，人工智能研究却不受监管，因此加大了产品层面的监管压力。

人工智能与经济、劳动力市场和其他具有挑战性的领域（包括我们的身体）的融合程度会有多高？对这一问题的讨论仍处于初期阶段。以前瞻性思维思考问题，同时广泛吸收关于人工智能与机器人所产生影响的各种观点，对于预测可能出现的成果和鼓励人们提出不同观点至关重要。

关于人工智能不可不知的十大事实

1. 人工智能的含义随时间的推移不断变化。人工智能目前通常是指基于软件的机器学习，依托的方法包括线性回归模型、决策树、贝叶斯网络、人工神经网络以及进化算法。20 世纪 60 年代实现的机器人移动技术是人工智能发展的一大里程碑。如今，人工智能已击败世界上顶尖的围棋大师，这是人类在人工智能领域最新取得的重大成就。我们对人工智能是什么和人工智能能做什么等问题的答案，会随每一次里程碑式成就的到来而不断变化。

2. 通用人工智能还没有出现，但“弱人工智能”早已无处不在。现在的人工智能系统越发擅长完成具体明确的任务，但仍缺乏在人类看来是理所当然的大背景和常识。谷歌的搜索算法、苹果公司智能语音助手 Siri 的会话能力，以及智能手机的文字输入预测能力，都是针对具体任务开发的“弱人工智能”。其他重要但相对隐蔽的人工智能应用包括选择性呈现网络广告、强化网络安全、控制工业机器人、自动驾驶汽车、归纳文本信息，以及诊断某些疾病。

3. 人工智能、机器人与人类协作能产生更好的结果。与人工智能象棋程序合作的象棋选手始终能击败孤军作战的其他选手或人工智能计算机。[141] 智能机器人也能从与人类的合作中受益——卡内基–梅隆大学的 CoBot 项目使用协作机器人引导访客参会或完成取文件之类的任务。CoBot 机器人会在遇到困难时主动向人类寻求帮助，如捡起物品，使用电梯，在迷路时找人问路。

4. 人工智能系统在设置目标时需要人类的帮助。对于在不久的将来会不会出现“超级人工智能”，我们可能过于杞人忧天了。毋庸置疑的是，如果我们在为人工智能系统确定具体目标时疏忽大意，可能会造成有害的或意想不到的后果。正如斯图尔特·鲁塞尔所指出的，成功的关键在于对人工智能进行训练，使其能观察人类行为并确保自己的目标与人类的目标和价值观保持一致。

5. 现在的许多人工智能系统好比“黑盒子”。我们目前还未完全理解一些最流行的机器学习算法（如人工神经网络和深度学习方法）是如何得出结论的。分析其得出结论的过程具有技术可行性，但人工智能可能会在下一次决策中改变所使用的方法。这意味着我们将难以核实结果，而且由于机器是独立做出决策的，人类向机器学习的能力也会受到一定程度的限制。

6. 人工智能资源如今可以公开获取。很多最具创新力的机器学习研发工作由世界各地的大学研究所和各大企业完成。人工智能相关知识中有很大一部分是公开资源，而且这样做有充分的理由：如果这些资源缺乏透明度，我们难以将问题单独拿出来加以解决，也难以做出重要判断。我们仅需几分钟时间，便能在云端找到有助于解决定制化自然语言处理或图像识别问题的人工智能“机器人程序”。

7. 人工智能应用要求用户确保其数据处于有序状态。尽管很多人工智能系统的作用是协助人们充分理解来自组织外部的数据，但当我们将机器学习应用于专有数据时，应确保这些数据得到适当的整理和保护。数据管理是许多组织面临的最大挑战，幸运的是，人们正在开发特定的人工智能系统来协助检索、挖掘并整理公司系统和服务器中的数据，从而达成机器学习的先决条件。

8. 即便是最聪明的人工智能系统也会有偏差，也会犯错误。任何算法的准确性与有效性均同时取决于设计和训练所用数据的性质。如果设定有误或采用缺乏代表性的训练数据，再强大的算法也会产生偏差或严重错误，这样的例子不胜枚举。

9. 人工智能与机器人将使任务发生转变，但不会淘汰人类。仅有很小一部分职业会完全实现自动化，货运司机和收银员等职位是例外。相反，正如咨询公司 AlphaBeta 在一份分析报告中指出的，人工智能与机器人对未来工作的最大影响是实现大量重复性或技术性任务的自动化，让人类有更多时间投入对人际交往和创造力要求更高的工作。

10. 人工智能与机器人的影响取决于我们如何使用它们。各个组织将人工智能与机器人系统用于解决现实问题的方式是决定其影响的主要因素。这意味着，随着人工智能与机器人系统的功能越发强大，公司董事会和管理人员决定在何时何地使用这些系统的决策流程也变得越发重要。

5 项要点

1. 人工智能在最近几年发展迅速，这要归功于机器学习。机器学习技术利用了日益增多的可用数据和传感器以及不断提高的处理能力。目前，机器学习在有限场景中的互动表现接近（或优于）人类，包括游戏、客服查询、医疗诊断以及自动驾驶汽车导航。

2. 随着人工智能开始服务于新的物理系统，机器人的潜力在过去10年间得到了提升。人类与机器之间的协作可能会出现在通常需要受教育人员或技术人员担任的职位上，如医生、律师、飞行员和卡车司机，从而导致这些职位不断减少。这引发了以下担忧和思考：人类的专业知识有何作用？交给自动化系统完成的任务在多大程度上需要人类的才智和判断？

3. 公司已逐渐在工作中使用人工智能，以便从卫星数据等巨量免费数据中获取洞察，而专注于创新的企业家正从这些数据中挖掘新的价值来源。作为从免费数据中获取洞察的渠道，人工智能已成为充实经济和科学知识库的重要新手段，也可能会对环境监控和保护等领域的政策制定工作大有裨益。

4. 人工智能与机器人的伦理问题得到了很多个人和组织的重点关注，因为从劳动力市场、汽车导航到信用问题决策，人工智能的影响无处不在。伦理方面的担忧往往涉及透明度、许可以及人工智能算法带有的各种偏见。

5. 由于冲突解决、伦理标准、数据监管和政策制定等在全球范围内成为首要关注的问题，我们需要对人工智能与机器人实施协同治理。例如，致命性自动化武器这类人工智能控制的机器人引发了国际组织对伦理道德的深刻忧虑，它们认为这些机器人可能在全球冲突地区和各国国内造成危害。

第九章

先进材料[①]

材料是第四次工业革命的创新基石。未来 20 年，从原子级别开始，人类将更好地掌控众多技术的材料基础，这或将有助于解决当今世界上一些最严峻的挑战。随着材料科学用于计算技术微型化中，形成了创新的良性反馈回路，计算技术正在帮助各领域的科学家创造各种新产品，包括合成有机体和石墨烯电池。

无论是通过传感器将废热转为电能，还是采用纳米机器人给受损细胞施药，抑或是应用材料科学解决各类挑战，唯有经过细致评估，获得着眼长远的投资支持，这些潜在应用才会变为现实。一方面，新材料和纳米技术的应用会带来众多益处；另一方面，纳米污染物可能对生态造成毁灭性的破坏，纳米传感器会带来严重的隐私风险和安全隐患，这些技术可能被用于制造威力更大的爆炸物和化学武器，形成新的军事能力。我们

---

① 撰写：艾伦·阿斯普鲁－古齐克（Alán Aspuru-Guzik），哈佛大学化学与化学生物系教授，美国；世界经济论坛全球未来理事会“先进材料的未来”议题组。

需要制定共同的治理框架，深入研究材料的生态影响，才能让人类对物质世界的操控在最大限度上惠及各行各业以及我们的社会和环境，同时将不可预见的损害减至最小。

技术融合、成本以及缩短周期

先进材料科学将影响第四次工业革命的方方面面（见表2），对能源的生产、输送和储存、水过滤与消费电子等领域的技术都至关重要。先进材料在各个领域的应用前景也许尚未完全显露，但它们的的确确将创造一个崭新的物质世界。先进材料将重塑供应链，改变环境和消费方式。各行各业都需要先进材料来满足越来越严苛的能效要求。全世界也需要可持续的先进材料制造工艺，帮助人类文明应对更加严峻的全球挑战。此外，不同领域的技术和科学融合，有助于最大限度地实现先进材料和纳米技术的潜能。例如，人工智能与机器人平台的发展，配合成熟初创企业生态系统的建立，可能会大幅加快先进材料领域的创新步伐。

理想的情况是，先进材料的组分采用对生态负责的方式获取，由地球上富含的原材料构成，利用契合循环经济原则的绿色工艺制造而成。这种材料含有的有毒物质少，对环境的损害也减至最小。不过，单单依靠消费者需求和信誉风险等市场激励因素，可能无法要求新材料制造商必须为其环境影响承担责任。

表 2　关键技术中采用化学和先进材料生产的产品示例

		关键创新技术的增长率	采用化学和先进材料生产的产品实例
移动技术	电动车	电动车年销售额 2020 年：490 万美元	塑料、复合材料和电池技术
	无人机	无人机市场规模 * 2015 年：101 亿美元 2020 年：149 亿美元	塑料、复合材料和电池技术
移动和智能设备	智能手机和平板计算机	移动设备使用数量 2015 年：86 亿 2020 年：121 亿	基质、底板、透明导体、阻挡膜和光刻胶
	柔性显示屏（如可穿戴设备、虚拟现实、电视机）	AMOLED** 显示屏市场 2016 年：20 亿美元 2020 年：121 亿美元	基质、底板、透明导体、阻挡膜和光刻胶
互联和计算	高速互联网	固定宽带速度 2015 年：24.7 Mbps[①] 2020 年：47.7 Mbps	超纯玻璃氯硅烷
	性能更高、尺寸更小的集成电路	处理器逻辑门长度 2015 年：14 毫米 2019 年：7 毫米	电介质、硅胶、光刻胶、增收剂、光阻洗边液

* 国防、商用和国土安全领域

** 主动矩阵有机发光二极体

资料来源：世界经济论坛，2017a

随着新材料投入市场，我们必须实施有效的循环再利用战略。若要让制造商对新材料的环境影响负责，除了消费者需求和信誉风险外，发挥政府的监管作用也至关重要。幸运的是，为了实现我们的可持续目标，第四次工业革命中诞生的其他技术为政府治理提供了创新解决方案。例如，在材料领域结合区块链技术，有助于建立包含可信材料采购和循环来源记录的全

① Mbps 的含义是兆比特每秒。——编者注

球数据库。此外，数据库会加强不同行业参与者之间的联系，为其他参与者产生的废弃物创造价值，提供更多循环利用的机会。

另一个需要注意的问题是新技术的赢利能力。人们越来越要求在提高材料性能的同时降低制造成本，这也对利润率产生了影响。例如，人类的储能能力此前从未达到过大规模公用事业级的需求，但考虑到可再生能源的间歇性特征，要实现向可再生能源转型，储能量必须达到太瓦级别。流体电池就是降低大规模储能成本的一项创新技术。尽管流体电池是极具前景的储能技术，但高性能薄膜和电解质的成本还须降低 50%，才能在大多数能源市场上具备竞争力。然而，一些流体电池含有钒等过渡金属，这些元素在地球上的含量不够充裕，无法储存丰富的能源，实现清洁能源的广泛应用。

以往，新材料的发现、开发和应用具有资本密集的特性，而且周期很长，一项新材料技术一般需要 10~20 年的基础和应用研究才能投入市场。在这方面，第四次工业革命中诞生的其他技术又可以有所助益。建立将人工智能与大型材料数据库和机器人技术相结合的平台，可以从整体上加快材料研发进程。跨越不同垂直行业的知识迁移，是推进材料研发的又一个机遇与挑战。转变现有的材料研发流程，建立此类整合式平台，需要政府、行业和相关初创企业的共同支持，此外还需要持续研究和长期投资，以及多方利益相关者之间的对话，从而推动新材料行业向前发展。

先进材料应用日益广泛

作者：伯纳德·迈耶森（Bernard Meyerson），IBM 首席创新官，美国

如果认为先进材料不过是日常用品，那就可能大大低估了现实。纵观人类历史可以清楚地发现，材料进步往往意味着时代的更迭，这一点从描述不同历史阶段的名称即可看出，比如石器时代、青铜时代和铁器时代。每一个时代，单单是生产工具的演变就为人类的生活带来了颠覆性变革，而近来，工具演变的速度更是显著加快。

客观地看，仅仅是半导体这一个领域的材料进步就已经为现代社会带来了巨大变革。计算和通信技术的部署无处不在，这得益于过去 40 年来半导体的导电性能成百万倍增加。大约 40 年前，我们凭借只有 4 000 字节内存的计算机将人类送上月球；40 年后的今天，一部智能手机日常就能处理 640 亿字节的数据，这要归功于材料科学的巨大进步。我们面临的挑战是，这样的趋势不会一直持续下去，而长期发展的趋势一旦停滞，就会产生极具破坏力的影响。

由于材料的持续进步，晶体管层半导体材料的尺寸已经缩小到仅有原子尺度。电子在这个尺度内会表现出量子力学的行为，这会导致半导体材料在下一代应用中无法发挥用处。因此，开展先进材料研发，寻求其他未来途径，

就成为业界关注的主要问题。只要意识到这一挑战的严峻性，我们就有可能见证巨大的转变。未来信息技术的进步可能发生在完全不同的领域，届时所需要的技能也会与现在相去甚远。

但凡开发先进材料就会产生社会影响，几乎无一例外。事实上，各种材料开发带来的社会影响非常巨大，它们之间的相互关系也十分紧密。设想一下，未来20年全球人口将增长几十亿，面对这样一个庞大的社会，供应饮用水将是何等艰巨的挑战。目前，地下蓄水层和地表储水库已接近枯竭，利用海水淡化等能源密集型技术产生的水资源成为重要的替代性水源。海水淡化过程还包括通过反渗透法净化水质，目前的薄膜材料只有大幅提升性能才能满足普及海水淡化的需求。

然而，即使薄膜材料取得重大改进，反渗透过程仍需消耗大量新能源，因此又需要利用先进材料来应对这一挑战。

如果要在产生能源的同时确保全球变暖不会加剧，能源生产所需的材料需要取得巨大突破。通过改进相关材料，光伏、太阳热能、风能等可再生能源均可受益。也许更为重要的是，通过运用先进材料大幅改进电池技术，使能源得以有效储存和释放，也让可再生能源取代传统能源指日可待。与此类似，利用先进材料实现核燃料封装，可以制造运用气体冷却技术的经济型核反应堆。由于燃料封装存放，并且发生故障时还可依靠被动气体冷却，因此非常安全。

自然资源在不断消耗，人类社会对自然资源的需求却在不断增长，由此引发了种种全球挑战，这要求我们必须在诸多技术和社会领域持续创新，如此才有可能尽量减少紧急事件。对于大多数最为紧迫的问题，材料改进是前景广阔的解决方案之一。

灵感、协作和资本投资

要使材料科学和纳米技术共同产生效益，需要各方协同努力。先进材料的发现、生产和集成要求组建一支多学科队伍，这离不开学界、政界和产业界的支持。围绕这类议题成立的国际联盟对推进先进材料的发展具有至关重要的作用。令人欣慰的是，各界已经开展了实质性的协作，比如以“材料基因组计划”为代表的研究项目和由23国发起的先进能源材料发现合作计划“创新使命”等相关国际联盟。

为了加快新材料的研发和应用，化工行业已经开始从其他创新模式中吸取灵感。例如，在软件业，行业巨头与成熟风投和初创企业生态系统合作，带动了一轮发展与增长的良性循环。尽管新材料领域的初创企业还不够活跃，但如果与提供适当基础设施和激励措施的材料技术孵化器合作，这种现状就可以改变。材料科技领域具有长期性特点，认识到这一点的投资者必然也能看到该领域所蕴含的潜力。如果得到恰当的支持，同时遵循适当的互动文化和机制，初创企业也可以与大型跨国集团并存。

这样一种发展环境可以带来双方共赢且具有颠覆性影响的创新成果，让材料发挥对新技术和新产业的基石作用。在遥远的未来，随着人类远距离太空旅行和核聚变等技术的普及，推动这些应用进一步发展的正是能够满足空前严苛要求的新材料，比如能够抵抗高强度辐射的先进材料等。以太空领域为例，如果要实现原材料就地制造，需要开发和部署微型模块化工厂，其变革性意义类似今天的 3D 打印机。

随着第四次工业革命的展开，我们的世界将持续呼唤应对材料问题的解决方案，这就需要具有长远眼光和创新思维的行业领导者携手合作，并重点关注如何降低风险这一亟待解决的关键问题。

21 世纪初，纳米技术获得了广泛关注，不过关注的焦点是纳米粒子、纳米污染物以及臭名昭著的“灰蛊”（一种纳米技术造成的灾难事件）可能带来的风险。此后，各政府部门投入的资金不断增加（见图 16）。人们对纳米技术的关注以及利益相关者的担忧，催生了各项国际性政策建议，如国际风险管理理事会针对化妆品和食品行业的政策简报。

目前，围绕这一问题的讨论范围更广泛，包括可潜入安全领域的纳米机器人和纳米传感器可能带来的隐私风险，以及用于制造爆炸物和化学武器的纳米材料可能构成的安全隐患。此外，其他含有工程材料的产品对人类健康和环境的不可逆转性损害，以及诸多令人担忧的问题，都值得引起我们的注意。

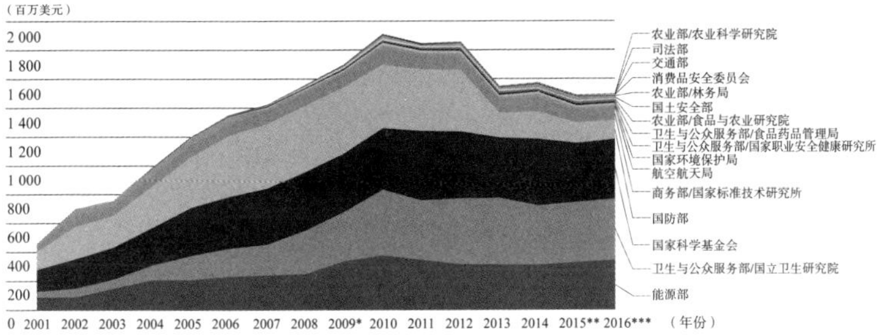

* 2009 年的数据不包括《美国复苏与再投资法案》对能源部（2.93 亿美元）、国家科学基金会（1.01 亿美元）、国家标准技术研究所（4 300 万美元）和国立卫生研究院（7 300 万美元）的资助。

** 2015 年的数据基于 2015 年颁布的标准估计，可能随正在进行的计划依次完成而变动。

*** 2016 年预算。

图 16　美国国家纳米技术计划在十几年内募集的资金已超过 10 亿美元

资料来源：美国国家纳米技术计划，2017

先进材料和纳米技术可以应用的领域非常广泛，因此制定一个通用的政策框架十分困难。考虑到行业对材料的依赖性，我们必须解决与此相关的重要问题。为了管理风险和激励材料开发领域的创新，利益相关者联盟需要着重考虑的问题如下：

- 在可以通过技术应用或者激励机制和改变行为模式解决的问题上缺乏共识。由于各国处于不同发展阶段，在追求经济利益的过程中对风险的容忍度可能有所不同，因此在国际层面确立协调一致的优先事项尤为关键。各利益相关者应共同努力开展国际交流和全球治理。
- 对新材料和纳米技术带来的生态或健康方面的影响了解有限，因此在制定标准化政策时会出现问题。需要开展更多调查研究、纵向研究，并制定优先考虑人类健康安全和环境保护的制度原则，这有助于减少人们对纳米技术应用的潜在危害的担忧。

- 知识产权问题会阻碍鼓励信息共享的行动，但信息共享有助于各方更好地了解该领域的最新动态。如果对该领域的成就缺乏清晰的了解，要制定有效的安全与风险缓解政策就会变得十分困难。降低信息共享的法律壁垒将有助于激励创新。
- 由于先进材料和纳米技术的规模化生产与应用面临经济可行性的挑战，众多环境或健康因素的外部性效应会更有可能影响国家与国家之间的关系，因此需要各国领导人协同合作，共同管理这些变革性技术的应用。

5项要点

1. 材料科学的进步，为技术赋予了更多力量，进而变革世界秩序，影响人类的生活。在每一个行业，先进材料的组分将成为技术的关键构成，这要求我们以对生态负责任的方式获取。制造商必须对环境影响负责，而不是向价值链下游推卸责任。

2. 从初步投资到投入市场，材料开发的周期一般很长（前后需要几十年），具有资本密集的特性。投资建立数据库和结合机器学习技术，有助于缩短这一周期。不过，投资如果缺乏长远思考，就会威胁到创新周期。

3. 技术融合以及由此产生的创新机遇意味着，如果要推动先进材料的发展，专家、政府和行业需协同努力。例如，开放融资渠道和利用分布式账本等其他技术，有助于建立和维护可信材料采购数据库，完善来源记录。

4. 先进材料和纳米技术带来的风险，以及对多方利益相关者协同努力的诉求，凸显了其中所牵涉问题的多样性。因此，一个放之四海皆准的框架不可能是最佳的策略。针对纳米技术的投资、监管和政策建议提供了一个很好的案例研究素材，让我们思考社会、专家和监管者如何解决类似的挑战。

5. 先进材料面临的主要问题包括缺乏对相关问题的共识、对生态影响的了解有限、知识产权壁垒、跨国应用风险，以及规模化生产和应用中的知识转移障碍。

第十章

增材制造与多维打印[①]

当今时代，富裕国家和地区的人们通过实体供应链获取世界各地的商品与食物。不过，3D 打印技术将颠覆这一现状。未来，服装、电子产品、工具、工业品和零部件等个人消费品很可能会回归本土制造。许多具有地域和文化特色的产品设计可能仍需以数字的形式从全球各地获取，但产品本身可在当地或本地区生产制造。不过，供应链和商品实体运输或将遭受冲击，过去数百年来促进全球贸易的物流企业和枢纽也将受到影响。与以往工业革命中涌现的技术不同，3D 打印技术将减少实体商品交易，同时提高我们的生产能力。

3D 打印机目前仍较为小众，但正迅速向主流迈进。随着带宽的扩展、数据监管的跟进，以及大型文件传输难度的降低，产品设计和个性化定制将迎来新的机遇，从时尚产品到医疗植入物等各个领域莫不如此。商品或将演变为数字化“配方”，商家提供不同版本，相互竞争。不过，生产的急速大众

① 撰写：菲尔·狄更斯（Phill Dickens），诺丁汉大学制造技术教授，英国。

化也会带来风险，至少现有的监管体系将受到挑战，低收入国家依靠廉价劳动力带动经济发展的工业化模式将受到冲击。甚至，供应链或将消解，网络服务供应商与运输企业将成为直接竞争对手。不论在哪种情况下，3D 打印技术的进步都将带来严峻的挑战，需要各行各业和各国政府予以密切关注。

制造业的去中心化与巨大变革

3D 打印，也叫“增材制造”，指任何通过不断叠加材料层制造实物的方法。这类方法与传统制造工艺截然不同。按照传统方法，物件成型或靠切削材料，如机械加工；或靠改变材料形状，如注塑成型和金属铸造。不过，不论 3D 打印还是增材制造，这些名称都不足以完全概括这项技术的各种尖端能力，比如生物打印器官组织和 4D（四维）打印，后者指打印出的物体会在设定时间内自动变形。

3D 打印至少在 25 年前就已出现。近年来，随着相关设备变得更加小巧，成本更低廉，功能更强大，通用性也更强，这项技术才引发了越来越多的关注。如今，3D 打印产品的材料特性复杂，表面细节丰富，加工精度高。虽然许多人仍认为 3D 打印只能生产小型塑料制品，但事实上，这项技术现在已经可以打印金属、陶瓷、混凝土，甚至更加先进的材料，包括强度高、韧性强的纤薄石墨烯，能够承受巨大碾压力和钻削力的硬质合金，以及生态友好型生物基材料，如塑料替代品和意大利面等食品材料。[142] 多材料 3D 打印已经实现，且很可能会普及。

3D 打印技术有助于实现更经济的小批量生产，使生产离消费者更近，从而缩短交付时间，降低运输成本。这可能会逆转长期以来生产与消费分隔两地的趋势。第一次工业革命中，蒸汽动力的出现降低了商品运输成本，生产地与消费地的空间分离自此开始。此后，随着集装箱装运和技术协作的进步，这一趋势逐步扩大，使得发展中国家能够利用丰富的劳动力资源提供离岸生产。根据 3D 打印目前的发展趋势，这项技术或将颠覆整个生产体系，制造、运输、物流、交通、基础设施、建筑、零售、航空航天企业都将迎来巨变，无论发达国家还是发展中国家的政府、经济和劳动力市场都会受到巨大影响。[143]

3D 打印的发展将与第四次工业革命中其他技术的进步相辅相成。它将不断推动信息物理系统定制化智能组件的生产，通过在传感器、执行器和电源中的内置智能设备生成与收集数据。与此同时，新兴计算技术、纳米技术、先进材料和生物技术也将促进 3D 打印技术的发展，为富有远见者创造更多机会，探索这一技术在未来制造设施中的应用。

3D 打印尚未成为主流。目前，3D 打印仅占全球制造业的 0.04%。在美国，3D 打印产品在全部制成品中的比例不足 1%。[144] 不过，该产业正在飞速发展。信息技术研究与咨询公司高德纳（Gartner）的数据显示，2016 年，全球共销售 50 万台 3D 打印机，是 2015 年的两倍，到 2020 年，这一数字预计将跃升至

670 万。[145] 增材制造领域知名市场咨询公司沃勒斯（Wohlers）预测，增材制造业的年增长率将超过 25%。[146] 普华永道 2016 年调查发现，52% 的美国制造商认为，3D 打印技术会在未来 3~5 年内投入大批量生产，22% 认为同期供应链将受到颠覆性影响。[147] 这意味着 3D 打印机将呈现典型的曲棍球棒状增长曲线，由水平增长迅速转变为垂直增长。[148]

大规模定制——从时尚产品到打印人体器官

3D 打印技术让产品设计变得空前自由。实际上，价值链中几乎任何环节都能应用这项技术（见图 17）。波音和通用电气等公司正在开发能够减少组装需求的新型零件。借助 3D 打印技术能够减少材料冗余，让零件更加轻巧，还可通过格状结构实现减重或加快导热的效果。质量控制也面临着变革。与以往从大量产品中抽样质检不同，在 3D 打印中，随着每一层材料的叠加，在线控制系统可即时监测零件内部的形状、耐受性和材料特性。对分布式制造而言，保持数字化模板的完整性和安全性将至关重要。

小批量生产的实现和设计自由让产品定制变得更加简单可行，个性化时尚产品越来越普遍。定制化 3D 打印技术也广泛应用于医疗领域，包括定制式义齿、耳内式助听器和整形植入物。实际上，3D 打印技术可能会在整个医疗产业掀起一场变革。随着人口的老龄化趋势发展和此项技术的普及，未来人们很可能在家里就能打印药品。目前，3D打印已经可以制造出特殊结构的药品，让不同的活性成分按照预定次序和速率释放。政府将需要思考新的监管问题，医药企业也应探索新的商业模式。

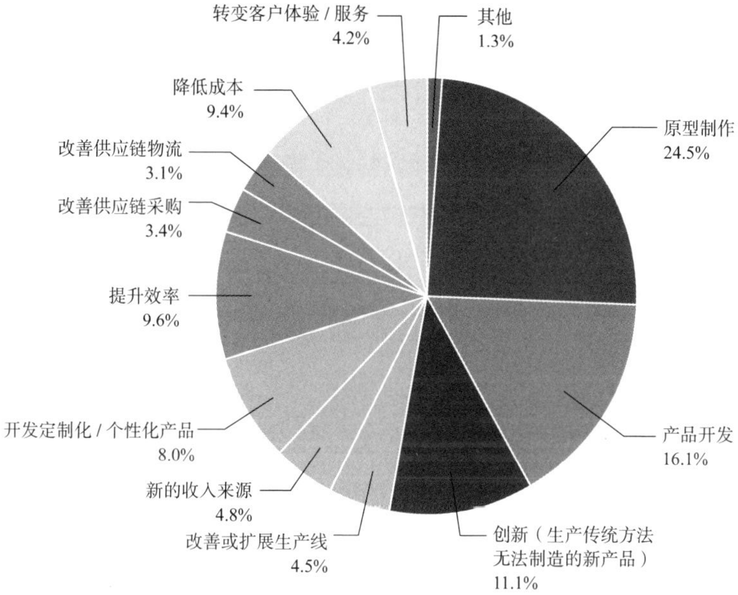

图 17　增材制造在生产中的应用

资料来源：高德纳，2014

生物打印即活体组织打印，这项技术也在稳步发展中。未来，按需打印完整人体器官或将成为现实。不过，伦理和社会问题也将随之而来，因为这一技术最初可能仅有少数富人负担得起，会加剧健康和寿命上的不平等。更需警惕的是，消费者或犯罪分子可能盗取人体基因组，为规避这一问题，需要开展大量研究和严密监管。当人们利用数字模拟工具，将人体变成艺术品、生产机器甚至武器时，全社会必将面临由人体物品化引发的严峻问题。

21 世纪的工业化

3D 打印技术势必会改变全球的生产和消费体系以及价值链形态。目前，北半球的企业在该项技术的应用上遥遥领先，大部分 3D 打印生产均在本国完成。比如，2012 年，全球 40% 的 3D 打印系统位于北美，欧洲、亚太地区分别占 30% 和 26%，其他地区仅为 4%。[149] 在某些地区，3D 打印造成的冲击相对较小，可应用于生产的不同阶段，从而完善现有价值链；而在其他地区，这一技术可能会产生更具颠覆性的影响，3D 打印产品将彻底取代那些低技能、低附加值的劳动密集型产品。[150] 一旦生产向发达国家大规模回流，对发展中经济体而言，那些以低成本、劳动密集型制造业为基础的工业化战略将变得不合时宜，后果则是失业年轻人数量不断攀升。

现有的法律法规框架也须重新调整，以规范 3D 打印产品和服务的生产、供应及使用。比如，当地 3D 打印店或个体消费者生产的 3D 打印产品如存在缺陷，应由谁负责？是产品数字模板的供应商、3D 打印机的制造商，还是打印者本人？[151] 应如何制定知识产权制度，规范 3D 打印产品数据的所有权和跨境传输？增值税和关税制度又该如何调整？

最后是安全问题，解决这一问题也需要多方利益相关者的合作和政策考量。3D 打印技术容易造成武器泛滥，影响武器管制，因为个体和非国家行为主体不再需要输送武器，而是可以轻松传播打印武器所需的数字模板。如今，狂热分子已经能用 3D 打印机生产枪支，随着技术的日臻成熟，甚至可能将复合材料纳入 3D 打印武器，如生物组织、细胞和化学制品等。

增材制造业发展政策

作者：菲尔·狄更斯，诺丁汉大学制造技术教授，英国

增材制造技术的开发和利用面临着重重困难。要解决这些全球性难题，需要制定针对性的战略和政策。目前，英国已在着手开展这项工作。

英国在增材制造发展战略中，明确指出了 7 项阻碍产业发展的全球性问题。

问题	普遍性阻碍
原材料	需要了解不同生产过程、机器、应用领域的特性，质量控制，成本，原材料的可用性（知识产权限制、独立供应商），混合材料的使用，可循环能力，生物相容性

设计	需要关于增材制造设计流程的指导和培训计划，进一步了解增材制造设计的阻碍因素、增材制造设计师的数量、设计数据的安全性
技能与教育培训	缺乏应用技术的必要技能（设计、生产、原材料、检测），培训现有劳动力和下一代劳动力，教育消费者，提升学校培养意识
成本、投资与融资	需要投入资金以提高对技术的认识，降低应用风险（检测、扩大规模、机器采购），尤其是支持中小企业；明确全部成本（包括后处理和检测成本），了解原材料成本
标准与规范	缺乏成文或不成文的相关标准，以规范所有行业或特定行业的生产工艺、原材料、软件、产品、应用等，尤其是航天业、卫生业、赛车业
测量、监测和检测	需要建立数据图书馆，制定通用及特定行业的原材料、加工过程、最终成品检测标准，大批量生产检测标准，非破坏性检测标准；通过关闭或开放数据访问权限控制质量

知识产权、保护和保密	需要在开放与商业保护之间寻求平衡，前者为了促进知识共享；后者为了确保投资的价值回报，保护知识产权

技能与教育培训应该是最迫切、最棘手的问题，如果无法攻克，其他问题即使得到解决也毫无意义。眼下，首要的是提升现有劳动力的技能，以便尽快投入技术开发与应用。不过，前提条件是企业高级管理层要提高认识，加深了解，这样才能相应地制定公司策略，为技术开发应用提供支持。

利用现有的计算机辅助绘图系统来设计复杂零件，往往会造成文件规格过大，进而导致软件和/或硬件瘫痪或者运行迟缓。即使完成了设计，这些大规格文件也会带来数据传输方面的问题。因此，若要充分利用3D打印技术，设计者需对产品的物理特性了然于胸，而不是生产出仅经过微调的新产品。要实现这一点，需要采用不同于以往的设计工具和软件运用方式。

5项要点

1. 3D打印和增材制造技术突破了传统制造技术的局限，可生产某些特殊零件和产品。经过25年的发展，增材制造技术如今已经能够生产复合材料产品、带集成电路的材料和人体器官组织。

2. 凭借定制产品和服务的优势，3D 打印正影响着从餐饮、健康到航空航天等各行各业。增材制造技术可实现经济可行的小批量生产、快速原型制作和去中心化、分布式制造。未来 10 年，这些技术必将迅猛发展。

3. 增材制造技术的普及可能产生的一大经济影响就是：随着廉价劳动力被这些技术取而代之，制造会向发达经济体回流。这将导致发展中经济体的劳动力战略受到冲击，影响就业率。

4. 由于 3D 打印产品设计和生产的分散性，此项技术的进步还将带来更多值得思考的问题，如生产责任和产品所有权。同时，由于产品生产依赖数据，而产品获取和打印又极具分散性，因此需要制定相关政策，规范数据使用。

5. 与第四次工业革命中涌现的其他技术一样，3D 打印技术与先进材料、物联网、区块链、生物技术等领域的结合，可为创新提供更多良机。同时，多方利益相关者也需要加强合作，共同探讨保密和安全问题，并提供相关政策建议。

延伸阅读

无人机的利弊[①]

在第四次工业革命涌现的新技术中，无人机的地位可谓独一无二。与区块链、量子计算、地球工程等技术不同，无人机技术经过多年发展，已日趋成熟，不仅应用于军事领域，而且进入了大众市场。它融合了航空航天技术、新材料科学、机器人和自动化技术，可搭载监控摄像机和运送药品，辅助搜救行动，甚至还能运载炸弹。无人机可人工操控，也可通过云端自动操控。它的用途广泛、灵活，可以是造福大众的一项技术创新，也可能成为极端分子实现图谋的工具。作为 21 世纪的多功能工具，无人机本身似乎只是中立技术，因为是否有损于他人利益完全取决于人类自身的选择。尽管如此，与其他技术相同，无人机的设计、结构和用途中蕴含着特定的社会态度与选择，这些选择会影响无人机的实际应用。无人机的存在体现了

---

① 本部分与以下人员联合编写：戴维·沈（David Shim），韩国科学技术院航空航天工程系副教授，韩国；安德烈亚斯·拉普托普洛斯（Andreas Raptopoulos），无人机物流公司 Matternet 首席执行官，美国；达波·阿坎德（Dapo Akande），牛津大学法学院国际公法学教授，英国。

我们的价值追求和研发方向，包含了人们对这种技术工具的期待，以及为实现其用途而做出的取舍。

无论是军事、警卫治安、市政用途还是商用，发展无人机技术主要都是出于经济考虑。无人机可取代价格高出 10~50 倍的载人飞行器，大幅降低军事侦察的成本。[152] 使用无人机可缩短飞行训练时间，无人机损耗低，可避免载人飞行器动辄数百万美元的潜在损失。虽然商用航空业早已引入自动驾驶仪，但韩国科学技术院航空航天工程系副教授戴维·沈指出，直升机飞行员或将首当其冲因受到无人机技术的冲击而面临失业的风险，因为多数直升机服务都不载客，事故责任相对较小，损失赔偿相对较少。[153] 正如工厂里的机器人，无人机的出现也可能会加剧自动化技术带来的就业岗位流失。退一步讲，至少飞行员可能会被与日俱增的地面操控人员取代。无人机还可能造成“空中拥堵”——中型无人机将需由地面操控人员轮班监控，而难以追踪的小型无人机更将不计其数。

无人机就像我们的一位“新同事”，成本不高，却能胜任此前需依靠人力完成的工作。这位新同事提醒我们，第四次工业革命带来了更大的就业挑战，那些被取代的劳动力能否找到新的就业机会仍是未知。无人机物流公司 Matternet 首席执行官安德烈亚斯·拉普托普洛斯等业内领军者纷纷表示，无人机将会给我们的生活带来翻天覆地的变化，因此必须制定针对具体环节的规则，这需要各方的共同努力。拉普托普洛斯认为，确保不构成公共安全威胁，是商用无人机市场发展的前提。[154]

为确保这一前提，避免各种事故、伤害和碰撞，市政当局需参与空中交通监管、追踪、应急响应等。从长远看，除了对无人驾驶飞行器进行追踪外，国防部门还须参与建立无人机生态系统并严加管制。网络安全问题和无人机失灵都是切实隐患。无人机一旦遭劫持，可能会被不法分子利用，危及公共安全。这需要可靠的加密技术来保障无人机的安全操作，防止犯罪分子有机可乘。此外，中小型无人机的破坏者可在无人机半径 1 英里（约合 1.61 千米）范围内，使用磁场干扰装置，导致无人机的导航系统崩溃。[155] 这种装置有助于安防部门维护机场上空的安全，但对物流公司来说可能会成为梦魇，因为抗议者可以自制这种设备来干扰无人机送货。

城市化进程加快，电子商务和按需服务蓬勃发展，各地政府也需要实施交通监管、获取基础设施图景和进行航拍，这些都推动着无人机的发展。无人机型号尺寸不一，既有用于运输的大型无人机，需服从国际民用航空组织的统一管理，也有小型无人机，由个人自主操作。军用无人机通常为大型远程无人机，需由训练有素的飞行员操作；而一些商用无人机可能仅重几千克，且活动半径有限，通常为中短程。要充分发挥无人机的价值，就必须克服重重挑战，其中不容忽视的一点就是加强管制和无管制空域的空中交通管理。美国国家航空航天局（NASA）几年前就已着手建立无人机交通管制系统，[156] 谷歌、亚马逊等大型公司也在此方面贡献了专长。[157] 当某项技术需与人类共享空域，甚至可能载人时，如载客无人机，制定相关空中交通规则将势在必行。此外，隐私、拍摄许可、安全、噪声、照明等方面的更多政策问题也将随之而来，这一系列隐患都亟待解决。如果商用无人机开发者对这些问题考虑不足，其产品很有可能无法获得公众接受，而公众接受度对无人机的发展至关重要。

因此，要实现无人机服务的各种可能性，最棘手的就是解决无人机进入市场的“最后一英里”问题。为改变公众对无人机技术的认知和监管者的态度，无人机制造商正努力寻找切入点，向社会各方展现无人机的价值。为此，制造商采取了种种策略，如仅限个别地区和紧急情况下使用无人机，或将无人机服务作为一种高端服务，既为企业、地方政府和当地民众带来更多的体验机会，又不至于给大众造成困扰。不过，拉普托普洛斯表示，长远目标应该是随着机器视觉、传感器和通信技术的日益发展，无人机技术与人类发展相辅相成。到2040年，借助云机器人和人工智能技术，或将实现多架无人机协同工作。每架无人机都像自动驾驶汽车一样，可以相互交流、相互学习，绘制新的地形图。的确，一个无人机技术发达的世界会充满各种可能性。无人机的发展显然对政府、企业和消费者都大有裨益，但我们必须妥善应对这项技术对人们思想观念的影响。

例如，无人机不仅会改变我们的货运方式，而且会改变我们对人权和武装冲突管控的认识。牛津大学国际公法学教授达波·阿坎德表示，无人机技术会影响关于国家是否有权判处本国和外国公民死刑的伦理论战。无论在交战区还是平民生活中，技术可能模糊冲突中的伦理标准，这意味着，技术在决策中也可能扮演一定的角色。无人机技术降低了杀戮成本，尤其是基于防御目的的杀戮行为，这可能会让国家背书的特殊杀伤性行动变得常态化，包括战争或警卫安防行动。这样一来，现有的交战规则和作战行动的责任划分将出现问题。现在，操作人员可通过无人机执行这些复杂的行动。如果无人机可以借助图像识别算法发展为自动化武器，无须人工操作即可自主攻击目标，那么未来的伦理论战将进一步复杂化。不过，孤立地评判技术本身，并不能解决这些伦理难题。何时采取措施规范无人机在可接受范围内的行动和应用，是全社会和社会价值观都要面临的问题。无人机伦理规范问题需要全社会采取积极的管控措施加以解决。

我们必须回答两个问题：无人机的利弊是否已充分告知各利益相关者？企业是否将盈亏以外的其他因素也纳入考量范围？公众接受度对中小型商用无人机的发展至关重要。随着无人机越来越多地运用于社会各方面，企业将需要帮助公众充分了解相关技术。若要成功做到这一点，企业须在产品设计和管理中明确将公众利益放在第一位，并展现出公司组织层面遵循的理念。拉普托普洛斯指出："无人机创造者需要承担伦理责任。"企业始终将无人机技术的受益方和受影响方放在考量首位，才可规避无人机的弊端，同时向社会各方展现出积极听取意见的态度。

2.3 改变人类自身

第十一章

生物技术①

生物技术将改变未来，也终将改变我们人类自身。目前，已有企业开始利用细菌生产树脂和个人护理用品等各种产品。中国科学家利用多数细菌中存在的后天免疫系统 CRISPR 对抗癌症。[158] 线粒体替代疗法，又称三亲体外受精，正在一些国家接受监管机构的审核，还有一些科学家正在研究非洲的蚊子，以通过基因驱动对抗疟疾。[159] 这仅仅是当前的科技成果。未来，人在生物学和社会学方面的定义都将受到挑战。新兴的生物技术有望延长人类寿命，改善人类身心健康。随着数字技术与生物科学的不断融合，人们对未来几十年的发展趋势抱有希望、惊奇和恐惧等多种不同情绪。乐天派认为未来将朝着可持续的方向发展，如今面对的诸多疾病都将被消除；悲观主义者则警告反乌托邦的未来可能充斥“设计婴儿”，生物技术成果无法普惠大众。这些对立的观点凸显了关于如何使用这些新型生物技术的争论，也展现了每一项科技进步带来的复杂问题。

---

① 与世界经济论坛全球未来理事会“生物技术的未来”议题组联合撰写。

生物技术的“普罗米修斯之力”

生物技术为医疗和农业领域提供先进工具和策略，重新定义了我们与自然的关系。过去20年间，数字技术与新材料取得巨大发展，我们对基因组、基因工程、诊断学、制药开发等领域的认识取得巨大飞跃。有人认为生物技术代表的力量给人类文明带来质的飞跃，可以媲美希腊神话中普罗米修斯从太阳神那里盗取火种送给人类所产生的影响；也有人担忧生物技术或会破坏人类自由民主的根基——人人平等。

与第四次工业革命中的其他卓越技术相比，生物技术有以下三点显著的不同。第一，与数字技术相比，生物技术会引发更多情绪反应。改变生物系统的技术尤其令人深感不安，许多人认为操控DNA会引发危险。不同文化对此的态度也各不相同。例如，欧洲人对种植转基因作物持保留态度，但这一技术在美国得到广泛应用；干细胞研究在欧美备受争议，在中国则争议较小。第二，与数字技术相比，生物技术更难预测，因为生物技术研究的是生命有机体，这一研究对象会随着极为复杂的新陈代谢、基因调控及信号网络不断发展变化。有机体任一方面的变化都难以模拟，操纵这些有机体可能会产生无法预料的后果。第三，生物技术研发耗资巨大，上市时间长，风险高。在这一领域，即使为一项有望成功的想法花费数百万美元，结果仍有可能失败。[160]

然而，对生物技术的投资依然源源不断。2015年，生物技术获得近120亿美元的风险融资，此外还有500多亿美元的债务融资和后续的公开发行资金。[161] 大部分资金流向诊断学、治疗学和研究药物对基因影响的药物基因组学等领域。这些有赖于数字技术的进步。尽管投入巨额资金，却鲜有产品进入医疗市场，原因之一就是当前生物技术的研究太过分散，因此一些研究人员致力于推动生物技术领域的合作，提升透明度，加快新发现的验证过程。

生物技术在人类健康和自然领域的应用

生物技术有望推动医疗业改革的一大领域是精准医学，即针对每位患者而非某一类疾病制订治疗方案（见图18）。随着个体的分子构成，包括基因组、转录组、蛋白质组、代谢组和微生物等可获得的综合数据越来越多，精准医学正在不断发展。除了帮助选择治疗方案外，机器学习和大数据技术的发展还可用于以下实际用途：诊断试验可轻松生成成百上千兆字节数据，用于提高机器学习能力，让其高效提取必要数据，以发现问题、预测每位患者对治疗方案的反应。精准医学运用最广泛的领域是癌症治疗，但在囊肿性纤维化、哮喘、单基因糖尿病、自身免疫性和心血管疾病及神经退行性疾病的治疗方面也取得了不少进展。然而，由于成本高昂且整合多个数据组来综合了解患者的健康状况存在难度，精准医学在很大程度上还只是美好的愿望。随着成本的降低，从生物大数据组中提取能用于临床实践的信息或将呈指数级增长。

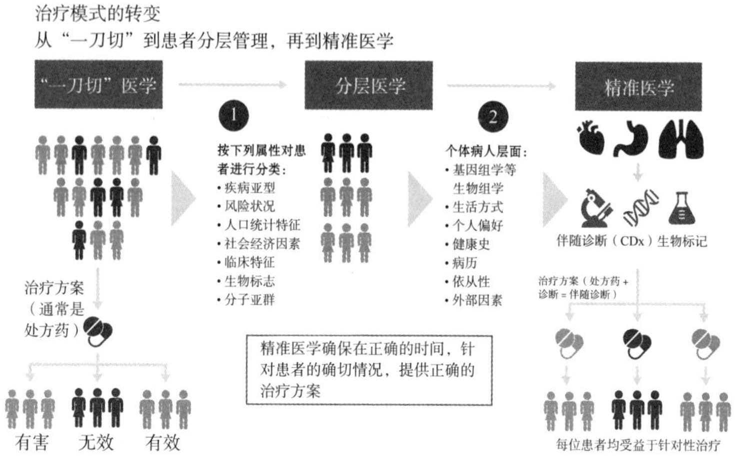

图 18　治疗模式的转变

资料来源：Reenita Das，2010

生物技术在农业领域也蕴藏着巨大的潜力。未来 50 年，我们的粮食产量要达到过去 1 万年所生产的粮食总量，才能满足全球需求。生物技术在农业领域应用的典型例子当属黄金大米，这种大米可以消除因缺乏维生素 A 而导致的儿童失明及发育缺陷，全球每年有近 200 万名儿童因此死亡。土壤及气候传感器、无人机、成像系统等专用硬件也有助于监测和预测作物的生长情况。将这些数据与作物的基因型结合，有助于管理作物和选择品种，满足全球对粮食品质、数量和营养的要求。不过，只有相应调整对转基因食品的监管规定，证明基因编辑能以精确、有效、安全的方式改良作物，才能确保全球粮食安全。

生物材料是生物技术改善人类健康的另一个阵地。在当前人口日益老龄化的背景下，该领域具有重要意义。生物技术可结合新型生物材料和先进的工程技术，帮助解决衰老带来的诸多典型难题，如最常见的骨骼疾病——骨质疏松症。生物技术取得突破，可使用3D打印技术打印患者干细胞，再在实验室中培养替代骨骼。这一发展前景并非遥不可及，科研人员正积极探索这一研究领域，企业家也在寻求将之投入实际应用的方法。

新一轮的生物技术发展或将通过提高各行业的可持续性帮助我们减少生态足迹。大型炼油厂可利用微生物的催化特性实现可再生原料的生物提炼。当前正有研究致力于无缝整合代谢工程学、合成生物学、系统生物学，开发微生物细胞工厂，从可再生的非食物生物量中生产不同化学物质和材料。[162]我们不断创新方式，利用自然产生的多样性打造环保型生物产业。例如，在淡水资源紧缺时，盐单胞菌（Halomonas）这种可在高渗透压下生活的细菌能利用海水进行微生物发酵。设计不同类型的智能细胞工厂还有助于应对新型传染疾病，如可以加速研发新一代疫苗、治疗性抗体，甚至应对生物恐怖主义威胁的解毒剂。普通居民也能在自家后院生产生物产品，如生物塑料，这使生物产品能普及大众。最后，现代生物科学不仅有助于减少温室气体的排放，而且能将二氧化碳转化为生物技术的原料。[163]

实现上述技术进展不仅需要定量预测建模等传统的实验室研究方法。生物系统的复杂程度远超其他技术，这给优化生物技术系统带来重大挑战。某一组件发生变化，可能会导致其他组件产生不可预见的递归变化。模拟生物分子网络和细胞生理学的定量模型技术不断发展，或将帮助生物技术人员将系统性能与胞内细胞器的各组件联系起来。预测性平台，加上不断发展的计算能力和大数据革命，可成为概念、原型测试和工程生物系统的动态中枢网络。最后，与其他工程学科类似，生物技术与定量建模的相互融合有助于在设计—建造—测试周期内构建稳健可靠的生物技术解决方案。

分子生物学、材料工程、计算方法、预测数学模型正逐渐融合，影响着我们的社会发展、工业面貌和全球环境。不过，随着这种潜力变得触手可及，随着生物技术变得越发成熟，我们在迈向未来的过程中必须谨慎考虑我们的行动将带来怎样的结果。

生物技术监管

鉴于生物技术潜力巨大，许多人担心它会导致难以预测的社会和环境问题，当人类有能力介入和控制生物领域时更有可能引发这类问题。根据伦理规范制定有效、合理的治理制度不仅会让全社会享受生物技术发展的益处，而且能降低相关风险。

生物技术的治理必须以人本主义的普世价值观为基础。生物技术的未来成果将植入复杂的生命系统中，因此不受国界限制。各区域间生物技术治理的差异可能会中断贸易，助长社会不平等和不公正现象。因此，我们必须尊重各国不同的历史、经济、社会和文化制度、伦理准则、价值观念，制定全球总体治理原则。这需要找到共同的、广泛接受的价值观，并以《世界人权宣言》和联合国可持续发展目标等现有的治理制度为基础；还应在遵循协调、团结和公正原则的基础上，根据各区域或地方的实际喜好情况调整这些共同的价值观和准则。

治理制度应以健全的科学依据为基础，按照透明、负责任的方式运作。这可能要求生物技术监管立足于诱导型生物变化而非某一特定技术产生的影响。只有兼顾生物技术的手段和目的，监管才能产生成效。

治理机制还应促进所有利益相关者间的对话，建立公众信任。过去20年中，即使在高收入国家，科学领域的信任问题也面临压力。生物技术的创新发展必须得到所有利益相关者和公众的支持与信任，才能为社会带来积极效应。因此，我们必须重建所有利益相关者间的对话，确保相互理解，在监管机构、非政府组织、专业人士、科研人员之间进一步建立信任文化。此外，还必须考虑公众，因为在影响社会、个人、文化的生物技术发展中，公众是生物技术大众化过程中不可或缺的一部分。此类探讨应考虑事实、个体感受和价值承诺，同时形成对收益和风险的清晰看法。只有基于此类探讨制定的政策才能达到公平、公正、透明、稳定的目标，促进个人发展，造福社区。

要解决以下问题，多方利益相关者需展开对话，建立统一的治理制度：

- 在开发、应用生物技术时，在包括公众在内的所有利益相关者间建立信任。这需要企业与监管机构开展真实、有效的交流。
- 制定伦理框架，指导生物技术的研究及应用。这需要各方共同探讨生物技术对民主、个人机遇、社会平等、分配正义等问题的潜在影响，以及应施加的限制。
- 针对新兴的生物技术建立敏捷、灵活和温和的监管规定，使技术成熟可用后即可获得批准。
- 引导建立长期的资金管理制度，确保创新及商业化能让所有人受益。
- 为社区提供途径了解生物技术相关问题和机遇，以确定何时及如何部署这些技术，以及如何分配利益、应对副作用。

设计生物

作者：世界经济论坛全球未来理事会“生物技术的未来”议题组

数十年来，生物技术的复杂性和影响均大大增长，尤其是DNA测序、DNA合成和基因组编辑技术的发展，迅速提升了将多层基因变化（突变或变体）引入细胞及生物体的能力。简言之，生物工程的规模和这些系统所要解决的挑战达到前所未有的难度，并且仍在不断扩大。生物工程已应用于农业和人类以外的动物。人类基因组编辑技术正在进行胚胎试验和少数患者的基因治疗试验。生物工程的应用范围极为广泛，包括环境、农业、人体健康等领域。

我们可以通过计算方法实现特定的基因突变，即通过特意的设计调整生物机理，从而大大提高生成复杂工程生物系统的能力。例如，可以设计一个微生物细胞，产生需要的化合物。除了酵母发酵制作饮品，微生物发酵生产有机酸和抗生素外，我们正培养微生物像化学工厂一样，生产我们需要的化合物。现在已经可以用细菌或酵母几乎无限制地生产人类胰岛素，帮助糖尿病患者。借助计算方法可设计新型新陈代谢方式，并预测基因编辑的结果，助力代谢工程和合成生物学的发展，迈入前所未有的技术时代。我们不仅可以引入新的合成循环，而且可以控制其结果。

计算方法可以将合理的工程原理与生物的固有能力相结合，提升生产设计有机体的能力。上述例子说明微生物细胞工程能用于化工生产，事实上类似的方法还可用于农作物和干细胞等各种生物系统。现代农业即是培育和选择所需表型的结果。植物基因组工程方法取得了进展，调节植物系统的基因部件已为人所知，这使得更具针对性的基因操作成为可能，而对基因型–表型关系的理解有利于研发耐旱、耐热、抗病害及其他破坏性环境因素、更富营养的新作物品种。同样，干细胞经过精确设计，可以促成类器官的分化，为再生医学提供理想平台。多能干细胞可转分化为代表身体三个胚层的任一种细胞，是再生医学最有力的助推器，可用于组织再生、药物筛选和疾病治疗。

生物设计拥有广阔前景，但随之带来的还有伦理问题。首要的伦理问题是批判性地看待生物设计本身的合理性和动机。在实施设计之前，应先停下来反思提出或实施设计的原因，考虑是否可以通过其他方式实现相同的目标。生物设计通常有两大好处：第一，上文提到的各类应用带来的助益；第二，这些研究有助于进一步了解生物的内在机制。然而，对于这种范围变化极大（从有限到接近无限）的技术，在思考其伦理影响和治理制度时，我们应广泛且创造性地思考未来的应用场景，并提炼出既有正面价值又有负面价值的伦理概念。

除了考虑生物设计的基本理由，创造性和批判性地思考其未来应用外，我们还应考虑其他更易识别的伦理问题，其中包括生物安全和生物安保的伦理意义、利用技术的有利和有害用途（“双重用途”问题）、生物设计成果利益的公正或公平分配（包括惠益分享），以及改变人类等复杂生物所产生的问题。

治理制度需考虑科学和伦理两方面，警惕“因能治理而治理”的想法，即需要思考新技术是否暴露了治理制度的缺口，或现有治理制度是否也适用于新技术。在生物设计领域，迄今为止的治理方法均倾向于采用这种“填补空白”的方法，但更为重要的问题仍悬而未决，如何种治理机制才是最佳的，以及如何在日益全球化的研究和商业背景下执行这些治理机制。如今，尚未出现十分有效的治理机制，治理是否应从预防着手，即是否只有证明安全的技术才能继续开发，这一问题仍存在争议。

5 项要点

1. 生物技术与第四次工业革命的数字技术有三大主要不同。生物技术更多地引发人们的情绪反应，因涉及有机生命体而更难预测，需要大量资金和监管以及长期投资。深层次的文化因素也会影响生物技术的接受程度和应用，以及能否继续进行科学研究。

2. 生物技术在精密医学、农业、生物材料生产中的应用将会影响社会发展。其在生物材料领域的应用会影响医疗保健和食品等行业的生物产品生产，还会影响所有利用微生物生产化学品和定制材料的行业。

3. 许多新的生物技术需要强大的计算能力，利用不断发展的机器学习技术、日益增加的数据和可模拟结果的平台。生物技术与数字技术的融合或将增强人类机能，提高生物与数字的互操作性，这既令人向往也引发担忧。

4. 分子生物学、材料工程、计算法和预测性数学建模的融合将对社会、产业与环境产生影响。监管机构需考虑科研自由、人权等各种问题。生物技术的有效治理需基于人本主义的价值观，以透明和负责任的方式运作，并以可靠的科学证据为基础。

5. 生物技术治理需尊重文化规范，符合伦理标准，降低潜在生物风险，并在利益相关者间建立对话和信任，管控对社会平等和公正的影响，制定灵活、温和的监管策略。

第十二章
神经技术[①]

2030年的某一天，你正坐在屏幕前，突然注意到屏幕上弹出一条消息，上面显示："您的专注度较低。"这时你才意识到，刚才的几分钟内，你一直在盯着屏幕发呆。你打了个哈欠，点开一条链接，查看你的精神状态分析数据。这些信息由一直在监测你的脑电波、为你评估实时精神状态的系统提供。系统建议你休息，但你的工作还没完成，必须再熬几个小时。你考虑再吃一片促智药，争取坚持到凌晨3点。你的朋友都说，过度依赖激发大脑活力的化学制剂有害健康，不过你一直接受阿尔茨海默病和帕金森病征候监测，目前一切正常。

"神经技术"指各种深入解析人脑运作过程的方法，我们借助这些方法提炼信息、拓展感官、改变行为，并与外界互动。这也许像是科幻小说中的情节，却是一个真实存在的科学领域。神经科学逐渐延伸至医学和科学实验室以外，渗入我们

① 撰写：奥利维尔·奥莱尔（Olivier Oullier），神经科技公司Emotiv总裁，美国；世界经济论坛全球未来理事会"神经技术和脑科学的未来"议题组。

的日常生活中。神经技术领域处于快速成熟阶段，让我们有机会在第四次工业革命中创造全新的价值体系，但同时也带来许多重大风险和治理问题。

什么是神经技术？它们为何重要

神经技术能帮助我们更好地影响意识和思维，了解大脑的各种活动。这些技术包括：利用新的化学品精细地解读我们的思维，采取干预手段来修复或增强大脑功能。神经技术还可帮助我们探索与外界沟通和互动的新方式，寻求可大大拓展感官知觉的可能性。

人的大脑非常复杂，但也是一个极具吸引力的研究领域。人脑中的细胞总重约 1.4 千克，其中神经细胞（又称“神经元”）的数量超过 800 亿，彼此之间的连接方式超过 100 万亿种。假如全球的 74 亿人彼此相识，弄清他们组成的社会关系可比探索人脑连接神经元的各种可能简单多了。

几千年前，人类就开始通过改变脑化学影响自己的行为，很久之后人类才证明大脑是形成人的认知和经验的主要器官。[164] 饮酒、咀嚼古柯叶、吸烟、食用可致幻的裸盖菇等行为都表明，人们会为了宗教信仰或消遣而影响自己的思维过程或行为。

摄入上述物质的行为往往引发争议。即使是咖啡等温和的物质，在最早出现时也反复遭禁。[165] 历史上，人类为了探索大脑的运作方式，从解剖、哲学、心理学、脑部扫描等各个领域入手，不断尝试各种方法。时至今日，随着新技术的出现，我们在大脑化学信号和电信号的测量、分析、解释与成像方面取得极大的进步。一方面，这将为我们创造一系列发展经济、实现医学突破的机遇；另一方面，也将催生出大量伦理问题和社会问题。

神经技术之所以重要，原因有三。第一，“读取和写入”大脑的能力催生了新的价值创造产业和体系，这将产生深远的社会、政治和经济影响。与第十一章讨论的生物技术一样，弥补大脑缺陷或增强机能的能力将为能够买卖神经技术及相关服务的富人带来极大的福祉。同时，由于当今世界由算法和无处不在的数据收集驱动，了解人们内心深处的想法和影响其思维的能力也引发了极大的担忧。下一个盛行的商业模式会不会是一个人允许别人进入其意识，从而不用打字、仅靠思考就可以在社交媒体上发表观点？[166]

第二，神经技术正在推动第四次工业革命中的其他领域向前发展，助力创造新的认知计算方式，完善机器学习算法的设计。神经技术揭示的大脑运作信息越多，就越有助于完善反馈回路，开发可与人脑互动或模仿人脑功能的技术。

第三，也是最根本的原因，即大脑是让我们成为“人”的核心所在。有了大脑，我们才能认识和了解世界，才能学习、想象、做梦，并与他人互动。如果能更精确地影响大脑，我们就能改变自我认知，重新定义过往经历的意义，并从根本上改变现实的真义。脑科学通过影响我们控制自己的方式，亦即人类存在的系统管理，推动人类超越自然进化，实现巨大飞跃。

神经技术如何发挥作用

与本书讨论的其他技术一样，脑科学领域的进步得益于计算能力的飞速发展，更小、更廉价、更精密的传感器的诞生，以及能从海量杂乱无序的数据中发现规律的机器学习方法。大脑运作依靠的是化学反应产生的电信号，人们可以通过影响脑化学或电信号产生机制，测量这些电信号，并模拟有益信号，防止不良信号在大脑中扩散。现代微电极等专业技术可记录单个神经元的活动，或在必要时触发神经元。功能性磁共振成像可揭示大脑中各个区域在不同情况下的活跃情况。

近 10 年，得益于上述技术，研究人员取得了极大进展。2014—2016 年担任美国国防高级研究计划局生物技术办公室主任的杰弗里·林（Geoffrey Ling）指出：“在 2008 年的科学实验中，一只猴子仅仅通过脑信号就成功控制了一只机械臂。再过几年，我们会将这个实验视为人类历史上的一项重大突破。”[167]

英国伦敦帝国理工学院的奥尔多·费萨尔（Aldo Faisal）实验室及其他实验室将眼球追踪与机器学习结合，作为测算脑电波的指标，极为精确地检测到实验对象的行动意图。这些方法正在降低脑机接口的成本，帮助四肢瘫痪者通过意念控制轮椅或机械肢体。[168] 此外，还有一些方法正帮助我们更加深入地了解神经疾病和精神疾病的根源，包括精神分裂症、心境障碍、阿尔茨海默病等。

脑电波设备可检测脑电波，有时还可释放能够影响大脑的信号。这些设备已经走出实验室，发展成为消费级可穿戴设备。[169] 有些产品有望通过声音和光线疗法间接影响人脑。此外，还有一些前景光明的技术，例如利用聚焦超声波显示和无创治疗体内组织，以及利用光线触发脑内转基因细胞的光遗传学技术。

人们还开发了各种化学手段，通过摄入某些物质或促智药等方式增强大脑功能。莫达非尼、阿德拉等药物的实际用途往往超过其研发初衷，原本这类药物是用于提神醒脑并（希望能够）增强认知的。这类药物拓展了咖啡因的用途，不再局限于提高机敏度、改善视觉注意力。

随着检测大脑活动的能力日益提升，治疗型或促智型药物的试验也将取得极大的改进。目前，正在研发的治疗大脑功能障碍的药物中，65% 以上都在第三期临床试验阶段失败。精神科医生开具治疗大脑功能障碍的处方药后，无法检验其疗效或对比不同病人服药后的情况。

新加坡国立大学新加坡神经技术研究所主任尼蒂什·塔克（Nitish Thakor）指出，一些神经技术也能应用于脑部以外的器官和系统，有助于修复脊髓和神经末梢损伤。神经调控（神经刺激）不仅有助于恢复四肢的功能，而且能治疗其他重要器官，如心、肺、膀胱等。[170]

神经技术甚至有望拓展人们的感官范围，超越几百万年的自然进化结果。杰弗里·林指出，几年后，人类将能够看到红外线，记录或者重历记忆或梦境，解读不同设备提供的多条视觉信息流，同时控制多个肢体和自主对象。这些能力可能比我们想象的更早实现。近期，工程师、投资家埃隆·马斯克（Elon Musk）表示，他投资了一家专注开发脑机接口的公司，他认为，“生物智能和数字智能将发生更紧密的融合”。[171]

神经技术会产生什么影响

神经技术不仅有助于改善各种神经状况和身体残疾，而且能推动致力于增强人体功能的行业向前发展。目前有上千万人罹患大脑功能障碍，每年产生的经济成本预计超过 2.5 万亿美元，[172] 这还不包括因精神健康问题产生的不可估量的人力及社会成本。人们如果能更好地认识大脑，就有望革新大脑功能障碍的检测、治疗和防治方法。脑健康分析咨询机构 SharpBrains 公司通过分析 1 万多份神经技术知识产权申请，发现人们很快就能实现某些进展，如恢复听觉的人工耳蜗植入、帮助残疾人恢复行走能力的外骨骼、更强的睡眠规律监测能力等。出版机构神经技术报告（Neurotech Reports）指出，当前的神经技术相关企业总规模约达 1 500 亿美元，年增速接近 10%。[173]

美国聚焦超声基金会创始人兼主席尼尔·卡塞尔（Neal

Kassell）表示，一些新技术即将或已经崭露头角，如实时显示大脑结构和功能的可穿戴扫描仪，以及无创再造神经元或调控大脑功能的方法等。[174] 这些突破性进展将有助于诊断和治疗各种神经障碍疾病，帮助患者康复。届时，阿尔茨海默病、帕金森病、抑郁症、癫痫、神经痛等疾病都可治愈。

神经技术能够增强人脑功能，提高人的工作效率，从而产生深远的经济影响。教育和培训系统可借助更深入的大脑知识，完善个性化学习，改善教育和培训效果。对于人口老龄化速度飞快的发达经济体，神经技术可通过延长老年人的工作年限，提高其生活水平。

各国政府已经认识到，在神经技术领域占据领先地位会创造潜在竞争优势，因此大力投资科学和医学研究。例如，2013年，美国政府推出雄心勃勃的"创新性神经技术大脑研究计划"（BRAIN）；同年，欧盟委员会启动"人类脑计划"；2014年，日本启动大脑研究计划"Brain/MINDS 计划"；2017年，中国政府推出"中国脑计划"。[175] 神经技术领域的大部分投资都来自军方，一些前沿研究也由军方开展。军方称对大脑的研究仅用于国防目的，以及帮助患有创伤后应激障碍（PTSD）等问题的退役老兵。大脑成为影响战争和安全的核心因素。

然而，相较于空间技术等第四次工业革命的其他领域，神经技术的研究成果转化到大众市场的速度较慢。2016年10月，世界经济论坛全球议程理事会"大脑研究"议题组发布脑健康的数字化未来报告，指出医疗保健的"消费化"趋势是为了让患者能掌控自己的健康和福祉。在神经技术的影响下，市场上的这一势头将越发明显，但也将带来有关谁将获益、如何获益的重大问题。[176]

为发挥神经技术的影响，我们必须加大跨领域合作力度。神经技术的开发需要数学家、工程师、社会学家、设计师、物理学家和脑科学家相互合作。香港科技大学理学院院长及晨兴生命科学教授、神经科学家叶玉如表示："打破孤岛是这一领域面临的最大挑战。我们需要以更耐心、更宽容、更积极的态度吸收其他学科的知识，开展卓有成效的合作。"[177]

神经技术的治理与伦理

随着人们对大脑功能的认识加深，大量难解的伦理问题也将随之而来。[178] 大脑监测设备的应用越广，就越有可能产生有助于了解大脑功能的数据。不过，这一发展也催生了关乎数据隐私和知识产权的重大问题。如今，一些杂志将大脑的扫描图作为神经科学文章的插图，但这类数据很快就会像医疗检查结果或病人的 DNA 一样敏感。

随着大脑状态和行为之间的联系越发清晰，司法部门不得不重新思考有关个人责任的基本观点。许多国家的法庭都谨防过于依赖测谎仪等据称可解读人的思想的设备。然而，随着技术能力的不断提升，执法机关和法庭将更有可能利用神经技术来判定犯罪活动发生的可能性、裁定罪行，甚至直接从人脑调取记忆。[179] 未来，人们出入境时可能都需要接受详细的脑部扫描，以评估其安全风险。

同时，零售业正在焦点小组中使用大脑监测设备，以便发现消费者的决策规律，从而为消费者量身打造在实体店和网购渠道的消费体验。这推动了当前零售业收集深度数据以预测消费行为的趋势，因为了解人的大脑如何运作可帮助企业制定有效战略，促使目标对象以特定方式行动。与所有的行为影响技术系统一样，这个领域的发展引发了极大的担忧，不仅因为这种方式触及隐私或安全问题，而且因为它使收集和使用数据的一方获得不均衡的能力，而削弱了受影响对象决定和影响消费行为的能力。

雇主将更多地考虑神经技术能否改善评估应聘者、培训或监控雇员的方式。此前，在工作场所应用无线射频识别追踪和生物识别系统的行为曾引发争议。未来，雇主直接或间接监测员工大脑的行为或将成为下一个担忧的焦点。最后，利用神经技术增强健康大脑功能的做法也涉及伦理问题。有些人担心这种做法违背自然规律，还有些人认为这会导致社会和经济不公平现象。如果不是所有人都支付得起可增强大脑功能的神经技术成果，那么能够提升自己的人就会与无法消费这种成果的人拉开距离。

与其他领域类似，神经技术领域目前的创新速度比监管的改革速度更快，甚至超过了对潜在问题的反思速度。神经技术看似是第四次工业革命中最具未来主义的技术，但它们在带来益处的同时也会产生巨大的破坏性。有鉴于此，展开公众讨论可谓势在必行，即探讨如何在不同情况下、为实现不同目标应用神经技术，确保这类技术有助于创造包容性未来。

神经技术的系统性影响

作者：奥利维尔·奥莱尔，神经科技公司 Emotiv 总裁，美国

2017 年年初，四肢瘫痪的罗德里戈·许布纳·门德斯（Rodrigo Hübner Mendes）成为世界上首个通过意念驾驶 F1（世界一级方程式锦标赛）赛车的人。

在神经技术业内人士看来，借助脑机接口控制物体已经是非常常见的现象。罗德里戈·许布纳·门德斯这一案例的特别之处在于，人们可以在网上订购他控制赛车的工具——Emotiv 推出的 Epoc 神经头盔，价格仅为几百美元，目前已有上万人在日常生活中使用这种头盔，提升电子游戏娱乐体验或监测睡眠状况。就在不久前还只能出现在科幻小说中的情节，如今只需点几下鼠标，这种设备就能进入人的日常生活，而这还只是开始。

人们常说，电的发明不是创造出了一支更好的蜡烛而已。同理，神经技术也不仅仅是为了完善现有技术。神经技术能提供一些前所未有的真知灼见，不仅揭示大脑如何与物理环境和社会环境互动，而且提供体验生活的新方

式。因此，相较于其他领域，神经技术更能体现第四次工业革命的精髓。

神经技术正在深入日常生活这一事实引发人们的担忧，也引起了政府部门的关注，而人们在尝试监管新兴技术的过程中积累了一些有趣的经验教训。2011年，法国成为首个针对神经技术治理出台法律法规的国家，正式确认了神经技术对人类生活的影响力。法国政府的目标是限制神经成像技术的商业用途，而允许法院使用该技术。有意思的是，法国政府在审议这项法规时咨询的科学专家一致反对将神经技术应用于法庭，却不太担心脑部扫描技术的商用影响。尽管如此，法国政府最终决定不采纳专家意见。这个有趣的案例充分表明第四次工业革命中的技术给国家带来的监管挑战。

创新速度与监管发展速度向来不同步，但第四次工业革命的变革速度和影响范围凸显了这种不一致性，并充分昭示了采用治理新模式的迫切性。

除了治理问题外，要让神经技术在更大范围内造福人类还面临另一个重大障碍，即如何推动神经技术从实验室转移到生产线，转化为安全、值得信赖的消费产品。世界经济论坛技术先锋、美国Inscopix公司创始人兼首席执行官库纳尔·高希（Kunal Ghosh）表示，由于激励高校创新人员不断完善、改进其想法的措施不足，“许多颠覆性神经技术在实验室中诞生后又消失了”。[180] 面对这种情况，神经技术产业可参考生物技术、空间探索和手机行业的私营部门的做法，学习它们高度成功的商业化方法和服务驱动型商业模式。

5项要点

1. 神经技术能帮助我们更好地了解大脑及其运作方式，影响我们的意识、心情和行为。加强这些能力有助于治疗脑部疾病和损伤，提高大脑功能。修复损伤和提高功能之间的界限也许存在争议，因此需要思考这些技术的应用所产生的影响。

2. 第四次工业革命中的神经技术将为行业打造新的价值源泉，并产生重大社会影响。这些技术还将借助反馈回路，助力开发新的计算架构和软件，彻底颠覆我们目前对人类自身的认知。

3. 更强的大脑活动测量能力可帮助改善药物试验，了解消费者的决策过程。数字信号与生物信号的电化学反应发展有助于实现多项突破，如修复脊髓损伤，恢复肢体和器官的感觉与功能，辅助假肢的应用。

4. 人们无须损伤皮肤即可实现大脑与计算机的相互作用。一些帮助诊断疾病、增强行为的产品可供人们穿戴。个性化学习、候选人筛选、提高工作效率、对抗抑郁症等发展机遇将令神经技术受到企业的青睐。

5. 神经技术非常复杂，这意味着必须开展跨领域合作，以推动产品开发和上市。鉴于神经技术涉及的伦理和法律问题较多，包括隐私、知识产权、获取途径、司法应用等，多方利益相关者需要探讨这一真正革命性技术的潜在影响。

第十三章

虚拟现实与增强现实[①]

长久以来，科幻小说中重返过去或遨游未来的奇幻经历令人心驰神往。穿梭时空的梦想至今还未实现，或许永远也无法成真。不过，虚拟现实（VR）已经问世，也许很快能带来穿越时空般的感受。虚拟现实可以营造沉浸式的体验，让人仿佛亲临拿破仑战争的激烈战场，或者跟随哥伦布的脚步探索世界，甚至穿越到侏罗纪时代，追寻腕龙和霸王龙的足迹。增强现实（AR）和混合现实（MR）的沉浸感弱于虚拟现实，将多个层次的数据、信息和虚拟实体叠加到现实环境中。这些技术为我们带来了前所未有的机会，帮助我们学习新技能，与他人分享体验，创造全新的艺术和娱乐形式。

虚拟现实、增强现实和混合现实技术正在颠覆我们对身边世界的体验、理解及与世界的互动方式，更打开了通往其他世界的窗口，让我们可以在想象中的广阔天地尽情遨游。由此可能会诞生更多社区，催生更多合作，增加人与人之间

① 撰写：安妮·玛丽·恩格托夫特·拉森，世界经济论坛。

的同理心，便于人们更高效地开展协作，培养技能，尝试新想法。不过，这些技术也可能操纵我们看待世界的视角，影响我们的行为。如果不加批判地使用，可能会诱使我们逃避现实世界，或至少躲避那些不合心意的现实，而不是积极寻求改变。

改变现实世界

虚拟现实是指以计算机模拟营造多感官维度的360° 三维虚拟环境，给予用户丰富的沉浸式感受和互动体验。戴上封闭式虚拟现实头盔后，用户能获得身临其境的视觉、声音和其他感官体验。这些不同维度的感官信息，可以复制出某个已知的现实场景或创造出一个虚构的场景。

增强现实和混合现实可以理解为有“孔隙”的虚拟现实，它们将数字化生成的多层次声音、视频或图像叠加到用户所在的真实环境中。相比而言，虚拟现实以一个模拟的世界完全替代了现实世界，增强现实和混合现实则是增强用户对现实的感知。增强现实技术以可视化的方式提供关于现实世界的信息，例如通过谷歌眼镜和微软 HoloLens 全息眼镜等设备，加强与实体空间和物体的互动感。混合现实与之相似，将逼真的虚拟物体和人物叠加到真实场景中。《精灵宝可梦 Go》游戏就运用了混合现实技术，通过精妙的设计，与现实环境达到无缝衔接。

虚拟现实和增强现实的构想其实由来已久。最初，人们尝试通过立体照片和全景画营造沉浸在虚拟世界中的体验。此后，20 世纪的电影、电视和计算机游戏发展也包含着在此方面的积极尝试。1968 年，计算机科学家伊万·萨瑟兰（Ivan Sutherland）为其发明的头戴式显示器首次提出了“虚拟现实”一词。然而，包括东芝“头戴式球形投影仪”在内的早期模拟设备仍较为笨拙，用户的动作与视觉反馈之间有明显延迟，容易产生眩晕感。历经 45 年的数字革命，虚拟现实设备的硬件性能、舒适度和可用性终于具备了市场化条件。

虚拟现实领域的最新进展很大程度上借助了众筹的力量，以及低成本的高清液晶显示器技术，这一技术主要用于生产智能手机。2012 年 9 月 1 日，年仅 20 岁的帕尔默·勒基（Palmer Luckey）在众筹网站 Kickstarter 上为名为 Oculus 的头戴式设备项目发起众筹。很快，这一项目的众筹金额就达到了 240 万美元，几乎是原先目标的 10 倍。两年后，脸谱网以 20 亿美元收购了勒基的公司，宣称将利用社交媒体网络的力量，改变人们的互动方式。[181]

从萨瑟兰最初发明虚拟现实设备到勒基的成功，为什么需要跨越半个世纪？从供给侧来说，虚拟现实与增强现实都以第三次工业革命的数字化技术为基础。虚拟现实技术的实现依赖计算机科学在理解和分析现实世界能力上的巨大进步，以及高清移动成像技术的成熟，而这一切都得益于手机的发展。

另外，数字化革命驱动了对虚拟现实的需求。数字化革命以来，至少有两代人逐渐相信，科幻小说中的设想可能有朝一日会变为现实，他们能够很好地适应计算机构建的虚拟世界。1985年，任天堂发布首款视频游戏系统时，很多父母担心它会影响孩子的成长，但事实上，那一代的很多孩子长大后从事了计算机应用程序、硬件和网络系统的设计与编程工作，而这些恰恰构成了第四次工业革命的基石。视频游戏和模拟技术已成为主流，例如军队已采用这些技术训练无人机驾驶员，模拟在地球另一端的作战区进行战斗。

虚拟现实、增强现实和混合现实技术不仅仅是体验数字化环境的新途径，更构成了创造、交流、传播价值的平台和体系。它们带来了感知世界及与之互动的全新方式，也因此成了第四次工业革命中最具变革力的技术之一。然而，这些技术的本质是沉浸式体验，与其他数字化渠道相比，会让人工技术与客观世界、人类直觉和能动性之间的界限变得更加模糊不清。虚拟现实与增强现实技术正在改变人们和互联网及数字化环境的互动方式，也向我们提出了深刻的问题：人类体验世界的方式本身蕴含何种意义？[182]

虚拟现实与增强现实技术还会带来更多激动人心的体验。利用这些技术，用户能够与身处其他房间甚至远隔重洋的人互动，还可以真切体验置身异国甚至外太空的感觉。目前的技术已可以模拟视觉与听觉以外的其他感官体验。触觉反馈设备能够复制一系列不同的感觉，通过模拟各种压力，让用户产生接触到实际物体的感受，这将进一步增强使用虚拟现实与增强现实时的情绪反应。随着神经技术、纳米技术和人工智能技术的进步，人们将来可从大脑内部控制虚拟现实体验。要将人类的大脑通过皮层调制解调器、植入设备或纳米机器人与虚拟现实相连，还需要多年的努力，但人脑与电脑交互界面正在逐步成为现实。未来，用于体验虚拟现实、增强现实和混合现实的外部设备势必会取得巨大发展，但最终会被时代淘汰，由可嵌入人体、适应体内潮湿环境的设备取而代之。

交互就是一切

作者：约比·本杰明（Yobie Benjamin），虚拟现实眼镜公司 Avegant 联合创始人，美国

几十年来，我们一直依靠鼠标和键盘来操作计算机并与之交互，这些工具很快将被下一代技术取代。人机交互将逐渐发展为逼真还原现实场景，如同说话和眨眼般轻松简单。

增强现实、虚拟现实、虚拟视网膜显示（VRD）、光场显示和全息计算（HC）带来了新一代的人机交互方式与体验。这些技术实现了新的飞跃，摒弃了既烦琐又受限的交互形式，包括全键盘、鼠标、智能手机的滑动或捏放手势等。未来的体验和交互将与我们的声音、手势、动作，甚至眼球的运动融为一体。Oculus、Avegant Glyph、宏达 Vive 和微软 HoloLens 等虚拟现实设备，以及增强现

实公司 Vntana 的全息技术带来了令人惊叹的近眼显示终端用户体验，包括沉浸式和非沉浸式两种形式。这些技术让人们仿佛身临其境地置身于真实或虚拟的场景中，将此前仅存在于想象中的交互体验变为现实。遗憾的是，现有的所有设备在尺寸、重量、耗电和设置复杂度方面仍存在不足。

时代在发展，这些技术的可用性正在不断增强。据高盛集团预测，到 2025 年，增强现实、虚拟现实、虚拟视网膜显示的市场规模将增至 850 亿美元。[183] 截至 2016 年年底，全球已售出 1 200 万台头戴式虚拟现实 / 虚拟视网膜显示设备，包括 700 万台有线高端设备和 500 万台移动式低端设备。预计这一数字将在 2017 年和 2018 年增加一倍以上（见图 19）。

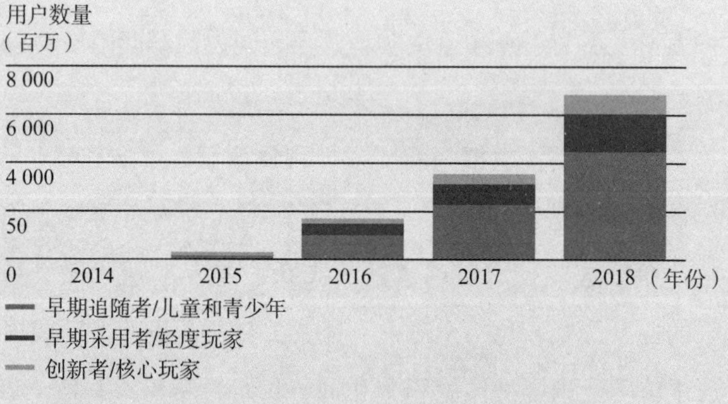

图 19　2014—2018 年全球活跃虚拟现实用户数量变化趋势

资料来源：Sebti，2016

首先，儿童（以及在他们成年后）会在虚拟现实、增强现实、混合现实场景中投入越来越多的金钱和精力。第四次工业革命将以史无前例的速度为技术、企业、政府和社会带来颠覆性的变革。近 20 年，好莱坞电影中充满未来感的技术正在走入我们的生活。2002 年上映的电影《少数派报告》（*Minority Report*）中的计算机全息界面已成为现实。《星际迷航》（*Star Trek*）中，乔迪·拉福格（Geordi La Forge）的头戴显示器可将他的智慧与人工智能及整个宇宙的知识库相连，而现实中已有类似设备问世，即连接互联网、搭载应用程序的可穿戴设备。

第一代产品已经可交付和使用，并已向早期采用者推出。更令人激动的是，随着技术的迅速发展，速度更快、成本更低和更加节能的处理器与硬件设备不断问世，这使得人机交互系统走向小型化、轻量化和实用化，也让头戴式显示器和可穿戴计算机变得更轻便、更时尚、更容易被社会接受，如一副酷炫的耳机或太阳镜。这些设备在结合自然语言处理和人工智能功能之后，未来会更令人期待。我们已经熟悉苹果语音助手 Siri、IBM 认知计算系统 Watson、亚马逊智能助手 Alexa 及其在移动和家用设备上的人工智能引擎，而在接下来的一年内，配有自然语音唤醒功能的虚拟现实、增强现实、虚拟视网膜显示，甚至全息计算交互体验可能会逐渐走入我们的生活。

虚拟现实和增强现实技术已崭露头角。风靡全球的游戏《精灵宝可梦 Go》让人们初尝了 2D（二维）的增强现实体验。这些技术也开始用于教育领域，将教育建立在切身体验“真实世界”的基础上。历史老师可带领学生亲临罗马元老院的辩论现场；生物老师则可让学生进入染色体的中心，动手完成合成生物学实验。通过将抽象的空间变为真实可触的体验，教育将变得更具感染力，更能带来直观的体会。我们在过去 30 年来对计算机的认识将发生翻天覆地的变化。

新一代计算机及其交互界面将完全不同于通过键盘操作的 IBM 640KB（千字节）内存个人计算机，或者苹果公司的第一代苹果手机。我们将逐渐习惯这些变化。新一代计算机及其虚拟现实和增强现实设备将变得更小巧、更轻便，设计更吸引人。手持式移动电话机甚至可能会消亡。借助新的交互技术，我们每个人都可以是乔迪·拉福格，成为互联世界的掌舵者。这是大势所趋。《精灵宝可梦 Go》游戏已走入我们的生活，智能手机随处可见，增强现实、虚拟现实、虚拟视网膜显示设备销量不断攀升，语音和人工智能功能正在嵌入各类移动设备之中。最终，虚拟现实与增强现实之间的区别将会消失，不同的设备将合而为一，集多功能于一身。这些设备将拥有强大的能力，将自然环境与人工场景融合交错，这也让我们不得不对各个方面重新进行思考，包括如何制定人与人之间的社交规则，如何设计和规划个人与公共空间等。

正如马车被福特 T 型车取代一样，传统的交互方式也会以超乎我们想象的速度湮没在时间的洪流中。

在不久的将来，我们或将面临一系列可能性。例如，在教育或职场培训中，可以借助增强现实技术帮助我们学习新技能：当地技术人员可佩戴增强现实设备，在专家的远程帮助下，完成他们无法独立胜任的工作。大规模开放式在线课程（MOOC）可通过虚拟现实技术让世界各地的学生在虚拟教室里共聚一堂。虚拟现实技术可以重现历史，让学生有机会亲历历史事件，例如重返 1955 年的美国亚拉巴马州蒙哥马利，目睹罗莎·帕克斯（Rosa Parks）在公交车上的经历。

同样，虚拟现实还可以让时下发生的事件更生动直观。2016 年，《纽约时报》发布了一则名为《为费卢杰而战》（*The Fight for Falluja*）的虚拟现实视频，让人们通过伊拉克士兵的视角体验从“伊斯兰国”手中夺回叙利亚城市费卢杰的激烈战斗过程。视觉虚拟现实工作室屡获大奖的电影作品《难民》（*Refugees*），让观众切身感受一位难民从战火纷飞的叙利亚逃到欧洲，面对未卜前途的经历。虚拟现实技术还可用于运动赛事的直播，让用户感受如同坐在现场看台上的体会，此外，还可用于博物馆、商业和虚拟购物。

虚拟现实与增强现实在改善人类健康领域拥有巨大潜力。例如，在外科医生手术过程中，可通过增强现实技术显示待切除肿瘤的 3D 扫描图，为手术提供帮助。虚拟现实技术已进入医院，帮助缓解手术过程中的疼痛。假以时日，增强现实结合成熟的人工智能技术，还能模仿人类感官，用于识别物体。这将帮助盲人感知和体验真实或虚拟的世界。目前有实验使用虚拟现实技术，治疗创伤后应激障碍患者。结果显示，让患者在安全的环境中重历过去的创伤，有助于患者的恢复。

未来属于激动人心的虚拟世界：一位艺术家之见

作者：片冈德鲁（Drue Kataoka），片冈德鲁工作室艺术家兼技术专家，美国

西斯廷教堂堪称人文精神的巅峰之作，它让我们的先辈重新认识了生而为人的含义。教堂内，造物主在穹顶俯瞰众生；一个个体格健美的人物，姿态坚定有力；当然，还有壁画《最后的审判》，向世人发出严正的告诫。米开朗琪罗以空前的想象力创造了一个宏伟的艺术世界，其中的视觉效果、内涵与情感至今仍能引起我们的共鸣。

在不久的将来，西斯廷教堂的艺术魅力将由未来的“达芬奇”和“米开朗琪罗”接棒，就像文艺复兴时期的艺术家延续了法国拉斯科洞窟壁画的辉煌一样，他们的作品令人动容、富有感染力，尽管还停留在二维层面。

变化源自虚拟现实技术的问世，它带来了全新的创造、社交和生活方式。这一技术将颠覆我们的一切行为模式，但具体通过哪些途径，目前我们仍一知半解。不过，

我们不妨试着掀开未来世界的面纱，通过我们孱弱、短浅而平凡的双眼和其他感官，窥探一番未来的模样。

虚拟现实技术实现了艺术家有史以来的梦想：如同上帝一般，从无到有、一点一滴地创造出整个世界和广阔宇宙。在艺术家梦想创造的世界中，人们可以自由自在地生活、交往、嬉戏，尽情发挥创造力。这世界是如此的精彩纷呈，启发人的无尽想象，让人们释放出新一轮的创造力，发掘出更强的能力。在这世界，人与人只需一眨眼或者转念之间就能相见，甚至生死也无法阻隔（当然，这建立在两相情愿的基础上）。这世界是那么的真切，不仅可见，而且可以触摸、嗅闻和聆听，营造出近乎超自然的沉浸式体验。

但是，我们会孤独吗

有人会问，这个虚拟现实创造出的“美丽新世界”会不会让人感觉寂寞、伤感，如同一位被禁锢在地下室的孤独玩家？完全不会。作为虚拟现实技术的领军者之一，脸谱网认为，虚拟现实代表着人际沟通和社会互动的未来。人们将前所未有地凝聚在一起，距离和边界将消失无踪，距离远、时间少很难再成为亲友不相见的借口，社会更能实行直接民主。人们的意志可以得到比以往更准确的体现，公民和选民的知情权更有保障，社会参与度更高。虚拟现实的未来属于社交，而且是充分的社交。毕竟，在虚拟现实中，无论是家庭聚会、校园聚会、市政厅集会，还是夜晚的约会，都可能永不散场。

感同身受的沟通新方式

也许更重要的是，虚拟现实开启了我们此前无法想象的全新沟通方式。无须言语，只需借助沉浸式 3D 画面和声音，调动所有感官，我们就能向爱人或同事充分传递内心感受。这为我们打开了一个新世界，人人都可以敞开心扉，与他人感同身受，我们的社会因此更美好，更富有同理心。

我们不仅能轻而易举地设身处地替他人着想，而且能感他人所感，亲身体验别人的经历。我们可以摇身一变成为一名非洲裔美国人、拉丁美洲裔女子、同性恋者、变性者、四肢瘫痪者、哈西德派犹太教教徒或正统的伊斯兰教教徒。当我们再次做回自己时，会对他们的境遇有更深入的了解，认识也随之转变。若干年后，我们不再需要借助表情符号，只需发送一份带有沉浸式虚拟现实体验的文件，收件人就能通过他们的感官准确了解我们的感受。

这就是皮克斯电影《机器人总动员》（*WALL-E*）中的世界吗

有人会问：从某种程度上而言，这一切难道不会扼制我们的创造力吗？当每帧画面都被明确定义，每个声音都有具体所指，每次触碰都经过精确校准时，我们的大脑会变成什么样？想象的空间何在？我们会不会变成皮克斯电影《机器人总动员》中被动而自我满足的顾客？其实，虚拟现实会带给我们与此前完全不同的经历，激发我们的创造力。创造力来源于多样性，创造力最大的敌人是按部就班。虚拟现实所带来的多样性和丰富多彩的体验，是前所未有甚至无可比拟的。历史上，最具创造力的人往往比同时代的人游历过更多地方，见识过更多远方的风貌。虚拟现实技术可以让人人都能环游世界，抵达宇宙最深处，探寻人类想象的边际。而且，虚拟现实并非被动体验，我们可以借助创新工具，构建出“现实世界”中无法实现或负担的场景。人人都可以成为艺术家，将自己的能力和想象力发挥至最大限度。的确，不是每个人都能成为米开朗琪罗，但整体而言，人类将释放出空前的创造力。

技术的脚步跟上了吗

放眼今天的宏达 Vive、Oculus Rift、微软 HoloLens 等虚拟现实设备，我们可能认为距离那样的世界还很遥远，但在即将到来的虚拟现实革命中，这些设备就如同早期的第二代苹果电脑（Apple II）。看着它们，想象未来的虚拟现实设备，就像是面对当年的第二代苹果电脑，遥想如今功能强大的游戏台式电脑。无疑，这中间还需要巨大的飞跃。

确实如此，但真正重要的是，Vive、Rift 和 HoloLens 是首批在实践中可行且实现了批量生产的虚拟现实设备，也逐渐开始获得广泛应用。虽然它们依然价格不菲，外形显得有些古怪，甚至笨重，但与早期的虚拟现实设备相比，它们不再需要一整个实验室的技术人员来配合操作，最重要的是，这些设备可以真正发挥作用。这两点标志着一场革命的正式开始。虚拟现实浪潮正在袭来，越来越多的人会加入其中，“网络效应”会不断增强，这或许是一个漫长的过程，但势在必行。游戏工作室已着手开发新的内容，谷歌虚拟现实绘画应用 Tilt Brush 和 3D 建模、雕塑应用 Oculus Medium 带来了更多创新机遇。这一场景就像 20 世纪个人计算机诞生之初，美洲、欧洲、亚洲等世界各地的早期采用者、爱好者和热衷鼓捣新事物的动手达人，在自家的车库或地下室纷纷投身这一创新浪潮。这就如同网络效应，每一位技术专家、艺术家和用户的加入，都让虚拟现实平台更强大、更实用，影响着每一个人。我们正在迈入指数级发展的初期阶段。放眼硅谷目前的原型机，我们可以想象，未来投入大众市场的虚拟现实设备将是多么的小巧、强大、快速、直观。新一代的高端设备也指日可待，带来更多感官体验，包括触觉、嗅觉和味觉等。大众化设备将紧随其后，纳入多重感官刺激；人机交互界面将进一步开辟新的可能。虚拟现实的未来不仅充满希望，而且令人振奋。显然，一场革命的序幕正在缓缓拉开。

模糊的界限

虚拟现实、增强现实和混合现实技术的发展当然也面临着诸多挑战。2013 年，谷歌眼镜发布时，曾被质疑涉嫌侵犯他人隐私。人们认为，它的前置摄像头挑战了一条不成文的社会规则，即对他人录影或拍照前，明示也好，暗示也罢，需要征求对方的同意。这也造成了一个尴尬的局面，即在社交礼节上，要求对方放下拍照的手机比要求摘下眼镜显然更容易被接受。虚拟现实和增强现实设备的成功与否，取决于它们能否适应这些社会公认的规则。不过，这个问题对沉浸式虚拟现实的影响并不大。事实上，色拉布（Snapchat）最近推出的增强现实眼镜不仅在一定程度上解决了相关问题，而且备受追捧。

这些设备还存在一些更实际的问题，主要是佩戴的舒适度、电池寿命和售价。即使是在发达国家的大众市场，目前的价格也足以令人望而却步，对世界上大部分人来说更是遥不可及。就算全球所有人都能足够高效、稳定地接入互联网，这些技术可能也需要多年才能被广泛接受，而事实上，全球仍有约一半人口不具备这样的联网条件。虚拟现实技术要在全球范围内实现普及，仍然前路漫漫。

虚拟现实技术还会引发人们对隐私的担忧。虚拟现实设备可通过追踪用户的眼球运动和头部位置，甚至监测他们的情绪状态，了解用户面对不同刺激的反应。这些信息可能被用于影响人们的行为，甚至诱导犯罪，或者造成尴尬的局面。虚拟现实技术或许还会带来社会挑战：用户沉浸在完全封闭的虚拟世界中，习惯于与数字化身而非现实中的人互动，可能会让人与人更加疏离。一旦沉迷虚拟现实设备，可能会疏远爱人或亲人，破坏社会结构。

要解决上述问题，需要制定一个政策框架，向公民赋权授能，提高民主化，防止这些技术沦为操纵他人的手段。利益相关者必须了解清楚，虚拟现实、增强现实和混合现实技术的开发及部署应该如何促进人与人之间的信任、共鸣和合作，而非背道而驰。

5 项要点

1. 虚拟现实、增强现实和混合现实都是沉浸式的视听技术。这些技术可让人们完全沉浸于虚拟环境，或将虚拟元素叠加在真实的场景中。这些改变现实的数字技术已经过 50 多年的发展，但直到目前，随着计算能力、移动技术和交互能力的聚合，这些技术才真正实现进展。

2. 将虚拟现实、增强现实和混合现实技术与其他通过虚拟或虚幻场景提供感官反馈的技术相结合，可能会带来全新的体验，但也可能会引发伦理争议，尤其是在应用于手术领域时。这些技术面临的问题与以往的娱乐平台大同小异，包括对人类心理和社交的影响，以及对主观能动性和责任的理解等。

3. 虚拟现实、增强现实和混合现实技术可以视为人机交互方式的又一进展。从最初的打孔卡到键盘和鼠标，再到与触摸屏、语音的结合，人机交互现在正向手势和人体自然运动的方向发展。

4. 虚拟现实、增强现实和混合现实技术有望提升同理心和幸福感，满足人们的感官需求，可为教育方式提供新途径，让各地的人们能够体验外面的世界，感受他人的日常生活。也有人担心，由于这些技术会带来一定程度的感觉剥夺，让用户沉浸于信以为真的场景中，可能会影响现实感的稳定。

5. 虚拟现实、增强现实和混合现实技术也面临着显而易见的挑战，包括隐私权、社会接纳度，以及由于价格高昂导致难以普及的问题。这类设备带来的刺激、感受剥夺和长期沉浸其中所造成的影响尚不明确。仅仅将其视为现有媒体表现方式的替代品，未免过于简单，因为这些技术可能会带来其他的生物学影响。

延伸阅读

谈文化艺术和第四次工业革命[①]

在莱内特·沃尔沃思（Lynette Wallworth）执导的艾美奖提名虚拟现实电影《碰撞》（*Collisions*）中，有一幕是生活在澳大利亚西部沙漠地区的土著老人尼亚里·摩根（Nyarri Morgan）在观看美国理论物理学家、世界上首颗原子弹制造计划负责人 J. 罗伯特·奥本海默的视频。早在 20 世纪 50 年代的某一天，尼亚里曾亲眼看见一朵蘑菇云腾空而起，这一刻大大影响了他的人生。当时，他以为这是来自上帝的信号。后来他才得知，这是英国政府在他生活的这片土地上试验原子弹，而他在此后的几十年里承受着核试验带来的毁灭性影响。

曾经目睹的核试验改变了尼亚里的一生。60 年后，他再次置身沙漠的天空下，将放映机固定在他的卡车上，通过面前的屏幕观看奥本海默的讲话。奥本海默谈起世界上首个核试验，他沉郁地说出自己的体会，引用印度教主神毗湿奴的话称：

---

① 撰写：尼科·达斯瓦尼（Nico Daswani），世界经济论坛；安德烈亚·班代利（Andrea Bandelli），国际科学画廊执行总监，爱尔兰。

"现在我成了死神，世界的毁灭者。"尼亚里缓缓地走到屏幕前。我们看到，两人同处一个画面，那一刻，我们意识到，尽管他们身处不同的时空，但他们的人生有着千丝万缕的联系。

世界经济论坛是影片《碰撞》的监制方，该片于2016年在瑞士达沃斯–克洛斯特斯的世界经济论坛年会上全球首映。无论是内容还是形式，这部影片都让观众不禁反思，在帮助人们理解人与技术的关系和20世纪技术推动的发展轨迹方面，艺术和文化发挥着多么重要的作用。影片采用最新虚拟现实技术营造观影体验，意在激发观众探讨人类行为带来的始料未及的影响，比如这部影片中涉及的人们对技术进步的渴望。影片旨在促使观众反思人类的欲望或信念，即认为人类能破译所有密码，世界上所有的事物都只是哲学家海德格尔（Heidegger）所说的"储备"，一套可供人利用的固有资源。

《碰撞》探讨了人类在技术上的狂妄自大，以及人们常常忽视或者说从未真正认识到技术的影响范围。与古代戏剧艺术一样，虚拟现实体验能够揭示我们如何用自己有限的认知角度限制这个世界。希腊古典戏剧告诉我们，对抗自然是做无用功，命运取决于预言和人为两大因素。在当今这个现代化时代到来之前，许多社会按自己的方式理解这个世界，人们依靠的是像任何技术分析一样丰富、缜密、宝贵的经验和认知。然而，当代技术促使人类形成一种人定胜天的思维模式，推动各种人造项目去征服自然、掌控命运。

艺术最早是一种技术（techné）[184]，为我们提供了不一样的角度。艺术让我们有机会在技术代表的价值取向根深蒂固之前，表达对这些技术项目的观点并进行批判。从这个层面看，艺术的作用不是预言未来，而是为人们提供想象未来、实现创意突破的认知和情感工具。在第四次工业革命中，情商的作用尤其可贵，有助于人们获取新能力，顺利适应未知事物和环境，对新事物保持既乐观又警惕的态度，以富有创意的方式回应身边错综复杂的各类系统，虚心接受我们不可能无所不知的事实。

以 2016 年世界经济论坛年会上展出的真人尺寸肖像作品《陌生人的脸》（*Stranger Visions*）为例。艺术家希瑟·杜威–哈格堡（Heather Dewey-Hagborg）为了创作这幅肖像作品，收集了街头的烟蒂和口香糖，然后提取其中残留的 DNA，筛选基因组，尝试利用 DNA 复原人脸。这类作品引发了针对身份和基因筛查法的广泛讨论。尽管相关技术可能还需要一段时间才能实现，但其应用后果已经在这份作品中显露无遗。

然而，如果这并非一份猜想式艺术作品，如果有人真的已经将艺术家的创作过程付诸实践，会产生何种后果？目前，有些人城市采用这项技术，凭借街头收集的 DNA 确定在街上丢弃垃圾者的身份，并公布其肖像，进行公开点名批评。我们处于正在崛起的技术“阴阳魔界”，价值观和技术以不同的速度独立发展。在我们真正面临成熟技术带来的后果之前，艺术有望揭示我们对技术的感性反应。

借助艺术和文化，我们能够培养自身能力，以便驾驭和欣赏前所未见的不同事物。我们挑战和改变自己的思维模式，能够适应一开始让我们感到无所适从的事物。通过艺术手段，我们不会将新事物看作威胁，而是将其看作人类相互联系的全新前沿阵地，这有助于我们产生共鸣，理解并体会他人的感受。此外，如果我们准备好迎接未来可能发生的事情，我们就能提高自身的适应能力，学习如何消化天方夜谭成为现实带来的冲击，提前接受这种变化。我们要学会质疑原有世界观的基础。

影片《碰撞》提出了一个犀利的问题：技术真的是为了控制世界吗？影片让观众重新认识到，尽管人们也许已经对普遍的世界观习以为常，但这种世界观并非唯一有价值的观点。莱内特·沃尔沃思曾向澳大利亚联邦议员展示电影《碰撞》。几周后，议员们决定加强对受 20 世纪 50 年代英国政府原子弹试验波及民众的医疗保障，这是有关各方在该事务上进行 50 多年的游说后，联邦议会首次将此纳入联邦预算。在这个案例中，艺术促使人们对过往失误采取切实的弥补措施。不过，如果奥本海默在进行核试验之前早就和尼亚里相遇，事情又会如何发展？他们的相遇能否改变历史走向？

艺术性的虚拟现实体验让观众深深地沉浸在澳大利亚土著居民的情感世界里。在此，艺术借助技术手段，提醒人们不要盲目追求技术力量，不要屈从技术性思维模式。人与技术之间错综复杂的关系促使我们必须认真审慎地探讨如何利用技术。技术当然可以用于摧毁物质世界和人们对它的认知。在富有灵感、创造力和关怀之心的创造者手中，艺术和技术也能用于传递共鸣，在不同的世界观之间搭建桥梁。奥本海默和尼亚里的故事展现了两种文化的相互碰撞，一种文化将世界视为被人类掌控的物体，而另一种将其视为神圣之地。艺术正是通过展现不同的设想和预期之间的冲突，揭示丰富的意义和内涵。

2.4 整合环境

第十四章

能源获取、储存和输送[①]

第一次工业革命和第二次工业革命均以能源转型为基础，第一次工业革命，转向使用蒸汽动力；第二次工业革命，电力得到广泛应用。如今，第四次工业革命刚刚开始，可再生能源将逐渐取代化石能源，令能源业面临又一次历史性转型。清洁能源技术和储能技术逐渐成熟，从实验室走向工厂和市场，各国纷纷投资可能改变历史的突破性能源，如核聚变这种未来新能源。

全球广泛应用价格经济的清洁能源不仅有助于改善环境，而且会惠及发展中国家无法享受电力或无稳定供电的居民。此外，可持续能源技术可降低企业和消费者的成本，扭转20世纪工业排放对环境的影响。不过，要确保成功转型，世界各国需展开合作，制定长期愿景，促进多方利益相关者间的对话，为技术和基础设施提供必要投资。无法做到这些，将无法实现预期的全球性变革。

① 与世界经济论坛全球未来理事会“能源的未来”议题组联合撰写。

清洁能源的高效分配和大规模储存

第四次工业革命涉及的许多技术似乎都是“双刃剑”，在带来美好希望的同时，可能会导致不平等、失业、社会分化、环境破坏。不过，能源领域的前景更加乐观。新能源技术如能获得持续有力的投资，将有助于降低人们的生活成本，减少对第一次工业革命后广泛使用的化石燃料的依赖，弥合贫富、城乡差距，为所有人创建可持续的未来。

自第一次工业革命以来，生产和分配的进步让人类有机会获取大量能源。人体自身平均每秒可产生 100 焦左右的能量，足以点亮一个老式的灯泡，而运动员可产生 3 或 4 倍的能量。现在全球人均每秒可使用的能量达到 8 000 焦以上，在一些发达国家甚至可超过 35 000 焦。[185] 问题在于产生这些能量所燃烧的化石燃料会对地球产生巨大影响。据美国能源信息署预测，到 2040 年，全球电力需求将增长一倍，高达 39 万亿千瓦时，其中大部分来自目前基础设施薄弱的发展中国家。[186]

从联合国可持续发展目标来看，气候变化问题备受关注，推动了可再生能源技术的使用。2015 年，太阳能、风能等可再生能源的投资突破历史纪录，达到 2 650 亿美元（如图 20 所示），不过 2016 年这一数据又降至 2 260 亿美元。[187] 风能和太阳能发电成本的下降也刺激了该领域的投资。2016 年，可再生能源发电量首次超过新发电方式发电量的 50%，但与全球总发电量相比，仍然仅占 10%。为了满足日益增长的能源需求，减少传统燃料的使用，减缓气候变化，能源行业需取得进一步创新。

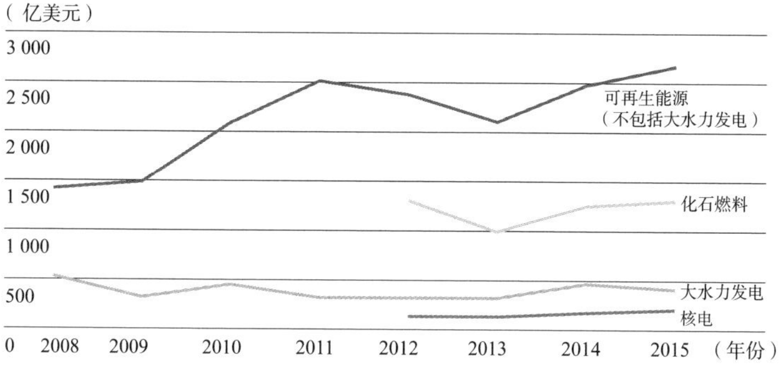

图 20　2008—2016 年电力投资

资料来源：法兰克福金融管理学院，2017，基于图 25 的数据

乐观人士认为，储能技术取得突破或有助于实现发电目标。不过，这需要大量投资，因此，关键在于根据不断下跌的液体燃料价格相应地调整价格。2017 年，可再生能源投资总额为 80 亿 ~90 亿美元，与其他领域投资相比，比例约为 1 : 27。[188] 牛津大学马丁学院新经济思维研究中心主管卡梅伦·赫伯恩（Cameron Hepburn）表示理想的比例是 1 : 1。[189] 通过合理的投资，生物电池、高能效纳米材料、模块化网格存储、利用合成生物转化废料、潮汐能等新技术有望取得更大进展。

第四次工业革命中产生的其他技术也将影响能源的发展。人工智能有望提高电网的智能化程度和效率，降低成本。[190] 碳纳米管、纳米多孔泡沫或凝胶等纳米技术将提高从原材料到使用整个能源周期的效率，降低能源损耗。自动驾驶汽车可通过协调最优路线和能源使用方式提高资源利用效率。生物技术可通过细菌工程、利用光合作用生产生物燃料电池。[191]

潜能最大的应属核聚变技术，如能按设想正常运行，核聚变可提供大量可持续且价格相对低廉的清洁能源。35 个国家在法国合作建立了国际热核聚变实验反应堆，这是目前最先进的核聚变项目，计划于 2035 年投入运行，[192] 届时将对工业、经济和地缘政治产生重大影响。该项目耗资 180 亿美元，能否成功目前尚不可知，但能源的多元化开发可以说是明智之举。其他越来越受关注的能源包括潮汐能及其他实验设想，如在卫星轨道上收集太阳光的能量，以微波传回地球。[193]

无论未来采用哪种能量来源，高效的储能技术都必须列为重点发展对象。储能技术的突破有利于拓展可再生能源的使用范围，这对无法持续发电的太阳能和风力发电场来说尤为重要。电池技术至少在实验室中正在迅速发展，未来 15~20 年，利用纳米技术可能会出现更多创新。[194] 同等体积或重量的电池，其功率按数量级增加，将大大提高间歇性能源的价值和效用，同时还有助于为目前缺乏电力的 12 亿人口提供电力。

促进合作，挖掘潜力

要与围绕石油、天然气等行业建立的地缘政治和经济结构抗衡，必须制订全新的清洁能源合作计划。现有的结构已根深蒂固，轻易改变对化石燃料的依赖可能会产生巨大的系统性风险。石油价格下跌已经令委内瑞拉、俄罗斯、尼日利亚等产油国遭受巨大的经济和社会影响。电池等技术如果有所突破，可能会影响财政系统和就业，从而产生严重的地缘政治影响，破坏地区安全。

然而，鉴于当前气候变化产生的威胁，我们必须冒险。中国已开始大力投资减少碳足迹，但需要时间才能见到成效。不过，全球乐观情绪上涨，认为如果各国开展合作，将加速技术发展，更快转向零碳经济。

事实上，清洁能源转型的最大风险在于其发展速度太慢。以往的能源体系转型在科学、基础设施、监管与产品生态系统的共同作用下完成。技术需要大量的物质基础，部署时间长，因此，新的能源体系往往需历经几代的时间才会成形。没有政府支持，完全受市场短期目标作用、由公众驱动的能源转型速度相对较慢。以硅谷为例，过去 20 年中，硅谷一直是重要的经济驱动因素，而它是由政府在 20 世纪 60 年代和 70 年代出资成立的。

除投资外，还需多样化发展打造可持续的未来。当国际热核聚变实验反应堆达到峰值功率时，可再生能源在欧洲的发电量占比将达到 50%。[195] 随着储能技术的稳步发展和近 20 年来的基建投资，我们将铺设出一条脉络清晰的可持续发展道路，即使为国际热核聚变实验反应堆投资的 100 多亿美元打了水漂。此外，还有其他的产能新方式，如国际合作和智能电网可整合市场，通过提高能源输送效率降低能源成本。

在可再生能源技术转型、减少排放、为发展中国家提供更多能源方面，我们仍面临诸多挑战。未来 100 年内，全球人口数量将达到惊人的 110 亿，清洁能源的生产和分配至关重要。[196]

未来电网

作者：戴维·维克托（David Victor），加利福尼亚大学圣迭戈分校教授，美国

在现代化进程中，几乎每个经济体都进入了电气化时代。在最发达的经济体中，通常近一半的一次能源都会转化成电力，再通过输电线路输送给最终用户，这一输送过程清洁无污染。随着能源系统清洁化的压力日益加大，预计更多能源将转化为电力。

社会对电力的依赖越来越深，未来的电力系统是否还会如过去 100 年的系统一样？在如今的电网中，大型中央电站和风力发电场等可再生能源生产商通过长距离电力线和复杂的配电网连接用户，由电力公司和其他运营商集中管理。这些电网是地球上规模最大的机器。未来的电网会不会更加分散，出现既是电力生产者又是消费者的生产型消费者？

代表第四次工业革命的快速技术变革已经蓄势待发，让未来电网两种相对立的愿景都具有可行性。一方面，中央电站和长距离电力线的性能大幅提高（如中国运行着世界上最

大的百万伏电力线网络)，增加了集中式电网的可靠性和成本效益。另一方面，出现了更适合生产型消费者的分散式技术，包括适用于工业建筑和校园的小型涡轮机与微电网，以及更小但效率极高的热泵，具有加热和制冷功能。

凭借低成本的传感器、高性能计算和大数据分析，这些分散式系统逐渐可以自动运行，让消费者对所选购的能源服务有更大的掌控权。储存电力和确保本地电力顺畅供应的电池系统成本正在急剧下降。

虽然集中式电网和分散式电网二者谁能更胜一筹还不得而知，但分散式电网技术确实具有一定的优势，未来的电网很有可能比现在更加分散。未来依然会有中央电站，但电力公司现在正在部署自动化程度更高、可实现本地即时控制的技术，以提高电网可靠性。如此一来，如果电网某些部分发生故障，如暴风雪或其他事件导致的间歇性故障，本地系统就能自动重新配置，确保电力供应。对微电网及生产型消费革命中众多其他因素的投资急剧增加，一些监管机构也在逐渐实行新的规定，引导投资从集中式电网转移到本地电力供应和控制系统，如美国纽约州颁布了“能源愿景改革”政策。

分散式电网是否更具优点，这一问题仍难以解答。理论而言，更成熟的本地控制和分散式技术可以让网络更加稳定，从而惠及用户。用户享有更多控制，可以加强或发挥当前电力系统中薄弱或不存在的市场力量。当前电力系统的许多方面仍然处于垄断状态，多受国有企业或受管制公用事业单位的控制。能源供应微管理将有助于决策者为那些最贫困的用户提供补贴及福利——如果希望在可承受的成本范围内为全球所有人提供能源服务，那么能源供应微管理将成为关键。

上述优点已在许多不同环境中得到体现，但环顾全球所有电网，分散式电网很大程度上仍处于设想阶段，可能会出现很多问题。管理不善的分散式控制实际上可能会使电网更加不稳定。迄今为止，集中式电网的黑客抵御能力已经相当强大，但也曾发生过一些安全事件，如 2015 年年末乌克兰部分电网遭受黑客攻击。更加分散的控制系统确实更容易遭受恶意攻击。要实现真正的分散式电网仍然需要大量投资，甚至需要比中央系统更多的投资，因此，需配备可靠的商业模式和实行良好的管理，确保收回投资成本。尽管分散式电网更倾向使用清洁技术，但一些最具成本效益的技术手段并非零排放。

例如，大多数微电网都需要高能效的天然气，这是一种清洁燃料，但其含有碳元素，如要实现温室气体零排放的目标，就需大幅减少这种燃料的使用，或对其进行脱碳处理。

消费者、公用事业、政策制定者须持续关注分散式电网的优点能否实现。面对迅速发展的技术，各方有必要及时调整政策，平衡集中式和分散式电力系统的发展。

当全球很大一部分能源需求来自高速发展地区时，这一挑战将更加明显（见图 21）。在制定基建相关的决策时，我们需从长远的角度出发，考虑多方利益相关者，以应对通信、控制系统、评估和维护等方面的挑战，创建一体化国际能源市场。例如，长远的角度可能会促使我们把投资重点放在发展无碳技术上，而不是在未来 20~30 年内推广低碳基础设施。

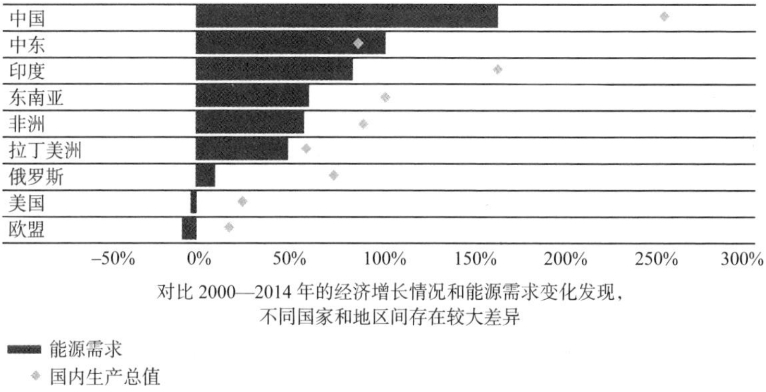

图 21　2000—2014 年部分国家和地区国内生产总值及能源需求的变化

资料来源：国际能源署，2016 年，图 1.2

与其他亟待解决的全球挑战一样，政府要致力于与多方利益相关者达成一致意见。诸多研究表明，要实现深度减排，需建立资本密集型的电力网络。从历史经验来看，企业和政府只有在充分确定政策和监管框架的未来方向时，才愿意向能源网络投入大量资金。这就需要达成一致意见，如签署投资协议、建立仲裁机制，以及根据国际标准调整国内能源政策，降低跨境风险。

世界经济论坛《2017年全球风险报告》显示，新兴能源技术拥有令人羡慕的发展空间，被视为产生负面后果概率最小的技术，同时在潜在收益方面排第二位。挥霍这一潜能将是所有人的严重失责。

5项要点

1. 和以往的工业革命不同，第四次工业革命将打破能源生产对化石燃料和温室气体排放的依赖。随着世界人口的不断增长，各经济体向工业化发展，气候变化的影响日益严峻，预计到2040年，全球能源需求将增长一倍，打破这种依赖变得更加迫切。

2. 可再生能源转型需继续加速，更迅速地覆盖更多行业。现在必须进行长期投资，才能在未来几十年享受收益，特别是在高增长地区。与部署开支相比，需增加对可再生能源研发的投资，加上储能技术的进步，能源生产有望实现目标，满足日益增长的需求。

3. 新能源技术正在探索中，包括潮汐能、核聚变、先进材料和纳米技术。这些技术有助于提高能源使用效率，减少能源浪费。我们应当结合人工智能技术，并通过智能电网、动态能源路线或电池驱动交通工具提高整个系统的效率。

4. 可再生能源转型将使化石燃料工业陷入危机，破坏长期形成的地缘政治格局。在应对由此产生的社会和政治后果时，合作变得至关重要。

5. 多方利益相关者应加强合作，提升全球稳定性，这样才能提升政府的信心，促使其愿意进行长期大规模投资。可预测的政策和监管框架有助于增进互信、促进合作。

第十五章

地球工程[①]

地球工程的概念是，人类可以掌控地球上极为复杂的生物圈的运作。然而，许多科学家都不看好这些试图干预生物圈的技术，乐观观点认为其不成熟、不安全，消极观点则认为其存在威胁，人们对这些技术带来的后果既无法预测也无力控制。

本章并非要为地球工程正名。任何大规模干扰自然世界复杂系统的活动，无论是刻意引入新物种，还是大面积砍伐森林，往往都以灾难性后果告终。笔者清楚地认识到，人类根本无法预测或控制所谓的营养级联带来的后果。

尽管如此，仍然有人提议借助技术干预应对空气污染、旱灾、全球变暖等挑战，因此，有必要开辟一章专门探讨这一问题。目前已有的地球工程提案包括：在平流层中安置一些巨大

---

① 撰写：安妮·玛丽·恩格托夫特·拉森，世界经济论坛；亚诺什·帕斯托尔（Janos Pasztor），卡内基气候地球工程治理倡议（C2G2）高级研究员兼执行主管，美国；杰克·施蒂戈耶（Jack Stilgoe），伦敦大学学院科学技术学讲师，英国。

的镜子，以挡开太阳光线；在大气层添加化学品来增加降雨；利用大型机器除去空气中的二氧化碳。

技术也许能干预这些系统，但鉴于我们对后果的认知有限，此类行为很可能给世界造成无法挽回的破坏。因此，在地球工程这个争议话题上，人们必须制定新的治理框架，并深入思考每一个可能影响地球大气层这一人类共有资源的行为是否审慎。

技术干预能否直接应对全球变暖

根据定义，地球工程是指对地球自然系统实行的大规模主动干预措施。预期已实现的一些应用案例包括改变降雨规律、创造人工阳光源、利用生物技术改变生物圈等。不过，大多数有关地球工程的讨论都围绕如何应对气候变化。此外，地球工程也可与地外活动综合考虑，包括人类殖民其他星球（在此语境中称为“外星环境地球化”）。例如，有些科幻小说式的讨论探讨的是改变火星的大气成分，以支持人类长期居住，这些讨论常常涉及地球工程。

尽管目前人们仍停留在理论研究阶段，但已有人建议将气候地球工程技术作为一种必要的应对措施，以减轻人类向生物圈排放温室气体产生的影响（见图 22）。这些应对措施包括碳吸收、海洋施肥、建造人工岛屿、通过大规模植树打造天然碳汇等（见图 23）。最近，有人提出为地球降温的技术。这些技术分为两类：一类是去除大气中二氧化碳的技术，用以消除气候变化根源；另一类是太阳辐射管理技术，用以将太阳的部分辐射反射回太空，暂时控制气温升高的问题。这些技术依赖的科技手段中，有些基于21世纪以前诞生的技术，如大型镜面、喷雾剂等，不过人们也正在结合第四次工业革命的技术，如纳米颗粒及其他先进材料，设想新的解决方案。

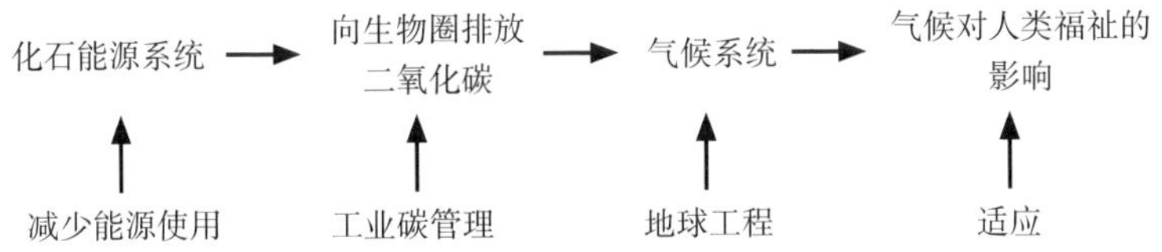

图22　利用地球工程直接干预气候系统

资料来源：Keith，2002

热衷于推行地球工程的人士认为，地球工程可补救第一次工业革命的社会经济进步带来的污染和环境退化，这些附带的影响已延续几个世纪。他们并不担心历史会重演，认为如果可以降低气候风险，并为解决碳排放问题争取时间，地球工程产生其他附带影响的风险值得一冒。持谨慎态度的专家则驳斥称，当前的科学知识有限，潜在的负面影响太难预测、太不确定，不值得为此冒险。他们指出，地球的辐射平衡因自然因素改变，曾引发可怕的多米诺效应。例如1815年，印度尼西亚的坦博拉火山爆发，致使欧洲在1816年经历“无夏之年”，粮食减产，人们因此承受饥荒和疾病。

无论发生何种情况，从现实主义角度讲，地球工程都算不上万能的灵丹妙药。为保持气候稳定，第四次工业革命的经济和社会系统必须实现碳排放零净值，即一方面显著降低排放量，另一方面通过去除现有二氧化碳抵消减排后剩余的排放量。虽然相关的新技术和新政策不可或缺，但如果仅采取“技术解决方案”，我们无法实现这些目标。因此，一些地球工程支持者建议政策制定者双管齐下，避免气候变化可能造成的最坏局面。

全球治理框架

从理论上看，地球工程可造福部分地区，同时却给另一些地区带来灾害、旱灾或洪涝。[197] 这一场景引发了一些重大问题，包括如何推进工程，如何平衡成本与收益，如何补偿受影响人群。地球工程的支持者强调，需制定始终如一的政府间治理框架，以引导有关潜在工程应用的研究和决策。这个全球合作愿景非常宏大，但目前存在的框架要素非常有限；整个框架的制定必须与技术发展同步进行，如果没有运作良好的政府间合作，这些技术可能会导致全世界人民面临潜在风险。

卡内基气候地球工程治理倡议执行主管亚诺什·帕斯托尔表示，由于缺乏多边协议，几个或某一个国家、某一家大型企业，甚至是某一位富人，都可能采取单边行动，开展气候地球工程。[198] 同时，不赞同这类行动及其影响的有关方面可能会开展对抗性气候地球工程，构成地球技术装备竞赛。[199] 由于发展中国家拥有的气候调控资源较少，这可能造成一个非常令人遗憾的局面，即受气候变化影响严重的国家或地区却最无力抵御生态进一步遭到破坏。

科学界对气候地球工程潜力的讨论已为时不短，但这对政策制定者而言是一个较新的话题。2013 年，联合国政府间气候变化专门委员会发布第五份报告，在针对政策制定者提供的摘要中提及气候地球工程。[200] 最近，美国全球变化研究计划的科学顾问敦促美国国会资助联邦地球工程研究。[201] 2017 年 4 月，哈佛大学启动地球工程研究项目，这是迄今为止全球规模最大、内容最全面的项目。该项目斥资 2 000 万美元，旨在验证地球工程能否模拟火山喷发产生的大气层冷却效应。[202]

地球工程技术提出后，随之产生相应的治理议题，包括控制和决策问题，以及确保受影响的社会能够有效参与。在当前的全球治理框架下，似乎只有联合国大会有合法权力授权适当专业国际机构制定治理框架。[203] 我们可以参照维护和平或控制核扩散的事务，进行这一势在必行的授权。不过，我们也可以选择制定更有效、吸纳所有利益相关者参与的措施。

任何多方利益相关者治理机制都必须解决以下问题：

- 地球工程的不确定性是否过大，以至人们不能同意落实？
- 如何权衡地球工程和其他气候变化缓释方法的风险与机遇？
- 如要推进地球工程研究，从实验室计算建模和场景构建阶段转向在大气中进行实证试验，需要进行哪些国际合作、授权、限制和政策引导？

• 降低全球气温的措施会给区域和本地带来不平等影响，产生跨境和代际伦理问题，影响公正和人权，应该如何平衡降温需求和这些不平等影响？

• 鉴于地球工程在落实时必须具备长期目标，在未来几十年内如何平衡民主监管的需求和不受地缘政治变化影响的需求？任何有关落实地球工程的决定都必须明确规定如何治理未来有关改变或停止该工程的决定（例如，太阳辐射管理技术一旦启动，如要停止就会导致气温骤升）。

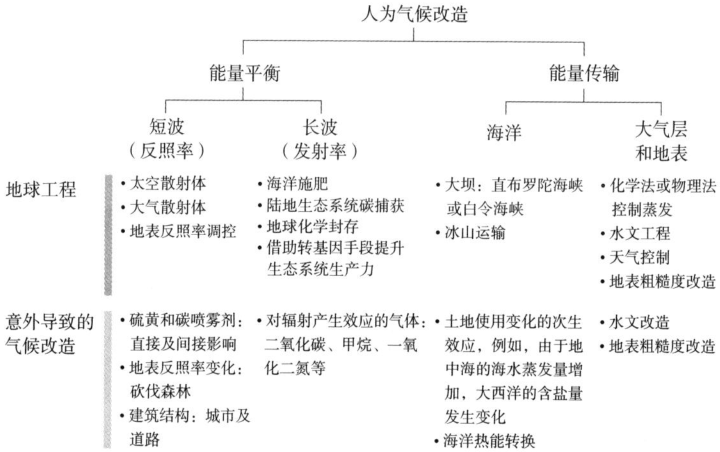

图 23　气候地球工程措施分类

资料来源：Keith，2002

掌控自然的伦理抉择

作者：温德尔·沃勒克（Wendell Wallach），耶鲁大学生命伦理学跨学科研究中心学者，美国

各种调控气候的方法交织成一张涵盖伦理、环境、政治和经济抉择的大网，其中有妥协，也有风险。如果清洁、高效的可再生能源可满足人们的能源需求，那么全球气候变化速度可相应放缓。能源需求、能源来源、全球气候变化、实行气候地球工程的压力，这些问题错综复杂，彼此紧密相关。

目前也有一些争议较小的气候控制方法，如回收废弃物，植树造林以吸收大气中的碳，将屋顶涂成白色以便将太阳光反射回大气层，但若要将每年全球的气温升幅降低哪怕一点点，我们都必须大规模落实这些措施。还有一些技术方法，如向大气层高层添加硫酸盐或纳米颗粒，比它们针对的气候问题本身更危险。此外，环保和清洁能源的支持者还担心，借助技术手段解决全球气候变化是一种幻想，会瓦解人们的意志，导致人们不愿在行为上做出艰难但必要的改变，或削弱决策者开发清洁能源的政治承诺。

所有旨在解决全球气候变化问题的战略都要求人们开展大规模干预，不能仅仅满足于短期局部效果。然而，即使开展大面积绿化，可能也无法抵消亚马孙及其他地区每年退化的森林数量。人们可以修建耸入云霄的工业塔，以

吸收大气中的碳并进行隔离，但无法迅速取得显著成效，且大规模建造这种二氧化碳吸收塔的经济成本超过了采取其他强力措施有效降低温室气体排放量的成本。

年复一年向大气层高层添加硫酸盐颗粒或特制纳米颗粒，以降低地球接收到的太阳光量，这种方法的成本似乎相对较低。计算机模型显示，这种太阳辐射管理方法可将年气温升幅减半，但也只能减缓全球变暖速度，而无法彻底解决这个问题。然而，长期向平流层添加外来物会不会破坏气候模式，带来比全球变暖更严重的问题？我们不得而知。没有适当、缜密的研究，我们无法判断向平流层添加物质会不会产生意料之外的后果。此外，小规模实验并不足以完全揭示大气中不同层次的复杂反馈机制。复杂系统的反应可能无法预测，有时甚至具有破坏性。

考虑到地球工程实验的政治敏感性，科学家在缺乏国际性协定的情况下一直未推进实验，这种做法非常正确。然而，要想达成统一的国际治理框架，明确哪类大气层实验可以开展，实非易事。如果没有有效的国际监管，流氓国家或有关方面可能会自行选择开展地球工程项目，以满足自己的短期需求，而不关心这种举措的长期后果。例如，由于向大气层添加物质简单易行，单个国家可能会选择采取这种方法调控当地气候，而不顾此举对周边地区天气的影响。诚然，随着气候问题的日益突出，某个国家可能会认为身不由己而必须单独行动以满足民众的需求。

一些地球物理学家和环保人士甚至拒绝试验地球工程战略。他们认为，开展地球工程研究会产生三大核心问题：第一，投资地球工程会分流环境保护资源，包括环保措施、开发清洁能源等；第二，研究小组可能会变成利益方，为使用其研发出的任何技术摇旗呐喊；第三，地球工程可能标志着“自然的终结”。一些国家和地区一旦开始直接调控天气模式，将持续面临控制天气的必要性和压力，以便满足当地和全球的需求。

鉴于我们对气候科学的认知有限，地球工程实验的规划可能会不合理，具有破坏性。掌控自然一直是人类的科学梦想，但事实不断证明，这只是天真的宏愿。即使我们真的能够控制天气，调和不同地区和国家的竞争性需求也绝非易事。

5 项要点

1. 地球工程是对地球自然系统的大规模干预。不过，在大多数讨论中，地球工程指的是通过减少温室气体或改变大气过程应对气候变化的理论性技术干预。

2. 许多科学家表示，凭借我们现有的科学知识干预大气系统既危险又不负责任，但地球工程的支持者认为，这能够补救人类过去数百年对环境和大气的破坏。

3. 若要实现气候稳定，即碳排放零净值，则必须同时做到减排和抵消已经产生的二氧化碳。仅依靠快速的技术方案无法实现这一目标，但技术不可或缺。

4. 若要负责任地推进地球工程，则必须制定全球政府间合作框架。目前存在的框架要素非常有限，而如果缺乏这一框架，危及全球的风险显然会更高。

5. 地球工程已成为政策制定者关注的新话题，目前得到的资金较少，积极试验也不多。对这套技术的治理必须考虑大量问题，包括应用这些技术的授权、风险更小的替代措施、跨境影响等。

第十六章
空间技术[①]

到2030年，空间技术预计将突飞猛进。航空航天技术、天文观测能力、微卫星研发、纳米材料、3D打印、机器人技术和机器视觉等领域将实现重大飞跃，开启一个规模空前的太空探索时代，带来科技和经济的高速发展。发达国家和发展中国家都将受益于太空领域的发展。研究者和企业将获得大量数据，从而催生全新的价值创造和交换流程。新的科学知识将激发创新和生态响应行为。太空资源的利用和生产制造将带来丰厚的利润，重新定义未来的工业贸易之路。如果太空交通管理、轨道垃圾清理、太空开采和外太空基本行为准则等领域缺少国际共识，那么上述所有的发展前景都可能受挫。

第四次工业革命与太空探索

第四次工业革命将让宇宙离我们越来越近。以美国太空

---

① 本部分与美国安全世界基金会技术顾问布赖恩·威登（Brian Weeden）联合撰写，世界经济论坛全球未来理事会“空间技术”议题组亦为本部分内容做出贡献。

探索技术公司（SpaceX）和私营航空公司“蓝色起源”（Blue Origin）为首，一些商业公司纷纷致力于提高进入轨道的能力，旨在大幅降低太空旅行成本。与此同时，英国宇航系统公司（BAE Systems）向喷气发动机公司（Reaction Engine）投资逾2 000万英镑，用于研发协同吸气式火箭发动机（SABRE）的推进技术。这一技术可让飞行器直接在地表与近地轨道之间往返，无须借助特殊的起落跑道和设施。[204] 美国国家航空航天局计划将人类送入深空，并最终登陆月球和/或火星，美国太空探索技术公司也在积极探索这一设想。新一批领军者正在推动太空旅行和小行星采矿，同时尝试拓展全球太空经济市场。此外，天文望远镜和卫星技术在地球与太空的应用能力均有所提高，人类或许可从全新角度思考太空如何帮助我们实现万事万物的情境化，包括推动创新和树立世界观。

未来数十年，太空资源或将真正用于生产制造，从而证明早期投资者推动太空领域商业化之举是明智的选择。此外，随着人类进入太空的能力逐渐增强，新兴产业将应运而生，包括太空探索、轨道清洁和维护与可帮助人们探访太阳系其他天体的虚拟现实平台等。这一切将缓解地球资源开采和消耗的压力。试想一下在此领域的广阔前景，就不难理解为何仅在2015年，各大投资公司就向太空领域新兴企业投入了18亿美元，[205] 这些资金投入的目的并不仅仅是将人类送入太空，当然，如果费用能够降至更多人可承受的范围，太空旅行的吸引力将大大增强。此外，新型先进材料是设计和生产太空服的一个重要部分，[206]有人提出，纳米材料可防太阳辐射，[207]还有很多新的空间技术可以运用数据改变我们的地球生活。

除了最先进的定制技术外，几乎所有空间技术的成本都在逐渐下降，即使卫星技术也不例外，目前正在逐渐转向生产体积更小、成本更低的卫星有效载荷。卫星数据更易获取，这将有助于监测农作物、野生动植物、人口分布、供应链和城市发展情况。卫星的通信线路可覆盖全球，让全世界40多亿无法使用互联网的人口也能接入网络。我们需要从新的视角思考如何掌控自身和周边的环境。例如，仅靠目前的计算机无法妥善应对未来可能产生的艾字节数据，但可以利用人工智能和新型计算机来处理这些海量数据。各国利益相关者必须秉持善意、齐心协力，人类才能充分发挥这些技术的积极价值。

例如，利用全球调查数据提高能源和运输效率，有助于解决系统层面的诸多问题，包括减少排放、优化能源分配、应对能源输送方面的挑战等。目前，几家初创的创新企业正在采用机器视觉算法，从卫星图像数据中提取信息，用于分析并生成贸易、农业、基础设施等方面的信息，指导相关行动。这种分析能力可以帮助下游利益相关者，满足其在社会和生态洞见及应用方面的需求。此外，太空探索的具体形式包括采用太空探测器、天文望远镜，以及开展深空项目和未来可能实现的人类太空旅行，在此领域的投资可催生更多科学知识。一个全新的时代即将来临，人类将重新认识如何适应全球和太空环境。

尽管空间技术拥有上述潜力，世界经济论坛在《2017 年全球风险报告》中仍将其列为良性无害的技术，认为空间技术与其他技术领域相比益处较少。这一结论有些出乎意料，毕竟人造卫星、太空探索、航空工程、地球科学和气候模拟都需要尖端应用与硬件的支持，更不用说那些推动开展上述一系列突破性项目的研究计划。不过，我们也可以从另一角度解读这一结论，即多年来多方利益相关者共同研发绕地球轨道技术，并取得了超乎大多数人想象的成就，如果说有人曾担心过安全问题，报告中的结论无疑证明了这些技术的安全性。

人们对部署空间技术的信任是有据可依的，而且空间技术综合了计算机、先进材料及能源技术，这些技术在《2017 年全球风险报告》的效益评估中居于前列。推进太空探索、发掘新的竞争优势，将为全球经济和社会发展带来更多机遇。对我们大多数人来说，在 2030 年考虑体验太空之旅还为时过早。不过，我们或许可以预订驾驶一辆真正的太空探测车，或利用虚拟现实装备操纵无人机，在不同的卫星之间遨游。空间技术已经连接了全球近半数人口，不久还将实现全球人人互联。

国际空间站推动创新

作者：埃伦·斯托凡（Ellen Stofan），美国国家航空航

天局首席科学家（2013—2016 年），伦敦大学学院灾害研究中心名誉教授，英国

国际空间站自成立以来，已完成或正在进行的实验超过 1 900 项，涵盖多个学科领域，包括人体健康研究。国际空间站拥有一系列多功能实验室，配备独特的设备和工具，可以开展失重实验。微重力环境会对人类本身及身体的运作机制产生许多特殊的生物学影响，如导致免疫系统和心血管系统的变化、骨密度下降或肌肉流失，以及视觉缺损。这些影响促使美国国家航空航天局及其国际合作伙伴积极探索降低风险的方法，同时加深了我们对地球上许多健康问题的认识。

目前，国际空间站上的研究正在不同的健康领域持续改变着医学和技术的面貌。现有研究表明，服用双磷酸盐类药物，养成健康的饮食习惯，并保持规律的日常锻炼，可以减少骨质流失。血浆可通过促进肿瘤灭活，帮助伤口愈合和抗癌，而微重力环境恰恰有利于血浆的研究。目前有研究正在探索微重力环境下优质蛋白质晶体的生长，有望为杜氏肌营养不良症患者提供更好的治疗方案。这些还只是在地球上空 320 千米开展的一部分研究。

国际空间站上开展了一系列关于人体健康的国际合作研究，其中许多研究已取得重要成果，推动了新技术的发展，催生了一批有助于挽救生命的新设备，在全球取得了显著成效。其中包括可为伤病者提供快速、准确医学

诊断的超声波扫描仪，目前已在国际空间站和地球上的一些偏远地区投入使用，还有用于监测和防止哮喘发作的便携式设备 NIOX MINO。此外，骨质疏松症和免疫系统变化的早期检测技术也得到了改进。甚至还有一些以其他目的为初衷的技术应用于人类健康领域，例如，机器手臂 neuroArm 采用了与国际空间站上用于升运重物和维护设备的太空机械臂（Canadarm）相同的材料与技术。如今，在 neuroArm 的帮助下，医生可以为置身于核磁共振成像仪器内的患者进行脑部手术。

除了火星登陆计划的日常准备工作外，美国国家航空航天局还与其他政府机构和私营企业合作，共同实施美国抗癌登月计划（Cancer Moonshot），探寻治愈癌症的方法。

一些研究团队正在开展免疫工程研究，致力于加深对疾病防治技术的认识，加快检测和治疗的速度。美国国家航空航天局为避免太空中辐射伤害而研发的先进技术，为癌症替代疗法的研究带来了新的方向，即粒子束放射疗法。这项技术可以让肿瘤细胞获得适量放射线的照射，而周围健康细胞受到的损伤较少。这并不是美国国家航空航天局首次涉足这一领域，此前它曾在国际空间站上开展微胶囊的制备研究，推动了癌症治疗的进展，并孕育了新的技术，用于生产一种特殊的微珠，可在 12~14 天内缓慢释放出包裹其中的治疗药物。

如今，我们对人体在地球和微重力环境中的表现有了更深入的认识，这些都得益于我们在近地轨道上积累的经验。然而，前路依然漫漫。未来，在距离更远、时间更长的太空旅行中，人类将面临更多的健康风险，我们必须继续携手应对。随着人类不断探索更遥远的疆域，新的想法和合作关系将会诞生，推动更加深入的研究，催生更加丰富的空间技术，为全人类造福。

准入门槛降低，成功难度提高

空间技术为人类造福良多。卫星为我们提供每日不可或缺的服务，以确保全球金融网络同步，监测气候变化，实现自然资源可持续管理，为偏远地区提供教育和关键服务，及早预警自然灾害等。然而，与其他许多行业一样，随着技术的进步，空间产业正处于巨大变革的风口浪尖。面对这一变革，空间技术要继续为人类社会带来更多福祉，必须克服产业面临的潜在挑战。

空间产业通常被视为技术进步的前沿，但事实并非如此简单。20 世纪 50—60 年代，在早期太空时代，政府的巨额投资的确催生了众多新科学和创新成果。衍生技术为未来产业的发展播下了种子，例如微芯片和软件工程。然而，高昂的空间发射成本和严酷的空间环境对技术的稳定性与相应能力提出了越来越高的要求，这在某种程度上限制了创新，也提高了这一领域的准入门槛。

如今，尽管空间产业掀起了创新热潮，但是大多数来自其他行业的“衍生”效益。比如，太空时代催生出的微芯片和软件产业如今已日趋成熟，正通过两种重要形式“回馈”空间产业。其衍生效益之一是技术上的进步。用于生产智能手机、笔记本电脑和其他计算设备的基础架构，正被用于开发更智能、更快速、更低价的新一代太空组件和卫星。云计算的兴起推动了信息处理和存储的商业化，而信息正是大部分卫星的主要输出。3D 打印、高级机器人、人工智能等新技术的涌现，也突破了卫星制造和应用能力的传统局限。例如，太空制造公司（Made in Space）可以在国际空间站打印 3D 产品，NovaWurks 公司正在研发模块化的卫星组件，使之能在轨道上实现自行组装或重组。

另一个衍生效益是资金和劳动力带来的产业发展。科技世界充斥着目光敏锐、四处搜寻投资机会的风险投资家，也不乏渴求迎接新挑战的优秀年轻工程师。他们中的许多人从小怀揣着太空梦，有的崇拜现实生活中的宇航员，有的沉浸于科幻小说。在梦想的激励下，这些专业人士乐于为空间事业贡献力量，从中寻求新鲜感和兴奋感。举个例子，美国卫星公司 Planet 是由美国国家航空航天局前工程师在硅谷创建的新兴太空公司之一，它的发展动力来自更广阔的 IT 领域的软件和硬件工程人才。

随着技术、资本和人力资源的大量涌入，空间产业掀起了变革和创新的浪潮。遥感、通信、精密导航定位与定时等传统应用更富成效；设计、制造、发射和运营卫星的成本不断降低；存储、处理和管理卫星数据的能力日益提升。同时，新兴空间活动不断涌现，包括：以更经济的方式发射卫星；计划在太空中制造卫星和其他物品；为空间资产提供维护和燃料补给，以提升服务时间和能力；从小行星上开采水和珍贵的矿物资源。凡此种种，都已具备可行性（见表3）。

表3　新兴航天企业（按目的地分类）

	企业名称	航天工具或太空飞船	服务范围
太空访问	Blue Origin	新谢波德飞行器、双锥舱太空飞船	亚轨道和轨道发射服务，包括载人航天飞行
	Masten Space Systems	Xaero、Xogdor	亚轨道小型有效载荷火箭发射
	Virgin Galactic	“太空船二号”“发射者一号”	亚轨道小型有效载荷火箭发射、亚轨道载人航天飞行、空射纳米卫星发射
	XCOR Aerospace	“山猫号”太空飞船	亚轨道小型有效载荷火箭发射、亚轨道载人航天飞行、纳米卫星发射
	Orbital Sciences Corporation	飞马座、金牛座、安塔瑞斯、天鹅座	轨道卫星发射和国际空间站货运服务
	SpaceX	“猎鹰9号”“猎鹰重型”“飞龙号”	轨道卫星发射和国际空间站货运服务，计划到2017年进行轨道载人航天飞行

（续表）

	企业名称	航天工具或太空飞船	服务范围
	Stratolaunch Systems	“平流层发射”飞机	空射轨道发射服务
	United Launch Alliance	阿特拉斯 5、德尔塔 4	轨道发射服务
遥感技术	Planet Labs	鸽子卫星、Flock 1 卫星星座	地球影像动态监测，采集数据可通过网站公开访问
	Skybox Imaging	SkySat 卫星	地球影像和高清视频动态监测，数据分析，采集数据可通过网站公开访问
近地轨道载人航天飞行	Bigelow Aerospace	BA 330	轨道或月球上提供可充气式太空站
	Boeing	CST-100 宇宙飞船	近地轨道载人运输
	Sierra Nevada Corporation	“追梦者”航天飞机	近地轨道载人运输
	Space Adventures	“联合号”宇宙飞船	近地轨道和月球载人探险
近地轨道之外的探索	B612Foundation	Sentinel 项目	探测及绘制具有潜在威胁的小行星
	Inspiration Mars Foundation	“灵感火星”太空旅游计划	载人火星飞越探险
	Moon Express	“月球快递”计划	勘测及开采月球资源
	Planetary Resources	Arkyd 100、Arkyd 200、Arkyd 300 探索飞行器	勘测及开采小行星资源

资料来源：美国国家航空航天局，2014

不过，空间产业的变革让现有挑战变得更为复杂，同时也带来了新的挑战。由于准入门槛大大降低，各国公共部门和私营企业纷纷投身空间活动；随着技术的大量涌入，发射卫星的数量呈数量级增长。目前，超过 70 个国家至少拥有或运营一颗在轨卫星，最新加入的国家包括伊拉克、乌拉圭、土库曼斯坦和老挝。此外，未来 10 年内约有 12 000 颗商业卫星计划发射升空，提供宽带网络等服务。这导致绕地轨道上的常用高度越发拥堵，为追踪和管理空间交通、探测和防止轨道冲撞带来了困难。此外，随着空间和地面服务对带宽的需求持续增长，无线电电磁频谱也日趋紧张。由于军事和国家安全领域越发依赖对空间的利用，人类冲突未来很可能由地球延伸到太空，从而妨碍今后对空间的有效利用。

这些挑战并非不可逾越，事实上，人们已开始着手解决这些问题。各国已就一些最紧迫的安全问题展开双边或多边讨论，并制定措施以提升透明度、建立互信，消弭不信任。各国还致力于通过公私部门合作，为确保空间活动的长期可持续性探索最佳做法，包括控制空间碎片的产生、提升空间态势感知、规避轨道冲突等。不过，空间产业要在可预见的未来发挥最大价值，造福人类，还需国际社会投入更多努力。

空间技术的进一步发展有赖于在以下 5 个方面的统筹领导和创新治理：

- 健全国际监管体系，设立规范私营企业投入的机制。联合国和平利用外层空间委员会成立于 1959 年，负责统筹所有空间活动相关的法律问题。然而，目前该组织框架下缺乏相应体制规范私营企业的空间活动。此外，有必要效仿二十国集团工商峰会，聚集所有进入空间领域的企业，建立相应平台，致力于共享信息，创造新机会，携手应对挑战。

- 在空间采矿和其他私营部门资助的空间活动上，确保国家与国际监管政策的一致性。随着私营部门投资的不断增加，政府需要依据国际监管准则对相关商业行为施以国家法律的约束。尽早解决监管问题，能够确保市场新来者的行为更加规范和诚实。
- 建立新的空间交通管理系统。随着空间领域的参与者越来越多，亟须建立更强有力的系统，管理绕地轨道上的所有空间物体，无论其是否处于工作状态。目前商用卫星数量激增，各方必须共同商定轨道使用的协议和准则，保障空间产业的健康发展。
- 采取有效措施减少空间碎片。尽管相关纲领性准则中规定，必须持续管理正常工作和已失效的卫星，以及完成任务的火箭箭体，但目前缺乏正式的执行机制确保所有参与者切实保障和维护绕地轨道的安全。随着在轨物体的数量与日俱增，需要确立相关协议，保障投资安全和人员安全。
- 一些较小的国家可能缺乏必要机制管理和控制其领土范围内的相关空间活动，有必要在此方面采取行动，否则国家和非国家的新参与者进入空间领域后可能产生难以预料的冲突。必须建立明确有效的机制，确保所有国家遵守已制定的空间活动行为准则。

5项要点

1. 空间技术及其相关技术的发展正处于“拐点”时期。随着私营企业的成长和政府投资的增加，空间探索和商业化进程不断向前迈进，全球空间应用的部署也随之激增。对渴求挑战的工程师和投资者而言，空间领域蕴含巨大的机遇，而可以参与开拓这一领域的未来更是令人激动不已。

2. 工程师、监管部门和投资者等多方利益相关者通过多年合作，逐步建立起信任，认为空间技术的部署较为安全。未来各方仍需持续合作，共同应对前方的重重挑战，包括空间碎片急剧增多、空间交通缺乏协调，以及缺少通用的空间活动准则。

3. 空间领域不仅衍生出了微芯片、软件工程等丰富的相关产业，而且与这些衍生产业之间形成了正反馈回路，通过吸收先进技术等形式分享这些产业的发展红利。移动计算、电池、3D 打印和人工智能技术的发展都将有助于提高空间技术的效率，推动新兴空间技术的繁荣。

4. 空间领域的新挑战包括：管理新进入空间产业和使

用轨道的参与者；随着卫星数量的增多，企业在空间领域投入更多资源，亟须缓解轨道拥堵；合理共享无线电频谱和带宽；为未来潜在的空间资源开发行为制定规则和规范程序。

5. 多方利益相关者应协调一致、相互配合，增加公私合作模式下的互信，确保对空间资源的利用诚实公平，避免引发地缘政治冲突，促进包括较小国家在内的整个国际社会公平利用空间资源，以及制定空间活动准则。

结　论

助力塑造第四次工业革命

本书的“构建第四次工业革命框架”一章探讨了世界变革的动态、价值观、利益相关者和各项技术，为各行各业领导者和社会公众创造了机会去更深入地思考技术与社会之间的关系，了解我们的集体行动（或无所作为）如何开创（或影响）未来。

然而，尽管第四次工业革命要求我们转变思维模式，但仅仅意识到发展和应用新兴技术所蕴含的变革速度、颠覆规模与新型责任还远远不够。所有组织、行业和个人都必须发挥“系统领导力”，积极开展行动，包括采取全新策略来解决技术、治理和价值观等问题。

对政府而言，亟待采取的行动是加大投入力度，制定更敏捷的治理方法和战略，为社区赋能并让企业和公民社会组织深度参与进来。对企业而言，当务之急应是了解第四次工业革命技术及相关试点项目带来的机遇，制定或采用全新的工作方式，敏锐洞悉其对员工、客户和社区的影响。对个人而言，头等大事应是围绕本书提出的话题，在本地、国家和全球层面参与对话，同时把握一切机会，直接了解和亲身体验各项新兴技术。

在技术巨变的时代，我们在表现活跃的同时也有责任采取行动。技术和技术架构变得越成熟，在默认情况下形成的应用和习惯就越多，从而越难以使得各个系统达到均衡状态，去真正服务于尽可能广泛的社会、国家和行业。第四次工业革命呈现出空前的速度和规模，这意味着当今世界不可懈怠——未来世界，人工智能、基因工程和自动驾驶汽车等技术盛行，其能力日趋成熟，而且虚拟世界同现实世界一样难以驾驭，因此我们必须团结协作，建立规范、标准、规则和商业实践，致力于服务全人类。

每天，媒体都在报道世界各地的经济体和社会面临着无数风险与压力，如不平等不断加剧、政治分化日益严重、信任度逐渐下降和生态环境日渐脆弱等，而对做出相应决策所需的多方利益者协作和领导力而言，这些既是动力又是障碍。本书认为，单靠某个公司、行业、国家甚至大洲，都不足以应对这一系列挑战。解决这些挑战需要集体领导力（互相协作和鼓舞人心的领导力），才能应对系统性变革，为地球和各个社会创造更美好的未来。

第四次工业革命具有复杂性、变革性和分散性的特点，因此需要一种新型领导力——我们称之为“系统领导力”。

系统领导力在于与国际社会的所有利益相关者携手合作，针对变革建立共同愿景，然后遵照这个愿景开展行动，致力于改变该系统实现效益的方式以及相应的受益者。系统领导力既不提倡自上而下的控制，也不呼吁权势群体带来潜移默化的影响，而是一种为所有公民和组织赋能的模式，促使他们在相互问责和协作的环境中进行创新、投资与创造价值。归根结底，它是一系列互联互通的活动，目的在于转变社会和经济体系的结构，在前几次工业革命止步向前的领域高歌猛进，持续造福全体公民，包括我们的子孙后代。

在第四次工业革命时代，系统领导力可分为三个重点领域：技术领导力、治理领导力和价值观领导力。系统领导力需要普通公民、企业高管、社会影响者和决策者等所有利益相关者共同行动。

在需要通过协作解决问题的背景下，我们应该共担责任，成为系统领导者。然而，如第一章末尾所述，政府、企业和个人也需要各司其职。

技术领导力

要成为任何领域的技术领导者，甚至快速跟随者，都需要对技术投资的资本配置比例做出决策，在技术路径和平台中进行抉择，调整全价值链上的组织架构、技能、需求和关系，为利益相关者创造更大的价值。以往的三次工业革命告诉我们，绝大部分价值由采取和利用新技术的企业创造，它们在提高商品和服务质量的同时降低成本。

目前，一些新产品、新服务与新流程正在改变现有的价值创造方式，而世界上最具创新力的公司、政府和公民社会组织正在整合这些新产品、新服务与新流程中所采用的新技术。例如，新加坡有一款应用程序 myResponder，通过向心脏停搏患者方圆 400 米内的志愿者发出救助信号，然后利用定位功能拯救生命，并为护理人员提供相应支持。再如，阿迪达斯与硅谷初创公司 Carbon 合作，采用快速 3D 打印技术，批量生产轻质耐穿的运动鞋鞋底夹层。[208] 然而，那些还未处于创新前沿的组织如何才能把握新兴技术带来的机遇呢？

首先，第四次工业革命的所有技术均依赖且建立于数字系统，这意味着这些组织要尽可能多地投资数字通信和协作工具、数据管理和网络安全。如今人们常说“数据就是新时代的石油”，[209] 这是一个不错的类比——数据是具有重要意义的资产，但往往有待挖掘。在大多数用途上，数据须经筛选提炼才能发挥作用。然而，使用前需要大力投资战略决策和技术架构，对形形色色的（有时候过于海量的）数据流进行分类、存储、分配和分析。

此外，正如石油一样，数据泄露也可能造成灾难性后果。事实上，新的计算方法、人工智能以及日益增长的个人数据应用案例正不断结合，以惊人的速度加快网络风险的发展。与石油一样，数据保护也有着重要原因，但是为了充分利用这一资源，我们必须设法将数据视为用于共同利益的集体资产，而非完全由少数权势组织转让和利用的私有化资源。

其次，新加坡应用程序和阿迪达斯的案例表明，成为技术领导者意味着需要采取协作的创新战略。组织内的学习、提升和专业化过程说明，内部的研发模式非常有利于在特定产品类别内对现有客户实现渐进式创新。然而，克莱顿·克里斯坦森（Clayton Christensen）等人的研究显示，这些模式不能在全新的市场上有效地创造和适应颠覆性产品——而这正是第四次工业革命技术预示的产业格局。第四次工业革命时代的技术领导者需要与广泛的外部合作伙伴协作，其中可能包括朝气蓬勃的初创企业、学术机构或各行各业的组织，它们可以提供截然不同的视角、方法或市场准入机会。

最后，充分利用新技术需要高管和员工都拥有新技能与新思维。世界经济论坛 2016 年发布的《未来就业报告》（*Future of Jobs*）显示，随着新技术、商业模式和市场的发展，所有行业将有 35% 的技能发生改变。麦肯锡全球研究院的一项研究显示，尽管基于现有技术，目前只有 5% 的职业可完全实现自动化，但是近 60% 的当前岗位有至少 30% 的任务可由计算机执行。[210]

经济咨询公司 AlphaBeta 的最新研究显示，技术对技能的影响至今并未造成普遍失业现象，而是增加了员工花费在创新、人际交流和信息整合上的时间。该咨询公司估计，以澳大利亚为例，标准的一周工作时间内，有两个多小时从常规的体力和行政工作转变为更加愉悦的，可以为公司创造更大价值的活动。[211]

图 24 显示了这些转变所急需的技能。这说明创新技能和人际交流技能的重要性正在不断提高——意味着组织应该投资招聘和培训项目，重视问题解决能力、管理技能和创新技能，从而在第四次工业革命中蓬勃发展。

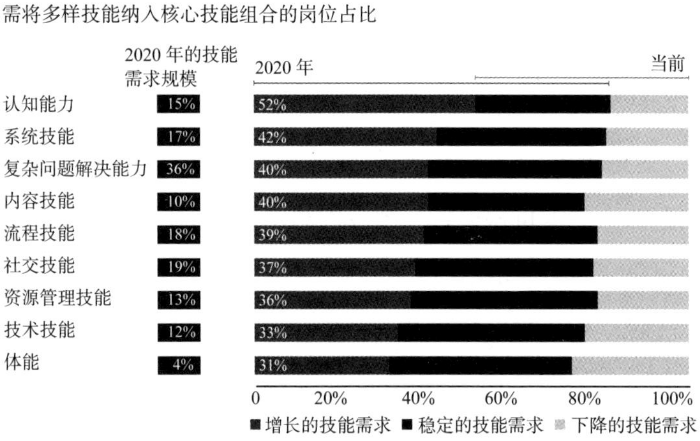

图 24　所有行业核心工作相关技能的需求变化（2015—2020 年）

资料来源：《未来就业报告》，世界经济论坛

治理领导力

虽然新技术的效益主要通过私营部门的渠道实现，但是这些效益的质量和分配与技术的治理方式息息相关。然而，治理

不仅仅关乎政府（制定法律法规的正式机构）。治理包括制定和使用标准，具备可以约束或支持使用技术的社会规范、私营部门的激励方案、专业机构的认证和监督、行业协议，以及组织在与竞争对手、供应商、合作伙伴、客户的关系中自愿或根据合同应用的各项政策。

第四次工业革命的特点之一，也许是整个21世纪的特点之一，就是变革增速之快，令许多国家机构难以适从。突飞猛进的技术变革对决策者和政府都带来了格外严峻的挑战。

第四次工业革命要想在当今和未来保持颠覆意义，就需要领导者从两个不同的视角进行治理。

第一个视角需要领导者重新思考“我们在治理什么，为什么这么治理”。前几次工业革命中围绕技术治理的争论，焦点往往放在公共部门的角色上，即确保创新成果不会危害到人类健康或环境。这仍是第四次工业革命技术的关注重点，但是，如上述各章内容所述，新兴技术也引发了一系列新的担忧，如劳动力市场影响、人权保护等。

为确保第四次工业革命的效益与风险得到妥善管理，我们需要特别重视以下8个跨领域治理问题：

- 什么样的机制可以确保第四次工业革命能够缓解而非加剧国内收入与财富不平等状况？
- 新兴国家和发展中经济体如何才能采用新技术与新系统，以快速促进人的发展和经济发展，并减少国家之间的不平等？

- 要管理第四次工业革命将对劳动力市场造成的颠覆性影响，需要什么样的新政策、新方法和社会保障体系？
- 应该如何（重新）设计技能发展、就业模式和技术体系，以确保人类劳动和创造力得到增强，而不是被取代？
- 鉴于第四次工业革命技术赋予个体和群体的力量，社会应该如何避免在个人自由和集体繁荣之间进行权衡取舍？
- 鉴于新兴技术的预测力和影响力，什么样的规范、标准或规则才能确保民主参与和公民能动性？
- 第四次工业革命的发展动态和颠覆作用对不同性别、不同文化以及发言权较小的群体有何影响？可能需要哪些新角色和新机遇？
- 各个社会如何才能确保共同使命感，即精神和人际关系仍是核心的价值源泉？

第二个视角是超越治理内容的层面，重新思考治理方式的问题。无论是本行业还是跨行业层面的标准，都是异常强大的治理机制，在第二次工业革命和第三次工业革命时期已经不可或缺。为第四次工业革命制定技术标准的工作已经展开。2016年，国际标准化组织（ISO）颁布了15066：2016标准，聚焦协作型工业机器人系统的安全要求。[212] 国际标准化组织目前还在围绕无人驾驶飞机系统和民用无人机制定4项标准。[213] 事实上，自1946年起，已有160多个国家标准组织在国际标准化组织框架内携手合作，发布了约22 000项全球标准，几乎涵盖了科技和制造业的方方面面与多种服务活动。

为了建立正确的标准，尤其是反映共同价值观和利益相关者优先事项的标准，专业社区的作用不可或缺。例如，电气电子工程师学会汇聚了423 000名会员，促使他们在各个组织之间建立共识，并在一系列电气和数字系统内提供安全性、可靠性与互操作性标准。此外，该学会在人工智能领域也提供了指南，说明他们正在深刻思考这项技术带来的广泛影响，而不只是关注技术要求或合规性。这种对技术环境的敏感性可能源于学会的发展历程，可追溯到第二次工业革命发轫之初的1884年，当时电通过电报、电话和电力形式对社会造成深刻影响。

制定标准是技术治理的必要组成部分，但是鉴于第四次工业革命的范围、影响和速度，当前技术标准或政府法规的制定方法已远不能满足要求。面对第四次工业革命，技术治理的领导者需探索更具灵活性、适应性和超前性的新型治理方法。

这也正是世界经济论坛第四次工业革命中心的核心目标。该中心位于美国旧金山，于2017年3月正式成立，旨在作为促进全球合作的新型平台，致力于制定原则和框架，加快科学和技术在全球公众利益领域的应用。在公共部门、私营部门和公民社会合作伙伴的通力协作下，这些框架将通过试点和快速迭代接受测试，初期将涵盖9个重要的治理领域，如表4所示。该中心的最终目标是在全球各地助推一系列类似机构和活动，在国家层面汇集多方利益相关者的力量，共同解决新技术带来的问题。此外，通过世界经济论坛全球未来理事会，特别是理事会的技术、价值观和政策议题组，该中心正在探索各种创新的灵活治理方法。

表 4　第四次工业革命中心的项目

中心的项目	相关的世界经济论坛系统行动倡议
为中小企业加速制造创新	生产的未来
人工智能与机器学习	跨中心项目
区块链—分布式账本技术	跨中心项目
无人驾驶交通工具	交通运输的未来
民用无人机	交通运输的未来
数字贸易与跨境数据流动	国际贸易与投资的未来；数字经济与社会发展的未来
海洋新愿景	环境与自然资源安全的未来
物联网与互联设备	数字经济与社会发展的未来
精准医疗	健康与医疗的未来

资料来源：世界经济论坛

诚然，政府在为社会确定更灵活的治理结构方面会起到关键性作用，但是，第四次工业革命的技术治理不可以也不应该由政府独自承担，而是多方利益相关者共同面临的一项挑战，影响着每个部门、行业和组织。如果各组织助力建立更有效和可持续的技术治理方法，那么它们就可以在塑造未来的过程中产生巨大而积极的深远影响。

价值观领导力

系统领导力不只是投资更优秀的技术领导力和全新的治理模式。为了激发动力、说明团结协作的重要性，领导者还需要从价值观的角度来迎接第四次工业革命。社会价值观可以激励并支撑技术合作，同时实现效益最大化，而不是为单一利益相关者带来最大回报。

价值观是一个错综复杂的话题，但是允许存在多样观点、激励机制和文化语境，并不意味着可以缺乏共识。无论我们的目标如何，为子孙后代保护地球的重要性、人类生命的价值、国际人权原则、对全球公域问题的热忱关注等都可以作为出发点，并让我们开始认识到，技术发展的真正目标最终且永远是地球和人类。简而言之，第四次工业革命的未来之路是一条以人为本的复兴之路。

在第一章中，我们将“以人为本”定义为，为个体和社群赋能，并为其提供改变世界的意义，促使他们发挥主观能动性。实际上，这意味着需要关注技术对我们宏观环境和社会系统造成的影响，确保新兴技术支持可持续发展目标，以及公平分配物质财富的经济制度和机制。要实现以人为本，我们还需要在国内和国际上保护与提高公民权利，特别是那些人微言轻的弱势群体。最后，虽然数字技术正在日益决定我们的行为，使我们的体验碎片化，但是推动以人为本的议程意味着提高个体构建日常生活意义的能力。要实现以人为本，新兴技术必须积极推动更和谐、更有意义的人际互动。

因此，价值观领导力应该是主动的，而非反应式的——价值观应该发展成为技术系统的一个积极特点，而不应被视为“缺陷”，或仅仅是事后聪明。

社会对技术能力的变革并不一定是完全反应式的。每个社会都有权力决定未来的发展方向，使用哪些技术为目标服务。制定基于价值观的技术发展策略，意味着认识技术的政治性，将社会价值观置于首位，深刻思考各组织如何丰富价值观的内涵，将价值观纳入我们开发和应用技术的过程，用以调和社会和经济交流。这需要我们思考，当我们做出与技术相关的重要决策时，技术如何塑造和影响我们自身的价值观与观点。最后，基于价值观的方法依赖他人（甚至是那些通常没有发言权但受到影响的人）提供意见，共同决定我们希望如何影响技术发展。

领导者拥有改变企业和社区如何利用技术的最佳机会。经济压力会激励人们开发大量技术，并思考这些技术有何系统性影响、会通往何种未来，但从长远来看，我们也要学会摆脱这些压力。在初创企业甚至大企业文化中，每当遇到棘手决策，特别是基于价值观的决策时，人们往往指望领导者指示如何行动。对社会价值观的坚定承诺会影响整个组织，为希望通过工作积极回馈社会的员工提供使命感，也会从内部和外部对组织的声誉带来影响。

利益相关者战略：政府应该如何行动

发展系统领导力，人人有责。然而，政府、企业和个人等利益相关者的角色不同，面对的机遇不同，因为采取的具体战略也不同。

战略1：采取灵活治理方法

政府面临的最紧迫任务是为新的技术治理方法开放空间。正如世界经济论坛白皮书《灵活治理：重构第四次工业革命中的决策制度》（*Agile Governance: Reimagining Policy-making in the Fourth Industrial Revolution*）[214] 所述，技术发展的速度和技术呈现的若干特征，使得之前的决策周期和机制捉襟见肘，这些特征包括传播速度快，跨越管辖、监管和学科边界，以及在融入和表现人类价值观与偏见时越发明显的政治性。改革治理模式以应对新技术的理念并不新鲜，但是鉴于当前新兴技术的巨大力量，此次改革的迫切性大大增强。

作为一种必不可少的战略，灵活治理可以调整政策的构思、商议、颁布和执行方式，从而在第四次工业革命中创造出更好的治理成果。受《敏捷宣言》（*Agile Manifesto*）[215] 和世界经济论坛全球议程理事会“软件与社会的未来”议题组报告[216] 的启发，灵活治理的概念试图将技术本身的敏捷性、流动性、灵活性和适应性与采用它们的私营部门主体相匹配。

政府在寻求增强灵活性的过程中，必须努力克服一系列风险甚至矛盾。毕竟，公共部门的决策往往有意体现慎重性和包容性，这种特性似乎与加快推进过程和产生成果的意愿背道而驰。确实，在很多情况下，最适当的行动是从容停下脚步，进行更加全面的思考，旨在获得最佳成果。正如白皮书所述，政府肩负的独特责任意味着灵活治理不应该只为了追求速度而牺牲严谨性、有效性和代表性。[217]

然而，政府迫切采用灵活治理方法的一个重要原因在于，灵活性有助于建立更加包容和以人为本的新机制，让更多形形色色的利益相关者参与进来，同时实现快速迭代，从而更有效地满足治理对象的需求。

从长期来看，灵活治理也可助力制定更可持续的政策，推动对政策的持续监控和频繁“升级”，还可以支持政策的实施，并与私营部门和公民社会分担工作量，从而维持相应的制衡状态。

然而，灵活治理实际上是什么样的？为顺应第四次工业革命，政府应该探索、促进或试点的治理模式包括：[218]

- 建立政策实验室——在政府内设置受保护空间，明确授权使用灵活原则，对新的政策制定方法进行试验，如英国内阁办公室政策实验室。[219]
- 鼓励政企合作，建立“发展沙盒”和“试验测试平台”，使用跨部门的灵活迭代法制定规章制度，英国国家科技艺术基金会首席执行官周若刚（Geoff Mulgan）对此有所论述。[220]

- 支持众包政策和监管内容，建立更具包容性和参与性的决策机制。以 CrowdLaw 平台为例，该平台旨在使公众能够提出立法建议、起草法案、监督实施和提供数据，以支持制定新法律或修正现行法律。[221]
- 推动建立私人监管机构生态系统，鼓励它们参与市场竞争，按照首要社会目标施行高质量治理，吉莲·哈德菲尔德（Gillian Hadfield）在《扁平世界的规则》（*Rules for a Flat World*）一书中提出了这项建议。[222]
- 制定、普及和要求采用创新原则，为接受公共资助的研究者、企业家和商业组织提供指南，从理查德·欧文（Richard Owen）等人提出的"负责任创新"概念[223]到希拉里·萨克利夫（Hilary Sutcliffe）提议的"可持续创新原则"[224]都提出了这一模式。
- 推动在科学研究中采用公众交流、基于场景的前瞻性方法以及社会科学和人文学术方法，如戴维·H. 古斯顿（David H. Guston）提出的"预期治理"模式。[225]
- 支持全球协调机构发挥作用——提供监督，激发公众讨论，评估新兴技术的伦理、法律、社会和经济影响，如加里·马钱特（Gary Marchant）和温德尔·沃勒克提出的"协调治理委员会"[226]，或吉姆·托马斯（Jim Thomas）提出的"新技术评估国际公约"[227]。
- 建立新的技术评估方法，将更广泛的公众协商和参与结合起来，确认和反思对研究和商业化决策造成影响的价值观、激励机制和政治因素，如罗德迈耶（Rodemeyer）、萨雷维茨（Sarewitz）和威尔斯登（Wilsdon）就提出了这一模式。[228]

- 将世界经济论坛全球议程理事会“软件与社会的未来”议题组（2014—2016年）提出的各项原则纳入“灵活治理原则倡议”，旨在“提高效率，改善公共服务和公益事业，提高政府机关响应变革的能力”。[229]

战略2：跨界协作

政府必须紧急采取的第二项战略是对灵活治理举措的必要补充——致力于实行跨越传统行业、机构和地理边界的全新工作方式。

第二部分所述的技术部署和影响都不局限于任何一个领域或管辖区。如《第四次工业革命——转型的力量》一书所广泛探讨的，无论是在研究领域、政府部门还是组织部门之间，学科和机构边界的存在可能会降低而不是提高政府响应的成效。

界限可以被打破。以新加坡公共服务学院为例，该学院为政府机关和工作人员提供机会，在公共服务领域进行学习和协作，而管理该学院的理事会由来自不同政府部门、总理办公室和当地学术合作伙伴的4位常任秘书组成。[230]

打破界限并不意味着营造自由放任的氛围，共享数据时尤其如此。我们有充分的理由去保护数据来源，认真考虑适当的连通级别，特别是在人权可能遭到损害的情况下。因此，机会在于寻找新的模式，既要考虑到未经授权或不道德使用新技术的可能性，又要考虑到有些效益须经多方利益相关者协作才能实现。在这方面，医疗数据是一个典型例子：不同医疗服务提供方和研究组织之间共享大量基因组数据，获得许多挽救生命的机会。然而，滥用基因信息的可能性也相当大，这意味着，大多数管辖区仍需要对患者授权和医疗数据共享实行严格管制。

跨部门协作的一个新模式是，提议公共部门和私营部门达成数据共享协议，旨在“紧急情况下打碎玻璃”，从而克服这些人道主义领域的限制。这些举措仅在预先约定的紧急情况（如流行性疾病）下才开始启动，有助于减少延误，改善现场急救员的协调工作，临时允许进行平常情况下被视作非法的数据共享。[231]

利益相关者战略：企业应该如何行动

战略 1：边做边学，培育人才

对商业领袖而言，最重要的战略是大胆尝试。第四次工业革命仍处于早期阶段，人们还远未充分认识到新技术的潜能。然而，如第二章所述，我们可以预测这场革命的一些动态，比如越来越多的颠覆发生在行业和组织的外围领域。企业需要对新技术拥有最低可行的理解力，能够看到更广阔的格局和可能处于外围的机遇。企业必须不断精进，保持好奇心，花时间了解不同领域的进步，愿意尝试新技术。只有亲自体验技术，组织才能明白自己可以如何行动。

企业不应该畏惧人工智能、新材料、生物技术和物联网应用等技术：即使是规模较小或刚刚起步的公司，只要勇敢迈出第一步，就会觉得一切容易很多。例如，日本农户小池真由（Makoto Koike）使用机器学习软件 TensorFlow，帮助自家农场分拣黄瓜，体现了如何将新技术创造性地应用于全新的场景。[232]

尝试会引人深思，揭示技术可以做什么、不可以做什么：一些技术解决方案被广泛吹捧，但不一定值得重金投资。我们通过尝试就可以知道技术发展到何种程度才恰到好处。

为了充分利用技术试验，企业必须重视那些掌握系统知识并能将知识用于新创企业的人才，并投资培养现有员工的技能。这不仅包括提高员工的技术能力，而且要确保实行互相协作、愿意冒险和包容失败的企业文化。怀有企业家心态的公司可以创造出宝贵的财富，因为员工在创新领域的前沿积累专业知识，并为衍生公司挖掘增长机会。

战略 2：采取和参与新的治理方法

企业必须仔细审视其内部领导力和外部协作与新技术使用的联系，并考察这些新技术的构思、获取、开发、部署、整合及维持方式。从搭建全新的组织架构到拥抱新的政策或商业实践，单个企业所采取的治理方法可以塑造规则，对产业链上下游所有企业的公司文化和行为产生影响。

除了专注于自身的组织架构外，企业还必须愿意参与精心策划的协同行动，围绕管理和开发技术来建立新的规范，比如前文所述的多方利益相关者治理措施。在组织内部营造强烈的使命感、制定伦理行为准则、全面了解技术影响等举措都可以发挥强有力的变革性作用，改变内部结构、与其他利益相关者协作、塑造思维和行为等方式可以有效地将激励机制与更为宏大的目标协调一致。

在此过程中，企业必须采取适当的战略来应对新风险，并将这些战略融入企业的整个治理系统之中。需要特别注意的是，随着人工智能、物联网、区块链以及其他新兴计算和数字技术的快速发展，许多企业准备不足，无力应对其中的网络风险。关于数据外泄、比特币抢劫和物联网漏洞的报道已屡见不鲜，说明随着互联互通的数字技术日益拓展，这些技术的利用方式也会层出不穷。有鉴于此，企业必须部署周全的网络风险战略，以保护资产、提高能力，并与利益相关者和客户建立信任。

战略 3：在开发和实施技术的同时密切留意机会

归根结底，企业必须转变技术发展的思路。要关注的远不止研发和产品开发，企业还必须展望这些技术如何发挥资源或产品的作用，并认真思考在开发、获得或部署这些技术的过程中，它们的组织文化将如何影响其他组织的文化。

第四次工业革命中的许多技术将产生广泛影响，但这些影响仍易受塑造，这在本书中已有反复论述。例如，自动化的影响在很大程度上取决于机器人系统的开发方式和目的。许多技术对环境的影响将取决于哪些利益相关者参与设计，如何采购材料，以及就如何维护、回收或处置废弃物达成何种类型的自愿协议。

企业必须制定相关流程，仔细研究这些更广泛的非线性影响。企业必须努力了解，组织流程和激励措施更青睐特定机会，如何能够打开视野，帮助企业赋能员工、客户和当地社区，增强他们的力量。若想实现这一点，需要采取宏观视角，全景环视潜在冲突和负面后果，勇于面对新技术对企业、客户和社会产生的影响。例如，物联网企业可能需要考虑城市内传感数据的可用性将对各行各业产生什么负面影响。

采取这种战略将大大有助于企业与客户和监管机构建立信任。确实，从一开始就与监管机构建立关系，就新兴技术可能如何改变现状达成广泛谅解，有助于塑造监管环境。确定负面后果后，在各个利益相关者群体之间寻求制订解决方案，这有助于按照各方的共同需求创造普惠包容、持续发展的未来。

利益相关者战略：个体应该如何行动

战略 1：探索、尝试和展望

像企业这样的个体需要愿意了解新技术。有时候，这有助于预防对自身和其他企业造成负面后果。例如，如果个体未选择采取安全措施，如高安全性密码或双层验证，就易于遭受诸多网络风险。在其他情况下，新兴技术的“大众化”（如第二章所探讨）为个体提供机会，参与塑造这些技术的发展方式，即使这些个体并非高管或工程师。今天，个体通过直接体验了解新技术的机会无处不在，比如参观当地的开发创新实验室[233]，3D 打印自己的设计作品，参加社区生物黑客研讨会等。[234]

个体一定要了解数字技术的界面和服务背后发生了什么，这对积累和分享经验至关重要，而这些经验可以反馈给企业和决策者，他们代表了社区利益相关者的观点、愿望和价值观。培养使用第二部分探讨的新兴技术所必需的技能，比很多人想象的更容易。例如，非营利机构 fast.ai 提供为期 7 周的深度学习课程，面向所有拥有基础编程经验的学习者，如此一来，非专业人士也可以在自己选择的应用领域使用最新的机器学习工具。

探索和尝试新技术还意味着思考我们希望创造怎样的未来。我们都必须牢记，未来属于即将到来的新生代。展望技术与社区在未来将如何融合至关重要，而了解新技术的潜在用途和应用的一种方式，便是倾听年轻人的想法，接受他们的指导。任何值得我们为之奋斗的未来，都应该纳入那些最终受当前新兴技术影响最深、与这些技术关系最密切之人的见解。

战略 2：保持政治性

从根本上而言，我们每个人生活的未来都是由技术推动创造的。当个体建立起自己对未来的憧憬时，他们可以对技术的开发和采用方式做出政治回应，以决定是否采取立场和表达感受。分享关于技术如何影响个体生活和社区的观点很重要，因为技术代表着特定人群的利益，他们不一定了解所有中肯的社会观点，或者未意识到某项技术可能会产生什么广泛影响。这种反馈可以起到关键作用，促使社会各界共同推动以最理想的方式使用第四次工业革命技术，并让企业和监管机构了解最令人担忧的问题。

个体不仅可以作为消费者和投票者发声，而且可以通过公民社会组织和社会运动表达看法，第四次工业革命也在改变这些渠道。这些重要渠道有助于表达社会愿望和抱负，保障个体权利，为需要社会帮助的领域提供支持。在这些领域，商业计划往往无能为力，社会利益和政府利益需要进行调解。公民社会组织有助于确保拥有更直接决策权的人群能够重视可能被忽略或边缘化的人群，从而帮助企业家、公司、投资者和工程师深刻理解其正在开发的技术将对整个社会产生怎样的影响。

结论

过去 50 年来，我们日益认识到，社会与技术之间存在相互变革的关系。第一次和第二次工业革命以及两次世界大战告诉我们，技术远非一套与生产和消费有关的机械、工具或系统，而是塑造社会观点和人类价值观的强大主体。我们之所以需要关注技术，正是因为我们要通过技术构建经济、社会和世界观。技术改变我们解读世界、看待他人的方式，也塑造着我们未来的无限可能。

我们在第四次工业革命伊始面临的这些问题，如自动化的影响、人工智能的伦理影响和基因工程的社会影响等，最晚自20世纪60年代起就已经引起社会关注。当时核能、基因和空间技术已走出起步阶段，计算机开始取代人类大脑。虽然当时的技术能力未能满足人们的短期期望，但是经过第三次工业革命的洗礼，数字能力日臻成熟，如今已然成为现实——对全球越来越多的人口而言，数字技术正在迅速走入日常生活。

幸运的是，过去50年来，学术研究和前瞻性实践开发出各种分析工具，并发展出有用的社会学观点，帮助我们更好地理解技术和社会如何相互改变和影响。实际上，技术如何推动广泛的社会变革，价值观如何融入我们创造的技术，对这些问题保持敏感帮助我们捕捉到了即将到来的变革信号，也对本书的许多观点产生了影响。

在这个纷繁复杂的领域采取适当行动，需要从全新的视角看待技术，理解技术变革的方方面面，并力求在个人层面和组织层面应用这些观点。

如果我们继续将新兴技术视为人类手头的“工具而已”，认为使用结果是可预测、可控制的，那么这个目标就不可能实现。如果我们向错综复杂的技术屈服，将技术视为不受我们控制的外部决定性力量，那么我们也无法为自己和他人充分赋能。

所有利益相关者必须真正认同这样一个事实：技术进步的后果与我们在技术开发和实施每个层面上的选择密不可分——无论作为个体公民、企业高管、社会活动家、大型投资者，还是拥有权势的决策者。正如我们的消费选择会影响未来的企业和产品一样，我们的集体技术选择也会影响经济与社会的结构。

当前，我们面临着诸多挑战，而在寻找解决方案的过程中，技术必将贡献一分力量，但同时也会助长挑战并催生新的挑战。没有一个群体能凭一己之力解决挑战，我们也无法单靠使用技术来战胜这些难题。我们必须以更广阔的视野来看待共同的首要任务，致力于通过传达善意、增进互信和团结协作，共同推动积极变革。只有公正透明和携手合作，我们才能解决第四次工业革命带来的挑战。

如果我们可以鼓起勇气，为促进人类共同利益而行动，那么我们可以满怀信心地继续增进人类福祉、推动人类发展。过去数次工业革命为我们的进步和发展奠定了重要基础，但是我们还需要解决环境被破坏和不平等加剧等各种负外部性问题。鼓励所有利益相关者群体都参与进来，将有助于我们克服眼前的核心挑战——分配技术变革带来的利益，遏制不可避免的外部性问题，确保新兴技术为全人类赋能，而不是主宰我们的命运。

为了应对第四次工业革命的治理挑战，政府、企业和个人需通力合作，就如何开发和部署新技术做出正确的战略决策，并在社会价值观上采取正确立场，建立更完善的协作行动机制；个人和组织需要与多方利益相关者保持沟通，并考虑他们的观点；跨国公司和民族国家必须更有效地达成正式和非正式国际协定。履行这些义务实非易事，挫折在所难免，但是我们责无旁贷。

当今世界面临许多影响广泛、纷繁复杂和迫在眉睫的挑战，各行各业的领导者必须勇于担当、应势而为、积极行动。如果社会各界人士能够树立正确的价值观，发挥系统领导力，积极尝试新技术，我们就可以利用最强大的技术助力建设更加包容、公平和繁荣的人类社会。

致　谢

本书是多方利益相关者参与和协作的成果。本书编著历时18个月，涉及大量研究、访谈、研讨会、吹风会和峰会，数千位专家、高管和决策者参与其中，并与240多位思想领袖进行了深度访谈和沟通。

世界经济论坛全球未来理事会与专家网络对本书第二部分的各章内容做出了巨大贡献，就高度复杂和瞬息万变的技术提供了多份草稿和大量实用、翔实的注释。

正因如此，恕笔者无法逐一列出积极影响本书内容的每一位。然而，我们想在此对世界经济论坛全球未来理事会，特别是关注第四次工业革命技术的各个理事会的全体成员深表谢意。正文和尾注中直接致谢的专家，大多均是全球未来理事会成员。所有章节的贡献者如下文所列，理事会及成员的完整名单，请参阅：https://www.weforum.org/communities/global-future-councils。

我们也特别感谢在本书筹备过程中不吝时间地通过电子邮件、电话和现场等形式参与采访、非正式讨论或交流的所有专家。他们包括：

Asmaa Abu Mezied，Small Enterprise Center

Asheesh Advani，国际青年成就组织

Dapo Akande，英国牛津大学

Anne-Marie Allgrove，贝克 · 麦坚时国际律师事务所合伙人

Dmitri Alperovitch，Crowdstrike

Michael Altendorf，Adtelligence

Kees Arts，Protix

Alán Aspuru-Guzik，美国哈佛大学

Navdeep Singh Bains，加拿大创新、科学与经济发展部部长

Banny Banerjee，美国斯坦福大学

Brian Behlendorf，超级账本

Emily Bell，美国哥伦比亚大学

Marc R. Benioff，Salesforce.com

Yobie Benjamin，Avegant

Niklas Bergman，Intergalactic

Sangeeta Bhatia，美国麻省理工学院

Burkhard Blechschmidt，高知特信息技术公司

Adam Bly，声破天

Iris Bohnet，美国哈佛大学

danah boyd，微软研究院

Edward Boyden，美国麻省理工学院

Kirk Bresniker，惠普企业

Winnie Byanyima，国际乐施会

John Carrington，Stem

Alvin Carpio，The Fourth Group

Justine Cassell，美国卡内基－梅隆大学

Sang Kyun Cha，韩国国立首尔大学

Derrick Cham，新加坡政府政策策略署

Joshua Chan，新加坡政府智慧国及数码政府工作团

Andrew Charlton，AlphaBeta

Fadi Chehadé，Chehadé Inc.

Devan Chenoy，印度工业联合会

Hannah Chia，新加坡政府政策策略署

Carol Chong，新加坡经济发展局

Jae-Yong Choung，韩国科学技术院

Ernesto Ciorra，意大利国家电力公司

Alan Cohn，美国乔治城大学

Stephen Cotton，国际运输工人联合会

Aron Cramer，企业社会责任组织

James Crawford，Orbital Insight

Molly Crockett，英国牛津大学

Pang Tee Kin Damien，新加坡金融管理局

Paul Daugherty，埃森哲

Eric David，Organovo

Charlie Day，澳大利亚创新与科学办公室

Angus Deaton，美国普林斯顿大学

Phill Dickens，英国诺丁汉大学

P. Murali Doraiswamy，美国杜克大学

David Eaves，美国哈佛大学肯尼迪政府学院

Imad Elhajj，黎巴嫩贝鲁特美国大学

Sherif Elsayed-Ali，国际特赦组织

Helmy Eltoukhy，Guardant Health

Ezekiel Emanuel，美国宾夕法尼亚大学

Victoria A. Espinel，商业软件联盟

Aldo Faisal，英国伦敦帝国理工学院

Al Falcione，Salesforce.com

Nita Farahany，美国杜克大学

Dan Farber，Salesforce.com

Christopher Field，美国斯坦福大学

Brian Forde，美国麻省理工学院

Primavera De Filippi，美国哈佛大学伯克曼互联网与社会研究中心

Luciano Floridi，英国牛津大学

Tracy Fullerton，美国南加利福尼亚大学

Andrew Fursman，1QBit

Mary Galeti，Shiplake Partners

Brian Gallagher，国际联合之路

Dileep George，Vicarious

Kunal Ghosh，Inscopix

Bob Goodson，Quid

Christoph Graber，瑞士苏黎世大学

Henry T. Greely，美国斯坦福大学

Sanjay Gupta，LinkedCap

Seth Gurgel，PILnet

Gillian Hadfield，美国南加利福尼亚大学

Demis Hassabis，谷歌 DeepMind 项目

Ricardo Hausmann，美国哈佛大学

John Havens，电气电子工程师学会

Imogen Heap，企业家与录音歌手

John Hegel，德勤会计师事务所

Cameron Hepburn，英国牛津大学

Angie Hobbs，英国谢菲尔德大学

Timothy Hwang，FiscalNote

Jane Hynes，Salesforce.com

David Ireland，ThinkPlace

Paul Jacobs，高通

Amy Myers Jaffe，美国加利福尼亚大学

Davis Ratika Jain，印度工业联合会

Sheila Jasanoff，美国哈佛大学肯尼迪政府学院

Ajay Jasra，Indigo

Chi Hyung Jeon，韩国科学技术院

Sunjoy Joshi，印度观察家研究基金会

Calestous Juma，美国哈佛大学肯尼迪政府学院

Anja Kaspersen，红十字国际委员会

Stephane Kasriel，Upwork

Neal Kassell，聚焦超声基金会

Drue Kataoka，片冈德鲁工作室

Leanne Kemp，Everledger

So-Young Kim，韩国科学技术院

Erica Kochi，联合国儿童基金会

David Krakauer，美国圣菲研究所

Ramayya Krishnan，美国卡内基 – 梅隆大学

Jennifer Kuzma，美国北卡罗来纳州立大学

Jeanette Kwek，新加坡政府政策策略署

Dong-Soo Kwon，韩国科学技术院

Peter Lacy，埃森哲

Corinna E. Lathan，AnthroTronix

Jim Leape，美国斯坦福大学

Jong-Kwan Lee，韩国成均馆大学

Jae Kyu Lee，韩国科学技术院

SangYup Lee，韩国科学技术院

SteveLeonard，SG Innovate

Geoffrey Ling，美国健康科学统一服务大学

Simon Longstaff，The Ethics Centre

Stuart McClure，Cylance

William McDonough，麦克多诺创新咨询公司

Cheri McGuire，渣打银行

Chris McKenna，英国牛津大学

Katherine Mach，美国斯坦福大学

Raffi Mardirosan，Ouster

Hugh Martin，威瑞森电信

Bernard Meyersen，IBM

Cristian Mendoza，意大利宗座圣十字架大学

Florence Mok，新加坡金融管理局

Ben Moore，瑞士苏黎世大学

Simon Mulcahey，Salesforce.com

Geoff Mulgan，英国国家科技艺术基金会

Sam Muller，HiiL

Venkatesh Narayanamurti，美国哈佛大学肯尼迪政府学院

Patrick Nee，Universal Bio Mining

Timothy J. Noonan，国际工会联盟

Beth Simone Noveck，美国纽约大学

Jeremy O'Brien，英国布里斯托大学

Tim O'Reilly，奥莱利传媒

Ruth Okediji，美国哈佛大学法学院

Ian Oppermann，澳大利亚新南威尔士州政府

Michael Osborne，英国牛津大学

Olivier Oullier，Emotiv

Tony Pan，Modern Electron

Janos Pasztor，卡内基气候地球工程治理倡议

Safak Pavey，土耳其大国民议会

Lee Chor Pharn，新加坡政府政策策略署

Christopher Pissarides，英国伦敦经济学院

Michael Platt，美国耶鲁大学

Jared Poon，新加坡政府政策策略署

Michael Posner，美国纽约大学

Jia Qing，新加坡创新机构

Iayd Rahwan，美国麻省理工学院媒体实验室

Mandeep Rai，Creative Visions Global

Rafael Ramirez，英国牛津大学

Andreas Raptopoulos，Matternet

Matthieu Ricard，Karuna-Shechen

Dani Rodrik，美国哈佛大学肯尼迪政府学院

Jennifer Rupp，瑞士联邦理工学院

Wong Ruqin，新加坡政府智慧国及数码政府工作团

Stuart Russell，美国加利福尼亚大学伯克利分校

Heerad Sabeti，Fourth Sector Networks

Daniel Sachs，Proventus

Eric Salobir，梵蒂冈媒体委员会

Samir Saran，印度观察家研究基金会

Marc Saxer，艾伯特基金会

Chay Pui San，新加坡政府智慧国及数码政府工作团

Satyen Sangani，Alation

Owen Schaeffer，新加坡国立大学

Nico Sell，Wikr

Anand Shah，埃森哲

Lam Wee Shann，新加坡陆路交通管理局

Huang Shaofei，新加坡陆路交通管理局

Pranjal Sharma，经济分析师与作家

David Shim，韩国科学技术院

Karanvir Singh，Visionum

Peter Smith，Blockchain

David Sng，新加坡创新机构

Dennis J. Snower，基尔世界经济研究所

Richard Soley，对象管理组织

Mildred Z. Solomon，哈斯丁研究中心

Jack Stilgoe，英国伦敦大学学院

Natalie Stingelin，英国伦敦帝国理工学院

Carsten Stöcker，德国莱茵集团

Ellen Stofan，英国伦敦大学学院

Mustafa Suleyman，谷歌 DeepMind 项目

Arun Sundararajan，美国纽约大学

Hilary Sutcliffe，SocietyInside

Mariarosaria Taddeo，英国牛津大学

Nina Tandon，pibone

Don Tapscott，The Tapscott Group

Omar Tayeb，Blippr

Nitish Thakor，新加坡国立大学

Andrew Thompson，普罗透斯数字健康公司

Charis Thompson，美国加利福尼亚大学伯克利分校

Peter Tufano，英国牛津大学

Onur Türk，土耳其航空公司

Richard Tyson，青蛙设计

Christian Umbach，XapiX.io

Effy Vayena，瑞士苏黎世大学

Rama Vedashree，印度数据安全委员会

Marc Ventresca，英国牛津大学

Kirill Veselkov，英国伦敦帝国理工学院

David Victor，美国加利福尼亚大学圣迭戈分校

Farida Vis，英国谢菲尔德大学

Melanie Walker，世界银行

Wendell Wallach，美国耶鲁大学

Stewart Wallis，独立思想者、演讲者与新经济制度倡导者，英国

Poon King Wang，李光耀创新型城市中心

Ankur Warikoo，nearbuy.com

Brian Weeden，安全世界基金会

Andrew White，英国牛津大学

Topher White，Rainforest Connection

Will.i.am，企业家与录音歌手

Jeffrey Wong，安永会计师事务所

Lauren Woodman，“网络希望”组织

Ngaire Woods，英国牛津大学

Junli Wu，新加坡经济发展局

Alex Wyatt，August Robotics

Brian Yeoh，新加坡金融管理局

Jane Zavalishina，Yandex Money

Giuseppe Zocco，指数创投公司

曹聪，英国诺丁汉大学

张东晓，北京大学

冯雁，香港科技大学

王国豫，复旦大学

王皓毅，中国科学院动物研究所

何艳，浙江大学

叶玉如，香港科技大学

冯建峰，复旦大学

严建华，浙江大学

徐丽萍，浙江大学

邱利民，浙江大学

黄群星，浙江大学

王守岩，复旦大学

李伟，中国科学院动物研究所

李卫东，上海交通大学

徐林，上海交通大学

薛澜，清华大学

郑成航，浙江大学

世界经济论坛日内瓦、纽约、旧金山、北京和东京代表处的近100位同事也为本书贡献了大量时间、专业知识和经验。

特别感谢为充实本书而慷慨提供战略建议和技术支持，或拨冗审阅书稿、编写材料和调动人脉的各界人士。托马斯·菲尔贝克协助为本书搭建框架，与众多贡献者密切合作，就技术如何冲击社会和影响系统性变革提供细致入微的观点。安妮·玛丽·恩格托夫特·拉森耗费大量时间研究各种观点，与众多贡献者通力合作，就创新和经济发展话题提供自己的专业知识。

这一切都是本书不可分割、无比珍贵的组成部分。梅尔·罗杰斯提供了深刻见解、结构性建议和精神辅导，没有她的大力支持，就不会有本书的问世。卡特林·埃根贝格尔担任本书的“内部出版者”，她坚定不移、孜孜不倦，为本书的编著提供了非凡的支持。其他值得特别感谢的重要贡献者和支持者还包括 Kimberley Botwright、Aengus Collins、Scott David、David Gleicher、Berit Gleixner、Rigas Hadzilacos、Audrey Helstroffer、Jeremy Jurgens、Cheryl Martin、Stephan Mergenthaler、Fulvia Montresor、Derek O'Halloran、Richard Samans、Sha Song、Murat Sönmez、Jahda Swanborough 和 Mandy Ying。

我们还希望表彰第四次工业革命全球未来理事会的各位管理者，他们在各自社区和网络内积极召集相关讨论会议，出色地完成了工作。他们是 Nanayaa Appenteng、Vanessa Candeias、Daniel Dobrygowski、Daniel Gomez Gaviria、Manju George、Fernando Gomez、Amira Gouaibi、Rigas Hadzilacos、Nikolai Khlystov、Marina Krommenacker、Jiaojiao Li、Jesse McWaters、Lisa Ventura 和 Karen Wong。

世界经济论坛下列工作人员也积极参与在线讨论和知识共享，并提供了其他重要的支持：David Aikman、Wadia Ait Hamza、Chidiogo Akunyili、Silja Baller、Paul Beecher、Andrey Berdichevskiy、Arnaud Bernaert、Stefano Bertolo、Katherine Brown、Sebastian Buckup、Oliver Cann、Gemma Corrigan、Sandrine Raher、Shimer Dao、Lisa Dreier、Margareta Drzeniek、John Dutton、Jaci Eisenberg、Nima Elmi、Emily Farnworth、Susanne Grassmeier、Mehran Gul、Michael Hanley、William Hoffman、Marie Sophie Müller、Jenny Soffel、Kiriko Honda、Ravi Kaneriya、Mihoko Kashiwakura、Danil Kerimi、Akanksha

Khatri、Andrej Kirn、Zvika Krieger、Wolfgang Lehmacher、Till Leopold、Helena Leurent、Mariah Levin、Elyse Lipman、Peter Lyons、Silvia Magnoni、Katherine Milligan、John Moavenzadeh、Adrian Monck、Valerie Peyre、Goy Phumtim、Katherine Randel、Vesselina Stefanova Ratcheva、Philip Shetler-Jones、Mark Spelman、Tanah Sullivan、Kai Keller、Christoph von Toggenburg、Terri Toyota、Peter Vanham、Jean-Luc Vez、Silvia Von Gunten、Dominic Waughray、Bruce Weinelt、Barbara Wetsig-Lynam、Alex Wong、AndreaWong、Kira Youdina 和 Saadia Zahidi。

贡献者

第三章　为技术赋予价值观

斯图尔特·沃利斯，独立思想者、演讲者与新经济制度倡导者，英国

世界经济论坛全球议程理事会“价值观”议题组（2012—2014年）

世界经济论坛青年科学家社区

托马斯·菲尔贝克，世界经济论坛科学技术研究事务总监

延伸阅读　以人权为基础的框架

希拉里·萨克利夫，非营利性组织SocietyInside总监，英国

安妮–玛丽·奥尔格罗夫，贝克·麦坚时国际律师事务所合伙人，澳大利亚

第四章　为所有利益相关者赋能

安妮·玛丽·恩格托夫特·拉森，世界经济论坛第四次工业革命知识总监

第五章　新计算技术

朱斯蒂娜·卡斯尔（Justine Cassell），卡内基–梅隆大学计算机学院技术战略与影响副院长，美国

杰里米·奥布赖恩（Jeremy O'Brien），布里斯托大学量子光子学中心（CQP）主任，英国

珍妮弗·鲁普（Jennifer Rupp），瑞士联邦理工学院助理教授，瑞士

柯克·布雷斯尼克（Kirk Bresniker），惠普企业惠普实验室首席架构师，美国

世界经济论坛全球未来理事会“计算的未来”议题组

第六章　区块链与分布式账本技术

杰西·麦克沃特斯，世界经济论坛“金融服务的颠覆式创新”项目负责人

卡斯滕·施托克尔，innogy SE 公司机器经济项目创新传播者与灯塔负责人，德国

布克哈德·布莱希施米特，高知特信息技术公司首席信息官顾问团负责人，德国

第七章　物联网

德里克·奥哈洛伦，世界经济论坛数字经济与社会事务联合总监

理查德·索利，对象管理组织董事长兼首席执行官，美国

延伸阅读　聚焦数据伦理

卢西亚诺·弗洛里迪，牛津大学哲学与信息伦理学教授，英国

莫瑞奥萨瑞·塔代奥，牛津大学研究员，英国

延伸阅读　网络风险

琼－吕克·韦兹，世界经济论坛全球网络中心总监

乌尚·达马希，世界经济论坛“全球犯罪与公共安全”项目负责人

尼古拉斯·戴维斯，世界经济论坛社会与创新事务总监

第八章　人工智能与机器人

斯图尔特·鲁塞尔，加利福尼亚大学伯克利分校计算机科学教授，美国

世界经济论坛全球未来理事会“人工智能与机器人的未来”议题组

第九章　先进材料

艾伦·阿斯普鲁–古齐克，哈佛大学化学与化学生物学系教授，美国

伯纳德·迈耶森，IBM公司首席创新官，美国

第十章　增材制造与多维打印

菲尔·狄更斯，诺丁汉大学制造技术教授，英国

延伸阅读　无人机的利弊

戴维·沈，韩国科学技术院航空航天工程系副教授，韩国

安德烈亚斯·拉普托普洛斯，无人机物流公司Matternet首席执行官，美国

达波·阿坎德，牛津大学法学院国际公法学教授，英国

托马斯·菲尔贝克，世界经济论坛科学技术研究事务总监

第十一章　生物技术

世界经济论坛全球未来理事会“生物技术的未来”议题组

第十二章　神经技术

奥利维尔·奥莱尔，神经科技公司Emotiv总裁，美国

世界经济论坛全球未来理事会“神经技术和脑科学的未来”议题组

第十三章　虚拟现实与增强现实

安妮·玛丽·恩格托夫特·拉森，世界经济论坛第四次工业革命知识总监

约比·本杰明，虚拟现实眼镜公司 Avegant 联合创始人，美国

片冈德鲁，片冈德鲁工作室艺术家兼技术专家，美国

延伸阅读　谈文化艺术和第四次工业革命

尼科·达斯瓦尼，世界经济论坛艺术与文化项目总监

安德烈亚·班代利，国际科学画廊执行总监，爱尔兰

第十四章　能源获取、储存和输送

世界经济论坛全球未来理事会“能源的未来”议题组

戴维·维克托，加利福尼亚大学圣迭戈分校教授，美国

第十五章　地球工程

安妮·玛丽·恩格托夫特·拉森，世界经济论坛第四次工业革命知识总监

温德尔·沃勒克，耶鲁大学生命伦理学跨学科研究中心学者，美国

亚诺什·帕斯托尔，卡内基气候地球工程治理倡议高级研究员兼执行主管，美国

杰克·施蒂戈耶，伦敦大学学院科学技术学讲师，英国

第十六章　空间技术

布赖恩·威登，安全世界基金会技术顾问，美国

埃伦·斯托凡，美国国家航空航天局首席科学家（2013—2016年）；伦敦大学学院灾害研究中心名誉教授，英国

世界经济论坛全球未来理事会“空间技术的未来”议题组

编辑

法比耶纳·史塔生（Fabienne Stassen），瑞士日内瓦 EditOr Proof 公司

柯蒂斯·卡博内尔（Curtis Carbonell）

安德鲁·赖特（Andrew Wright）

设计与排版

卡迈勒·基马维，世界经济论坛制作与设计总监

参考文献

前　言

Schwab, K. 2016. The Fourth Industrial Revolution. Geneva: World Economic Forum.

第一章　构建第四次工业革命框架

Centers for Disease Control and Prevention. 2016. "Mortality in the United States, 2015". National Center for Health Statistics Data Brief No. 267.
Crafts, N. F. R. 1987. "Long-term unemployment in Britain in the 1930s". *The Economic History Review*, 40: 418-432.
Gordon, R. 2016. *The Rise and Fall of American Growth*. Princeton: Princeton University Press.
McCloskey, D. 2016. *Bourgeois Equality*. Chicago: University of Chicago Press.
Smil, V. 2005. *Creating the Twentieth Century: Technical Innovations of 1867-1914 and Their Lasting Impact*. New York: Oxford University Press.
UNDP. 2017. About Human Development. Available at: http://hdr.undp.org/en/humandev. [Accessed 1 May 2017].
The World Bank Data Bank. 2017. "Poverty headcount ratio at $1.90 a day (2011 PPP) (% of population)". Available at: http://data.worldbank.org/indicator/SI.POV.DDAY. [Accessed 1 June 2017].

第二章　连点成线

Autor, D., F. Levy and R. Murnane. 2003. "The Skill Content of Recent Technological Change: An Empirical Exploration". *The Quarterly Journal of Economics* 118(4): 1279-1334.

Berger, T. and C. B. Frey. 2015. "Industrial Renewal in the 21st Century: Evidence from US Cities", Regional Studies. Available at: http://www.oxfordmartin.ox.ac.uk/downloads/academic/regional_studies_industrial_renewal.pdf.

BlackRock Investment Institute. 2014. "Interpreting Innovation: Impact on Productivity, Inflation & Investing". Available at: https://www.blackrock.com/corporate/en-us/literature/whitepaper/bii-interpreting-innovation-us-version.pdf.

CB Insights. 2017. "The Race For AI: Google, Twitter, Intel, Apple In A Rush To Grab Artificial Intelligence Startups", Research Briefs. Available at: https://www.cbinsights.com/blog/top-acquirers-ai-startups-ma-timeline/.

Katz, L. and A. Krueger. 2016. "The Rise and Nature of Alternative Work Arrangements in the United States, 1995-2015". Princeton University and NBER Working Paper 603. Princeton University. Available at: http://dataspace.princeton.edu/jspui/bitstream/88435/dsp01zs25xb933/3/603.pdf.

New Atlas. 2015. "Amazon to begin testing new delivery drones in the US". N. Lavars, New Atlas, 13 April 2015. Available at: http://newatlas.com/amazon-new-delivery-drones-us-faa-approval/36957/.

The New York Times. 2017. "Is it time to break up Google?" J. Taplin, *The New York Times*, 22 April 2017. Available at: https://www.nytimes.com/2017/04/22/opinion/sunday/is-it-time-to-break-up-google.html?mcubz=1&_r=0.

OECD (Organisation for Economic Co-operation and Development). 2016. "Big Data: Bringing Competition Policy to the Digital Era", Background note, 29-30 November 2016. Available at: https://one.oecd.org/document/DAF/COMP(2016)14/en/pdf.

San Francisco Examiner. 2017. "San Francisco talks robot tax". J. Sabatini, San Francisco Examiner, 14 March 2017. Available at: http://www.sfexaminer.com/san-francisco-talks-robot-tax/.

World Economic Forum. 2017a. *The Inclusive Growth and Development Report 2017*. Insight Report. Geneva: World Economic Forum. Available at: http://www3.weforum.org/docs/WEF_Forum_IncGrwth_2017.pdf.

World Economic Forum. 2017b. "Realizing Human Potential in the Fourth Industrial Revolution: An Agenda for Leaders to Shape the Future of Education, Gender and Work", White Paper. Geneva: World

Economic Forum. Available at: http://www3.weforum.org/docs/WEF_EGW_Whitepaper.pdf.

第三章　为技术赋予价值观

The Boston Globe. 2016. "The gig economy is coming. You probably won't like it." B. Ambrosino, *The Boston Globe*, 20 April 2016. Available at: https://www.bostonglobe.com/magazine/2016/04/20/the-gig-economy-coming-you-probably- won-like/i2F6Yicao9OQVL4dbX6QGI/story.html.
Brynjolfsson, E. and A. McAfee. 2014. *The Second Machine Age*. New York and London: W.W. Norton & Company.
Cath, C. and L. Floridi. 2017. "The Design of the Internet's Architecture by the Internet Engineering Task Force (IETF) and Human Rights". *Science and Engineering, Ethics*, 23(2): 449-468.
Devaraj, S. and M. J. Hicks. 2017. "The Myth and the Reality of Manufacturing in America", June 2015 and April 2017, Ball State University. Available at: http://conexus.cberdata.org/files/MfgReality.pdf.
EPSRC (Engineering and Physical Sciences Research Council). 2017. "Principles of robotics". The Engineering and Physical Sciences Research Council. Available at: https://www.epsrc.ac.uk/research/ourportfolio/themes/engineering/activities/principlesofrobotics/. [Accessed 1 May 2017].
EU General Data Protection Regulation. 2017. "An overview of the main changes under GDPR and how they differ from the previous directive". Available at: http://www.eugdpr.org/key-changes.html. [Accessed 1 June 2017].
Florida Ice and Farm Company (FIFCO). 2015. *Living Our Purpose*. 2015 Integrated Report. Available at: https://www.fifco.com/files/documents/1715515fb6ab1e74f29d3da4aefa30c7b36a05.pdf.
IEEE (Institute of Electrical and Electronics Engineers). 2017. The IEEE Global Initiative for Ethical Considerations in Artificial Intelligence and Autonomous Systems "Executive Summary". Available at: https://standards.ieee.org/develop/indconn/ec/ead_executive_summary.pdf.
Keeley, B. 2015. *Income Inequality: The Gap between Rich and Poor*. OECD Publishing. Paris: OECD Publishing.
Latour, B. and S. Woolgar. 1979. *Laboratory Life: The Construction of Scientific Facts*. Princeton: Princeton University Press.
Mitcham, C. 1994. "Engineering design research and social responsibility". In K. S. Shrader-Frechette (Ed.) *Ethics of Scientific Research*. Lanham:

Rowman & Littlefield.
Nuffield Council on Bioethics. 2014. "Emerging biotechnologies, Introduction: A guide for the reader". Available at: http://nuffieldbioethics.org/wp-content/uploads/2014/07/Emerging_biotechnologies_Introduction.pdf.
Oppenheimer, J. R. 2017. "Speech to the Association of Los Alamos Scientists". Los Alamos, New Mexico, 2 November 1945. Available at: http://www.atomicarchive.com/Docs/ManhattanProject/OppyFarewell.shtml. [Accessed 1 June 2017].
Pretz, K. 2017. "What's Being Done to Improve Ethics Education at Engineering Schools". The Institute, 18 May 2017. Available at: http://theinstitute.ieee.org/members/students/whats-being-done-to-improve-ethics-education-at-engineering- schools.
Rankin, J. 2015. "Germany's planned nuclear switch-off drives energy innovation". *The Guardian*, 2 November 2015. Available at: https://www.theguardian.com/environment/2015/nov/02/germanys-planned-nuclear-switch-off-drives-energy-innovation.
Schwab, K. 2016. *The Fourth Industrial Revolution*. Geneva: World Economic Forum.
World Economic Forum. 2013. "A New Social Covenant". Global Agenda Council on Values, White Paper. Geneva: World Economic Forum. Available at: http://www3.weforum.org/docs/WEF_GAC_Values_2013.pdf.
World Economic Forum. 2017. *The Global Risks Report 2017*. Insight Report. Geneva: World Economic Forum.

延伸阅读　以人权为基础的框架

第四章　为所有利益相关者赋能

Bloomberg. 2016. "Wind and Solar Are Crushing Fossil Fuels".
T. Randall, Bloomberg, 6 April 2016. Available at: https://www.bloomberg.com/news/articles/2016-04-06/wind-and-solar-are-crushing-fossil-fuels.
The Boston Consulting Group. 2016. Self-Driving Vehicles, Robo-Taxis, and the Urban Mobility Revolution. Boston: BCG. Available at: http://www.automotivebusiness.com.br/abinteligencia/pdf/BCG_SelfDriving.pdf.
Catalyst. 2016. "Women In Science, Technology, Engineering, And Mathematics (STEM)". Catalyst, 9 December 2016. Available at: http://www.catalyst.org/knowledge/women-science-technology-engineering-

and-mathematics-stem.
Ceballos, G. et al. 2015. "Accelerated modern human-induced species losses: Entering the sixth mass extinction". *Science Advances* 1(5), e1400253. Available at: http://advances.sciencemag.org/content/1/5/e1400253.
Deloitte. 2016. "Women in IT jobs: it is about education, but also about more than just education". Technology, Media & Telecommunications Predictions. Deloitte. Available at: https://www2.deloitte.com/ global/en/pages/technology-media-and-telecommunications/articles/tmt-pred16-tech-women-in-it-jobs.html.
Dietz, S. et al. 2016. "'Climate value at risk' of global financial assets". *Nature Climate Change* 6: 676-679. Available at: http://www.nature.com/nclimate/journal/vaop/ncurrent/full/nclimate2972.html.
Enbakom, H.W., D.H Feyssa and S. Takele. 2017. "Impacts of deforestation on the livelihood of smallholder farmers in Arba Minch Zuria Woreda, Southern Ethiopia", *African Journal of Agricultural Research* 12(15): 1293-1305, 13 April 2017.
Fortune. 2017. "Robots Are Replacing Humans at All These Wall Street Firms". L. Shen, *Fortune*, 30 March 2017. Available at: http://fortune.com/2017/03/30/blackrock-robots-layoffs-artificial-intelligence-ai-hedge-fund/.
Global Challenges Foundation. 2017. "Earthstatement: The result of the Global Challenges Foundation and Earth League joining forces". Global Challenges Foundation. Available at: https://www.globalchallenges.org/en/our-work/earth- statement-2015.
Hausmann, R., C. Hidalgo et al. 2011. *The Atlas of Economic Complexity: Mapping Paths to Prosperity*, first edition. Available at: http://atlas.cid.harvard.edu/media/atlas/pdf/HarvardMIT_AtlasOfEconomicComplexity_Part_I.pdf.
Intergovernmental Panel on Climate Change (IPCC). 2014. *Climate Change 2014: Synthesis Report. Contribution of Working Groups I, II and III to the Fifth Assessment Report of the Intergovernmental Panel on Climate Change* [Core Writing Team, R.K. Pachauri and L.A. Meyer (eds.)]. Geneva: IPCC.
Juma, C. 2017. "Leapfrogging Progress: The Misplaced Promise of Africa's Mobile Revolution". *The Breakthrough* 7. Summer 2017. Available at: https://thebreakthrough.org/index.php/journal/issue-7/leapfrogging-progress.
Milanovic, B. 2016. *Global Inequality: A New Approach for the Age of Globalization*. Cambridge: Harvard University Press.
MIT Technology Review. 2017. "As Goldman Embraces Automation, Even the Masters of the Universe Are Threatened". N. Byrnes, *MIT*

Technology Review, 7 February 2017. Available at: https://www.technologyreview.com/s/603431/as-goldman- embraces-automation-even-the-masters-of-the-universe-are-threatened/.
Newshub. 2016. "How drones are helping combat deforestation". S. Howe, Newshub, 22 September 2016. Available at: http://www.newshub.co.nz/home/world/2016/09/how-drones-are-helping-combat-deforestation.html.
Oxford Internet Institute. 2011. "The Distribution of all Wikipedia Articles". Taken from Graham, M., S. A. Hale and M. Stephens (2011), *Geographies of the World's Knowledge*. London: Convoco! Edition. Available at: http://geography.oii. ox.ac.uk/?page=the-distribution-of-all-wikipedia-articles.
Oxford Internet Institute. 2017. "The Location of Academic Knowledge". Taken from Graham, M., S. A. Hale and M. Stephens (2011), *Geographies of the World's Knowledge*. London: Convoco! Edition. Available at: http://geography.oii.ox.ac.uk/?page=the-location-of-academic-knowledge.
Philbeck, Imme. 2017. "Connecting the Unconnected: Working together to achieve Connect 2020 Agenda Targets". International Telecommunication Union (ITU). A background paper to the special session of the Broadband Commission and the World Economic Forum at Davos Annual Meeting 2017. Available at: http://broadbandcommission.org/Documents/ITU_discussion-paper_Davos2017.pdf.
Population Reference Bureau. 2017. "Human Population: Urbanization: Largest Urban Agglomerations, 1975, 2000, 2025". Available at: http://www.prb.org/Publications/Lesson-Plans/HumanPopulation/Urbanization.aspx.
Rockström, J. et al. 2009. "Planetary Boundaries: Exploring the Safe Operating Space for Humanity". *Ecology and Society* 14(2) art. 32. Available at: https://www.ecologyandsociety.org/vol14/iss2/art32/.
Schwab, K. 2016. *The Fourth Industrial Revolution*. Geneva: World Economic Forum.
Steffen et al. 2015. "Sustainability. Planetary Boundaries: guiding human development on a changing planet". *Science* 347(6223), 1259855. Available at: https://www.ncbi.nlm.nih.gov/pubmed/25592418.
Tay, B.T.C. et al. 2013. "When Stereotypes Meet Robots: The Effect of Gender Stereotypes on People's Acceptance of a Security Robot". In *Engineering Psychology and Cognitive Ergonomics. Understanding Human Cognition*, D. Harris, ed., EPCE 2013. Lecture Notes in Computer Science, Vol. 8019. Springer, Berlin, Heidelberg.
University of Sussex. 2008. *Technology Leapfrogging: A Review of the Evidence, A report for DFID*. Sussex Energy Group. Available at: https://

www.sussex.ac.uk/webteam/gateway/file.php?name=dfid-leapfrogging-reportweb.pdf&site=264.
UNESCO (United Nations Educational, Scientific and Cultural Organization). 2015. "Women in Science: The gender gap in science". Fact Sheet No. 34. UNESCO Institute for Statistics. Available at: http://uis.unesco.org/sites/default/files/documents/fs34-women-in-science-2015-en.pdf.
UNESCO (United Nations Educational, Scientific and Cultural Organization). 2016. "Leaving no one behind: How far on the way to universal primary and secondary education?" Policy paper 27/Fact Sheet No. 37. UNESCO Institute for Statistics. Available at: http://unesdoc.unesco.org/images/0024/002452/245238E.pdf.
UNESCO (United Nations Educational, Scientific and Cultural Organization). 2017. "Global Investments in R&D". Fact Sheet No. 42, FS/2017/SCI/42. UNESCO Institute for Statistics. Available at: http://unesdoc.unesco.org/images/0024/002477/247772e.pdf.
United Nations, Department of Economic and Social Affairs, Population Division. 2015. "World Population Prospects: The 2015 Revision, Key findings & advance tables". Working Paper No. ESA/P/WP.241. Available at: https://esa.un.org/unpd/wpp/publications/files/key_findings_wpp_2015.pdf.
WIPO (World Intellectual Property Organization). 2017. WIPO IP Statistics Data Center. Available at: https://www3.wipo.int/ipstats/index.htm. [Accessed 1 June 2017].
The World Bank Data Bank. 2017. "Poverty headcount ratio at $1.90 a day (2011 PPP) (% of population)". Available at: http://data.worldbank.org/indicator/SI.POV.DDAY. [Accessed 1 June 2017].
World Bank and Institute for Health Metrics and Evaluation. 2016. *The Cost of Air Pollution: Strengthening the Economic Case for Action*. Washington, DC: World Bank. License: Creative Commons Attribution CC BY 3.0 IGO. Available at: http://documents.worldbank.org/curated/en/781521473177013155/pdf/108141-REVISED-Cost-of-PollutionWebCORRECTEDfile.pdf.
World Economic Forum. 2016. *The Global Gender Gap Report 2016*. Insight Report. Geneva: World Economic Forum.
World Economic Forum. 2016a. *The New Plastics Economy: Rethinking the future of plastics*. Industry Agenda. Geneva: World Economic Forum. Available at: http://www3.weforum.org/docs/WEF_The_New_Plastics_Economy.pdf.
World Resources Institute. 2014. "The History of Carbon Dioxide Emissions". J. Friedrich and T. Damassa, WRI, 21 May 2014. Available at: http://www.wri.org/blog/2014/05/history-carbon-dioxide-

emissions#fn:1.
Yale Environment 360. 2016. "How Satellites and Big Data Can Help to Save the Oceans". Yale School of Forestry & Environmental Studies. Available at: http://e360.yale.edu/features/how_satellites_and_big_data_can_help_to_save_the_oceans.

第五章 新计算技术

Cameron, D. and T. Mowatt. 2012. "Writing the Book in DNA". Wyss Institute, 16 August 2012. Available at: https://wyss. harvard.edu/writing-the-book-in-dna/.
Cockshott, P., L. Mackenzie and G. Michaelson. 2010. "Non-classical computing: feasible versus infeasible". Paper presented at ACM-BCS Visions of Computer Science 2010: International Academic Research Conference, University of Edinburgh, 14-16 April 2010.
Cortada, J. W. 1993. *The Computer in the United States: From laboratory to market, 1930-1960*. M.E. Sharpe.
Denning, P. J. and T. G. Lewis. 2016. "Exponential Laws of Computing Growth". *Communications of the ACM* 60(1): 54-65. Available at: http://dl.acm.org/citation.cfm?doid=3028256.2976758.
Ezrachi, A. and M. Stucke. 2017. "Law Profs to Antitrust Enforcers: To Rein in Super-Platforms, Look Upstream". The Authors Guild. 12 April 2017. Available at: https://www.authorsguild.org/industry-advocacy/law-profs-antitrust-enforcers- rein-super-platforms-look-upstream/.
Frost Gorder, P. 2016. "Computers in your clothes? A milestone for wearable electronics", The Ohio State University, 13 April 2016. Available at: https://news.osu.edu/news/2016/04/13/computers-in-your-clothes-a-milestone-for-wearable- electronics/.
IEEE (Institute of Electrical and Electronics Engineers). 2016. "International Roadmap for Devices and Systems". 2016 Edition. White Paper. IEEE. Available at: http://irds.ieee.org/images/files/pdf/2016_MM.pdf.
ITRS (International Technology Roadmap for Semiconductors) 2.0. 2015. *International Technology Roadmap for Semiconductors 2.0*. 2015 Edition, Executive Report. ITRS. Available at: https://www.semiconductors.org/clientuploads/Research_Technology/ITRS/2015/0_2015%20ITRS%20 2.0%20Executive%20Report%20(1).pdf.
Knight, H. 2015. "Researchers develop basic computing elements for bacteria". MIT News, 9 July 2015. Available at: http:// news.mit.edu/2015/basic-computing-for-bacteria-0709.
Lapedus, M. 2016. "10nm Versus 7nm". Semiconductor Engineering,

25 April 2016. Available at: http://semiengineering. com/10nm-versus-7nm/.
Poushter, J. 2016. "2. Smartphone ownership rates skyrocket in many emerging economies, but digital divide remains". Pew Research Center. Global Attitudes & Trends. 22 February 2016. Available at: http://www.pewglobal.org/2016/02/22/ smartphone-ownership-rates-skyrocket-in-many-emerging-economies-but-digital-divide-remains/.
Raspberry Pi Foundation. 2016. *Annual Review 2016*. Available at: https://www.raspberrypi.org/files/about/ RaspberryPiFoundationReview2016.pdf.
Schwab, K. 2016. *The Fourth Industrial Revolution*. Geneva: World Economic Forum.
Solon, O. 2017. "Facebook has 60 people working on how to read your mind."
The Guardian, 19 April 2017. Available at: https://www.theguardian.com/technology/2017/apr/19/facebook-mind-reading-technology-f8.
Weiser, M. 1991. "The Computer for the 21st Century". *Scientific American* 265(3): 94-104. Available at: https://www.ics. uci.edu/ ~ corps/phaseii/Weiser-Computer21stCentury-SciAm.pdf.
World Economic Forum and INSEAD. 2015. *The Global Information Technology Report 2015: ICTs for Inclusive Growth*. Insight Report. Geneva: World Economic Forum. Available at: http://www3.weforum.org/docs/WEF_Global_IT_Report_2015.pdf.
Yang, S. 2016. "Smallest. Transistor. Ever". Berkeley Lab, 6 October 2016; updated 17 October 2016. Available at: http:// newscenter.lbl.gov/2016/10/06/smallest-transistor-1-nm-gate/.

第六章 区块链与分布式账本技术

Bitcoin Fees. 2017. "Predicting Bitcoin Fees For Transactions". Available at: https://bitcoinfees.21.co/. [Accessed 2 November 2017].
Greenberg, A. 2016. "Silk Road Prosecutors Argue Ross Ulbricht Doesn't Deserve A New Trial". Wired, 18 June 2016. Available at: https://www.wired.com/2016/06/silk-road-prosecutors-argue-ross-ulbricht-doesnt-deserve-new-trial/.
OECD (Organisation for Economic Co-operation and Development) and EUIPO (European Union Intellectual Property Office). 2016. *Trade in Counterfeit and Pirated Goods: Mapping the Economic Impact*. OECD Publishing. Paris: OECD Publishing. Available at: http://dx.doi.org/10.1787/9789264252653-en.
Ruppert, A. 2016. "Mapping the decentralized world of tomorrow",

Medium.com, 1 June 2016. Available at: https:// medium.com/birds-view/mapping-the-decentralized-world-of-tomorrow-5bf36b973203.
Tapscott, D. and A. Tapscott. 2016. Blockchain Revolution. New York: Portfolio Penguin
World Economic Forum. 2016. "The Internet of Things and connected devices: making the world smarter". Geneva: World Economic Forum. Available at: http://reports.weforum.org/digital-transformation/the-internet-of-things-and-connected-devices-making-the-world-smarter/.

第七章　物联网

Brown, J. 2016. "The 5 biggest hacks of 2016 and the organizations they crippled", Industry Dive, 8 December 2016. Available at: http://www.ciodive.com/news/the-5-biggest-hacks-of-2016-and-the-organizations-they-crippled/431916/.
Columbus, L. 2016. "Roundup Of Internet Of Things Forecasts And Market Estimates, 2016". *Forbes*, 27 November 2016. Available at: https://www.forbes.com/sites/louiscolumbus/2016/11/27/roundup-of-internet-of-things-forecasts-and-market- estimates-2016/#290b6abb292d.
McKinsey Global Institute. 2015. "The Internet of Things: Mapping the value beyond the hype". McKinsey & Company. Available at: file:///C:/Users/admin/Downloads/The-Internet-of-things-Mapping-the-value-beyond-the-hype.pdf.
McKinsey Global Institute. 2015a. "Unlocking the potential of the Internet of Things". McKinsey & Company. Available at: http://www.mckinsey.com/business-functions/digital-mckinsey/our-insights/the-internet-of-things-the-value-of-digitizing- the-physical-world.
Perrow. C. 1984. *Normal Accidents: Living with High-Risk Technologies*. Basic Books.
World Economic Forum. 2015. *Industrial Internet of Things: Unleashing the Potential of Connected Products and Services*. Industry Agenda. Geneva: World Economic Forum.
World Economic Forum and Accenture. 2016. "The Internet of Things and connected devices: making the world smarter". Geneva: World Economic Forum. Available at: http://reports.weforum.org/digital-transformation/the-internet-of-things-and-connected-devices-making-the-world-smarter/.

延伸阅读　聚焦数据理论

延伸阅读 网络风险

eMarketer. 2017. "Internet Users and Penetration Worldwide", Available at: http://www.emarketer.com/Chart/Internet-Users-Penetration-Worldwide-2016-2021-billions-of-population-change/206259
Greenberg, Andy. 2015. "Hackers Remotely Kill a Jeep on the Highway – With Me in It", Wired, July 2015. Available at: https://www.wired.com/2015/07/hackers-remotely-kill-jeep-highway/
KrebsonSecurity. 2014. "Target Hackers Broke in Via HVAC Company". Available at: https://krebsonsecurity.com/2014/02/target-hackers-broke-in-via-hvac-company/
Miniwatts Marketing. 2017. "Internet World Stats", Available at: http://www.internetworldstats.com/stats.htm
Nuix (2017), "Most Hackers Can Access Systems and Steal Valuable Data Within 24 Hours: Nuix Black Report", website accessed on 23 November 2017 https://www.nuix.com/media-releases/most-hackers-can-access-systems-and-steal-valuable-data-within-24-hours-nuix-black
NYSE Governance Services. 2015. Cybersecurity in the Boardroom. New York: NYSE. Available at: https://www.nyse.com/publicdocs/VERACODE_Survey_Report.pdf
OECD. 2012. Cybersecurity Policy Making at a Turning Point, Paris: OECD. Available at: https://www.oecd.org/sti/ieconomy/cybersecurity%20policy%20making.pdf
Reinsel, D, Gantz, J and Rydning, J. 2017. Data Age 2025, IDC Available at: https://www.seagate.com/files/www-content/our-story/trends/files/Seagate-WP-DataAge2025-March-2017.pdf
Westby, J R and Power, R. 2008. Governance of Enterprise Security Survey: CyLab 2008 Report, Pttisburgh: Carnegie Mellon CyLab. Available at: https://portal.cylab.cmu.edu/portal/files/pdfs/governance-survey2008.pdf
World Economic Forum. 2012. Partnering for Cyber Resilience. Geneva: World Economic Forum. Available at: http://www3.weforum.org/docs/WEF_IT_PartneringCyberResilience_Guidelines_2012.pdf
World Economic Forum. 2017. Advancing Cyber Resilience: Principles and Tools for Boards. Geneva: World Economic Forum. Available at: http://www3.weforum.org/docs/IP/2017/Adv_Cyber_Resilience_Principles-Tools.pdf

第八章 人工智能与机器人

Agence France-Presse. 2016. "Convoy of self-driving trucks completes

first European cross-border trip". *The Guardian*, 7 April 2016. Available at: https://www.theguardian.com/technology/2016/apr/07/convoy-self-driving-trucks-completes-first-european-cross-border-trip.
AI International. 2017. "Universities with AI Programs". Available at: http://www.aiinternational.org/universities.html
Baraniuk, C., "The cyborg chess players that can't be beaten". BBC, 4 December 2015. Available at: http://www.bbc.com/future/story/20151201-the-cyborg-chess-players-that-cant-be-beaten.
CB Insights. 2017. "The Race For AI: Google, Twitter, Intel, Apple In A Rush To Grab Artificial Intelligence Startups". CB Insights, 21 July 2017. Available at: https://www.cbinsights.com/blog/top-acquirers-ai-startups-ma-timeline/.
Cohen, M. et al. 2016. *Off-, On- or Reshoring: Benchmarking of Current Manufacturing Location Decisions: Insights from the Global Supply Chain Benchmark Study 2015*. The Global Supply Chain Benchmark Consortium 2016. Available at: http://pulsar.wharton.upenn.edu/fd/resources/20160321GSCBSFinalReport.pdf.
Conner-Simons, A. 2016. "Robot helps nurses schedule tasks on labor floor". MIT News, 13 July 2016. Available at: http:// news.mit.edu/2016/robot-helps-nurses-schedule-tasks-on-labor-floor-0713.
DeepMind Ethics & Society homepage. 2017. Available at: https://deepmind.com/applied/deepmind-ethics-society/.
EPSRC (Engineering and Physical Sciences Research Council). 2017. "Principles of Robotics: Regulating robots in the real world". Available at: https://www.epsrc.ac.uk/research/ourportfolio/themes/engineering/activities/principlesofrobotics/.
Frey, C. and M. Osborne. 2013. "The Future of Employment: How Susceptible Are Jobs to Computerisation?" Oxford Martin School Working Paper, 17 September 2013. Available at: http://www.oxfordmartin.ox.ac.uk/downloads/academic/The_Future_of_Employment.pdf.
Hadfield-Menell, D., A. Dragan, P. Abbeel and S. Russell. 2017. "Cooperative Inverse Reinforcement Learning". *Advances in Neural Information Processing Systems* 25. MIT Press.
Hardesty, L. 2013. "Surprisingly simple scheme for self-assembling robots". MIT News, 4 October 2013. Available at: http://news.mit.edu/2013/simple-scheme-for-self-assembling-robots-1004.
LaGrandeur, K. and J. Hughes (Eds). 2017. *Surviving the Machine Age: Intelligent Technology and the Transformation of Human Work*. Palgrave Macmillan. Available at: http://www.springer.com/la/book/9783319511641.
McKinsey & Company. 2017. *A future that works: Automation,*

employment, and productivity. McKinsey Global Institute. Available at: file:///C:/Users/admin/Downloads/MGI-A-future-that-works-Full-report%20(1).pdf.
Metz, C. 2016. "The Rise of the Artificially Intelligent Hedge Fund". Wired, 25 January 2016. Available at: https://www. wired.com/2016/01/the-rise-of-the-artificially-intelligent-hedge-fund/.
Murphy, M. 2016. "Prepping a robot for its journey to Mars". MIT News, 18 October 2016. Available at: http://news.mit. edu/2016/sarah-hensley-valkyrie-humanoid-robot-1018.
OECD (Organisation for Economic Co-operation and Development). 2016. "Automation and Independent Work in a Digital Economy". Policy Brief on the Future of Work. Available at: http://www.oecd. org/employment/Policy%20brief%20-%20 Automation%20and%20 Independent%20Work%20in%20a%20Digital%20Economy.pdf.
Partnership on AI. 2017. "Partnership on AI to benefit people and society". Available at: https://www.partnershiponai.org/#s-partners.
Petersen, R. 2016. "The driverless truck is coming, and it's going to automate millions of jobs". TechCrunch, 25 April 2016. Available at: https://techcrunch.com/2016/04/25/the-driverless-truck-is-coming-and-its-going-to-automate-millions-of- jobs/.
Pittman, K. 2016. "The Automotive Sector Buys Half of All Industrial Robots". Engineering.com, 24 March 2016. Available at: http://www. engineering.com/AdvancedManufacturing/ArticleID/11761/The-Automotive-Sector-Buys-Half-of-All- -Industrial-Robots.aspx.
Sample, I. and A. Hern. 2014. "Scientists dispute whether computer 'Eugene Goostman' passed Turing test". *The Guardian*, 9 June 2014. Available at: https://www.theguardian.com/technology/2014/jun/09/scientists-disagree-over- whether-turing-test-has-been-passed.
Thielman, S. 2016. "Use of police robot to kill Dallas shooting suspect believed to be first in US history", *The Guardian*, 8 July 2016. Available at: https://www.theguardian.com/technology/2016/jul/08/police-bomb-robot-explosive-killed-suspect- dallas.
Turing, A. M. 1951. "Can Digital Computers Think?" Lecture broadcast on BBC Third Programme, 15 May 1951; typescript at turingarchive.org.
Vanian, J. 2016. "The Multi-Billion Dollar Robotics Market Is About to Boom". *Fortune*, 24 February 2016. Available at: http://fortune. com/2016/02/24/robotics-market-multi-billion-boom/.
Wakefield, J. 2016. "Self-drive delivery van can be 'built in four hours'". BBC, 4 November 2016. Available at: http://www. bbc.com/news/technology-37871391.
Wakefield, J. 2016b. "Foxconn replaces '60,000 factory workers with robots'". BBC, 25 May 2016. Available at: http://www.bbc.com/news/

technology-36376966.
World Economic Forum. 2016. *The Future of Jobs: Employment, Skills and Workforce Strategy for the Fourth Industrial Revolution*. Global Challenge Insight Report. Geneva: World Economic Forum.

第九章　先进材料

United States National Nanotechnology Initiative. 2017. "NNI Supplement to the President's 2016 Budget". Nano.gov. official website. Available at: http://www.nano.gov/node/1326.
World Economic Forum. 2017. "Chemistry and Advanced Materials: at the heart of the Fourth Industrial Revolution". World Economic Forum, Agenda.
World Economic Forum. 2017a. "Digital Transformation Initiative: Chemistry and Advanced Materials Industry". White paper. Geneva: World Economic Forum in collaboration with Accenture. Available at: http://reports.weforum.org/digital-transformation/wp-content/blogs.dir/94/mp/files/pages/files/dti-chemistry-and-advanced-materials-industry-white-paper.pdf.

第十章　增材制造与多维打印

Dickens, P. and T. Minshall. 2016. *UK National Strategy for Additive Manufacturing: Comparison of international approaches to public support for additive manufacturing/3D printing*. Technical Report.
Gartner. 2014. "Gartner Survey Reveals That High Acquisition and Start-Up Costs Are Delaying Investment in 3D Printers". Gartner Press Release, 9 December 2014. Available at: http://www.gartner.com/newsroom/id/2940117.
Gartner. 2016. "Gartner Says Worldwide Shipments of 3D Printers to Grow 108 Percent in 2016". Gartner Press Release, 13 October 2016. Available at: http://www.gartner.com/newsroom/id/3476317.
Parker, C. 2013. "3-D printing creates murky product liability issues, Stanford scholar says". Stanford University. Stanford Report, 12 December 2013. Available at: http://news.stanford.edu/news/2013/december/3d-legal-issues-121213.html.
PwC. 2016. *3D Printing comes of age in US industrial manufacturing*. Available at: https://www.pwc.com/us/en/industrial- products/publications/assets/pwc-next-manufacturing-3d-printing-comes-of-age.pdf.
Rehnberg, M. and S. Ponte. 2016. "3D Printing and Global Value Chains:

How a new technology may restructure global production". Global Production Networks Centre Faculty of Arts & Social Sciences. GPN Working Paper Series, GPN2016-010. Available at: http://gpn.nus.edu.sg/file/Stefano%20Ponte_GPN2016_010.pdf.
de Wargny, M. 2016. "Top 10 Future 3D Printing Materials (that exist in the present!)". Sculpteo, 28 September 2016. Available at: https://www.sculpteo.com/blog/2016/09/28/top-10-future-3d-printing-materials-that-exist-in-the-present/.
Wohlers Associates. 2014. *Wohlers Report 2014. 3D Printing and Additive Manufacturing State of the Industry*. Annual Worldwide Progress Report. Wohlers Associates.
Wohlers Associates. 2016. *Wohlers Report 2016. 3D Printing and Additive Manufacturing State of the Industry*. Annual Worldwide Progress Report. Wohlers Associates.

延伸阅读　无人机的利弊

Amazon Prime Air. 2015. "Determining Safe Access with a Best-Equipped, Best-Served Model for Small Unmanned Aircraft Systems". NASA Unmanned Aircraft System Traffic Management (UTM). Available at: https://utm.arc.nasa.gov/docs/Amazon_Determining%20Safe%20Access%20with%20a%20Best-Equipped,%20Best-Served%20Model%20for%20sUAS[2].pdf.
Kopardekar, P. et al. 2016. "Unmanned Aircraft System Traffic Management (UTM) Concept of Operations". Presented at the 16th AIAA Aviation Technology, Integration, and Operations Conference, 13-17 June 2016, Washington DC. Available at: https://utm.arc.nasa.gov/docs/Kopardekar_2016-3292_ATIO. pdf.
NASA Traffic Unmanned Management. 2015. "Google UAS Airspace System Overview". NASA Traffic Unmanned Management. Available at: https://utm.arc.nasa.gov/docs/GoogleUASAirspaceSystemOverview5pager[1].pdf.
Overly, S. 2016. "Watch this 'gun' take down a flying drone". *The Washington Post*, 29 November 2016. Available at: https://www.washingtonpost.com/news/innovations/wp/2016/11/29/watch-this-gun-can-take-down-a-flying-drone/?utm_term=.c27bfe46b456.
Thompson, M. 2013. "Costly Flight Hours" *Time* Magazine. 2 April 2013. Available at: http://nation.time.com/2013/04/02/ costly-flight-hours/.

第十一章　生物技术

Cyranoski, D. 2016. "CRISPR gene-editing tested in a person for the first time". *Nature*, 15 November 2016. Available at: http://www.nature.com/news/crispr-gene-editing-tested-in-a-person-for-the-first-time-1.20988.

Das, R. 2010. "Drug Industry Bets Big On Precision Medicine: Five Trends Shaping Care Delivery". *Forbes*, 8 March 2017. Available at: https://www.forbes.com/sites/reenitadas/2017/03/08/drug-development-industry-bets-big-on-precision- medicine-5-top-trends-shaping-future-care-delivery/2/#62c2746a7b33.

EY. 2016. *Beyond borders 2016: Biotech financing*. Available at: http://www.ey.com/Publication/vwLUAssets/ey-beyond- borders-2016-biotech-financing/$FILE/ey-beyond-borders-2016-biotech-financing.pdf.

Lee, S. Y. and H. U. Kim. 2015. "Systems strategies for developing industrial microbial strains". *Nature Biotechnology* 33(10): 1061-1072.

Peplow, M. 2015. "Industrial biotechs turn greenhouse gas into feedstock opportunity". *Nature Biotechnology* 33: 1123-1125.

Reilly, M. 2017. "In Africa, Scientists Are Preparing to Use Gene Drives to End Malaria." *MIT Technology Review*, 14 March 2017. Available at: https://www.technologyreview.com/s/603858/in-africa-scientists-are-preparing-to-use-gene-drives-to-end-malaria/.

第十二章　神经技术

Constine, J. 2017. "Facebook is building brain-computer interfaces for typing and skin-hearing". TechCrunch, 19 April 2017. Available at: https://techcrunch.com/2017/04/19/facebook-brain-interface/.

Emmerich, N. 2015. "The ethical implications of neuroscience". World Economic Forum, Agenda. 20 May 2015. Available at: https://www.weforum.org/agenda/2015/05/the-ethical-implications-of-neuroscience/.

European Commission. 2016. "Understanding the human brain, a global challenge ahead", 1 December 2016. Available at: https://ec.europa.eu/digital-single-market/en/news/understanding-human-brain-global-challenge-ahead.

Ghosh, K. 2015. "SpaceX for the Brain: Neuroscience Needs Business to Lead (Op-Ed)". Live Science, 9 September 2015. Available at: http://www.livescience.com/52129-neuroscience-needs-business-to-take-the-lead.html.

Grillner, S. et al. 2016. "Worldwide initiatives to advance brain research". *Nature Neuroscience* 19(9): 1118-1122. Available at: https://www.nature.com/neuro/journal/v19/n9/full/nn.4371.html.

Imperial College London. 2017. "Brain & Behaviour Lab". Available at: http://www.faisallab.com/.
Jones, R. 2016. "The future of brain and machine is intertwined, and it's already here". The Conversation, 3 October 2016. Available at: https://theconversation.com/the-future-of-brain-and-machine-is-intertwined-and-its-already-here-65280.
Juma, C. 2016. *Innovation and Its Enemies: Why People Resist New Technologies*. New York: Oxford University Press.
Neurotech. 2016. *The Market for Neurotechnology: 2016-2020. A Market Research Report from Neurotech Reports*. Available at: http://www.neurotechreports.com/pages/execsum.html.
Oullier, O. 2012. "Clear up this fuzzy thinking on brain scans". *Nature* 483(7387) 29 February 2012. Available at: http://www. nature.com/news/clear-up-this-fuzzy-thinking-on-brain-scans-1.10127.
Statt, N. 2017. "Elon Musk launches Neuralink, a venture to merge the human brain with AI". The Verge, 27 March 2017. Available at: http://www.theverge.com/2017/3/27/15077864/elon-musk-neuralink-brain-computer-interface-ai-cyborgs.
World Economic Forum. 2016. "The Digital Future of Brain Health". Global Agenda White Paper: Global Agenda Council on Brain Research. Geneva: World Economic Forum. Available at: https://www.weforum.org/whitepapers/the-digital-future-of- -brain-health.

第十三章　虚拟现实与增强现实

Chafkin, M. 2015. "Why Facebook's $2 Billion Bet on Oculus Rift Might One Day Connect Everyone on Earth", *Vanity Fair*, October 2015. Available at: http://www.vanityfair.com/news/2015/09/oculus-rift-mark-zuckerberg-cover-story-palmer- -luckey.
Goldman Sachs. 2016. *Profiles in Innovation: Virtual & Augmented Reality*. The Goldman Sachs Group, 13 January 2016. Available at: http://www.goldmansachs.com/our-thinking/pages/technology-driving-innovation-folder/virtual-and- -augmented-reality/report.pdf.
Sebti, B. 2016. "Virtual reality can 'transport' audiences to poor countries. But can it persuade them to give more aid?" World Economic Forum, Agenda. 31 August 2016. Available at: https://www.weforum.org/agenda/2016/08/virtual-reality- -can-transport-audiences-to-poor-countries-but-can-it-persuade-them-to-give-more-aid.
Zuckerberg, M. 2015. "Mark Zuckerberg and Oculus's Michael Abrash on Why Virtual Reality Is the Next Big Thing", Zuckerberg *Vanity Fair* interview, YouTube, 8 October 2015. Available at: https://www.

youtube.com/watch?v=VQaCv52DSnY.

第十四章　能源获取、储存和输送

Bloomberg. 2016. "Wind and Solar Are Crushing Fossil Fuels". T. Randall, Bloomberg. 6 April 2016. Available at: https://www.bloomberg.com/news/articles/2016-04-06/wind-and-solar-are-crushing-fossil-fuels.
European Commission. 2017. "Renewables: Europe on track to reach its 20% target by 2020". Fact Sheet, 1 February 2017. Available at: http://europa.eu/rapid/press-release_MEMO-17-163_en.htm.
Frankfurt School of Finance & Management. 2017. *Global Trends in Renewable Energy Investment 2017*. Frankfurt School-UNEP Collaborating Centre/Bloomberg New Energy Finance. Available at: http://fs-unep-centre.org/sites/default/files/publications/globaltrendsinrenewableenergyinvestment2017.pdf.
IEA (International Energy Agency). 2016. *World Energy Outlook 2016*. Chapter 1: Introduction and scope. Paris: OECD/IEA. Available at: https://www.iea.org/media/publications/weo/WEO2016Chapter1.pdf.
Kanellos, M. 2013. "Energy's Next Big Market: Transmission Technology". *Forbes*, 30 August 2013. Available at: https:// www.forbes.com/sites/michaelkanellos/2013/08/30/energys-next-big-market-transmission-technology/#71d13b9e31c4.
Parry, D. 2016. "NRL Space-Based Solar Power Concept Wins Secretary of Defense Innovative Challenge," U.S. Naval Research Laboratory, 11 March 2016. Available at: https://www.nrl.navy.mil/media/news-releases/2016/NRL-Space- -Based-Solar-Power-Concept-Wins-Secretary-of-Defense-Innovative-Challenge.
Tucker, E. 2014. "Researchers Developing Supercomputer to Tackle Grid Challenges". Renewable Energy World, 7 July 2014. Available at: http://www.renewableenergyworld.com/articles/2014/07/researchers-developing-supercomputer-to- -tackle-grid-challenges.html.
United Nations, Department of Economic and Social Affairs, Population Division. 2015. "World Population Prospects: The 2015 Revision, Key findings & advance tables". Working Paper No. ESA/P/WP.241. Available at: https://esa.un.org/ unpd/wpp/publications/files/key_findings_wpp_2015.pdf.
University of Texas at Austin. 2017. "Lithium-Ion Battery Inventor Introduces New Technology for Fast-Charging, Noncombustible Batteries". UT News Press Release, 28 February 2017. Available at: https://news.utexas.edu/2017/02/28/ goodenough-introduces-new-

battery-technology.
Woolford, J. 2015. "Artificial Photosynthesis for Energy Takes a Step Forward". *Scientific American*, ChemistryWorld, 6 February 2015. Available at: https://www.scientificamerican.com/article/artificial-photosynthesis-for-energy-takes-a-step- -forward/.
World Bank. 2017. "Electric power consumption (kWh per capita), 1960-2014". Available at: http://data.worldbank.org/ indicator/EG.USE.ELEC.KH.PC.

第十五章　地球工程

Condliffe, J. 2017. "Geoengineering Gets Green Light from Federal Scientists". *MIT Technology Review*, Sustainable Energy, 11 January 2017. Available at: https://www.technologyreview.com/s/603349/geoengineering-gets-green-light- -from-federal-scientists/.
IPCC (Intergovernmental Panel on Climate Change). 2013. *Climate Change 2013: The Physical Science Basis. Contribution of Working Group I to the Fifth Assessment Report of the Intergovernmental Panel on Climate Change* [Stocker, T.F., D. Qin, G.-K. Plattner, M. Tignor, S.K. Allen, J. Boschung, A. Nauels, Y. Xia, V. Bex and P.M. Midgley (eds)]. Cambridge, UK and New York, USA: Cambridge University Press.
Keith, D. 2002. "Geoengineering the Climate: History and Prospect". R. G. Watts (ed.) *Innovative Energy Strategies for CO_2 Stabilization*. Cambridge: Cambridge University Press. Available at: https://www.yumpu.com/en/document/ view/50122050/geoengineering-the-climate-history-and-prospectpdf-david-keith.
Neslen, A. 2017. "US scientists launch world's biggest solar geoengineering study". *The Guardian*, 24 March 2017. Available at: https://www.theguardian.com/environment/2017/mar/24/us-scientists-launch-worlds-biggest-solar- -geoengineering-study.
Pasztor, J. 2017. "Toward governance frameworks for climate geoengineering." Global Challenges Foundation. Available at: https://globalchallenges.org/en/our-work/quarterly-reports/global-cooperation-in-dangerous-times/toward-governance- -frameworks-for-climate-geoengineering.
Stilgoe, J. 2016. "Geoengineering as Collective Experimentation". *Science and Engineering Ethics* 22(3): 851-869. Available at: https://link.springer.com/article/10.1007/s11948-015-9646-0.

第十六章　空间技术

BAE Systems. 2015. "BAE Systems and Reaction Engines to develop a ground breaking new aerospace engine". BAE Newsroom, 2 November 2015. Available at: http://www.baesystems.com/en/bae-systems-and-reaction-engines-to- -develop-a-ground-breaking-new-aerospace-engine.
de Selding, P. B. 2015. "BAE Takes Stake in British Air-breathing Rocket Venture". SpaceNews, 2 November 2015. Available at: http://spacenews.com/bae-takes-stake-in-british-air-breathing-rocket-venture/.
Dillow, C. 2016. "VCs Invested More in Space Startups Last Year Than in the Previous 15 Years Combined". *Fortune*, 22 February 2016. Available at: http://fortune.com/2016/02/22/vcs-invested-more-in-space-startups-last-year/.
NASA (National Aeronautics and Space Administration). 2014. *Emerging Space: The Evolving Landscape of 21st Century American Spaceflight*. NASA Office of the Chief Technologist. Available at: https://www.nasa.gov/sites/default/files/files/ Emerging_Space_Report.pdf.
Siceloff, S. 2017. "New Spacesuit Unveiled for Starliner Astronauts". NASA, 25 January 2017. Available at: https://www. nasa.gov/feature/new-spacesuit-unveiled-for-starliner-astronauts.
Thibeault, S. et al. 2015. "Nanomaterials for radiation shielding". *MRS Bulletin* 40(10): 836-841.

结　论　助力塑造第四次工业革命

AlphaBeta. 2017. *The Automation Advantage*. AlphaBeta news. 8 August 2017. Available at: http://www.alphabeta.com/the-automation-advantage/.
Carbon 3D. 2017. "The Perfect Fit: Carbon + adidas Collaborate to Upend Athletic Footwear". 7 April 2017. Available at: http://www.carbon3d.com/stories/adidas/. [Accessed 1 June 2017].
Guston, D. 2008. "Innovation policy: not just a jumbo shrimp". *Nature* 454(7207): 940-941.
Hadfield, G. 2016. *Rules for a Flat World*. New York: Oxford University Press.
International Organization for Standardization. 2017. "ISO/TS 15066:2016, Robots and robotic devices – Collaborative robots". Available at: https://www.iso.org/standard/62996.html. [Accessed 3 November 2017].
International Organization for Standardization. 2017a. "ISO/TC 20/SC 16, Unmanned aircraft systems". Available at: https://www.iso.

org/committee/5336224/x/catalogue/p/0/u/1/w/0/d/0. [Accessed 3 November 2017].
Marchant, G. and W. Wallach. 2015. "Coordinating Technology Governance". *Issues in Science and Technology* XXXI(4).
Maynard, A. 2016. "A further reading list on the Fourth Industrial Revolution". World Economic Forum, Agenda. 22 January 2016. Available at: https://www.weforum.org/agenda/2016/01/mastering-the-social-side-of-the-fourth-industrial-revolution-an- -essential-reading-list/.
McKinsey Global Institute. 2017. *Harnessing Automation for a Future that Works*. Available at: http://www.mckinsey.com/ global-themes/digital-disruption/harnessing-automation-for-a-future-that-works.
Mulgan, G, 2017. "Anticipatory Regulation: 10 ways governments can better keep up with fast-changing industries". 11 September 2017. Available at: http://www.nesta.org.uk/blog/anticipatory-regulation-how-can-regulators-keep-fast-changing- -industries#sthash.N9LV5jdB.dpuf.
Owen, R., P. Macnaghten and J. Stilgoe. 2012. "Responsible Research and Innovation: From Science in Society to Science for Society, with Society". *Science and Public Policy* 39(6): 751-760.
Rodemeyer, M., D. Sarewitz and J. Wilsdon. 2005. *The Future of Technology Assessment*. Woodrow Wilson International Center for Scholars, Science and Technology Innovation Program. Available at: https://www.wilsoncenter.org/sites/default/files/techassessment.pdf.
Sutcliffe, H. 2015. "Why I've ditched the 'Responsible Innovation' moniker to form 'Principles for Sustainable Innovation'." Matterforall blog, 13 February 2015. Available at: http://societyinside.com/why-ive-ditched-responsible-innovation-moniker-form-principles-sustainable-innovation.
Thomas, J. 2009. "21st Century Tech Governance? What would Ned Ludd do?" 2020 Science, 18 December 2009. Available at: https://2020science.org/category/technology-innovation-in-the-21st-century/.
Vanian, J. 2016. "Why Data Is The New Oil". *Fortune*, 11 July 2016. Available at: http://fortune.com/2016/07/11/data-oil- -brainstorm-tech/.
World Economic Forum. 2016. *The Future of Jobs: Employment, Skills and Workforce Strategy for the Fourth Industrial Revolution*. Global Challenge Insight Report. Geneva: World Economic Forum.
World Economic Forum Global Agenda Council on the Future of Software and Society. 2016. "A Call for Agile Governance Principles". Geneva: World Economic Forum. Available at: http://www3.weforum.org/docs/IP/2016/ICT/Agile_Governance_Summary.pdf.
World Economic Forum. 2018. "Agile Governance: Reimagining Policy-

making in the Fourth Industrial Revolution". Geneva: World Economic Forum
World Economic Forum. 2017. "How the Fourth Industrial Revolution can help us prepare for the next natural disaster". World Economic Forum, Agenda
The New Yorker. 2017. "D.I.Y. Artificial Intelligence Comes to a Japanese Family Farm" A. Zeeberg, The New Yorker, 10 August 2017. Available at: https://www.newyorker.com/tech/elements/diy-artificial-intelligence-comes-to-a-japanese-family-farm.

注 释

1. 一些行业在这个时期急剧增长。据克拉夫茨（Crafts）估计，1780—1801 年，棉纺织品产量年增长率达 9.7%；1801—1831 年，年增长率放缓至 5.6%。同期铁产量年增长率分别为 5.1% 和 4.6%（Crafts，1987）。

2. 瓦茨拉夫·斯米尔（Vaclav Smil）认为这可能是人类历史上影响最深远的发明（Smil，2005）。

3. McCloskey，2016。

4. 联合国开发计划署（UNDP）对“人类发展”的定义为：“赋予人类更多实现生命价值的自由和机会。实际上，这意味着要提高人的能力，并让他们有机会发挥能力。人类发展的三大基础是：过健康、创新的生活，见识广博，可获取达到体面生活标准所需的资源。其他诸多方面也颇为重要，特别是有助于为人类发展创造有利条件方面，比如环境可持续性或男女平等。”（联合国开发计划署，2017。）

5. Gordon，2016。

6. McCloskey，2016。

7. 美国疾病预防控制中心，2016。

8. 世界银行，2017。

9.《纽约时报》，2017。

10. 经合组织，2016。

11. Berger 和 Frey，2015。

12. Katz 和 Krueger，2016。

13. 世界经济论坛，2017b。

14.《旧金山观察家报》(*The San Francisco Examiner*)，2017。

15. 世界经济论坛，2017a。

16. New Atlas，2015。

17. Schwab，2016。

18. Devaraj 和 Hicks，2017。

19. 世界经济论坛，2017。

20. Brynjolfsson 和 McAfee，2014。

21.《波士顿环球报》(*The Boston Globe*)，2016。

22. Keeley，2015。

23. Rankin，2015。

24. 电气电子工程师学会，2017。

25. 纳菲尔德生命伦理学理事会，2014。

26. 电气电子工程师学会，2017。

27. 世界经济论坛，2013。

28.《通用数据保护条例》，2017。

29. 本战略以多种形式提出，但此处考虑的概念模型是由米查姆（Mitcham）（1994）阐述的“考虑周全”（duty plus respicere）模型。

30. Oppenheimer［1945 年 11 月 2 日］，2017。

31.“电车难题”是伦理课程上探讨的一个选择难题，介绍了伦理决策涉及的各种复杂变量。在该难题中，电车要么驶向一个人，要么驶向一群人，学生必须选择是否使电车在两条轨道中改道，从而在生与死之间做出选择或放弃选择。无论哪种情况，都会有人遭遇不幸，学生必须斟酌“为什么”这么选择，并设法为其行动进行辩解。

32. Pretz，2017。

33. 佛罗里达冰与农场公司，2015。

34. 如 Latour 和 Woolgar，1979。

35. 英国工程与物理科学研究理事会，2017。

36. Cath 和 Floridi，2017。

37. Schwab，2016，第 107 页。

38. 波士顿咨询公司，2016。

39. Philbeck，2017。

40. 同上。

41. 美国作家与政治活动家苏珊·桑塔格（Susan Sontag）。

42. Milanovic，2016。

43. Hausmann 和 Hidalgo 等，2011。

44. 英国萨塞克斯大学，2008。

45. 对卡莱斯图·朱马（Calestous Juma）的采访，2017。

46. 联合国教科文组织（UNESCO），2016。

47. 在高加索和中亚、非洲北部、南亚、撒哈拉以南非洲和西亚地区，性别不平等状况十分严重，女童辍学率高于男童（联合国教科文组织，2016）。

48. 牛津互联网研究所，“学术知识的定位”（The Location of Acadamic Knowledge），2017。

49. 联合国教科文组织，2017。

50. Ceballos 等，2015。

51. 美国人口资料局，2017。

52. 世界银行、健康指标和评估研究所，2016。

53. 世界经济论坛，2016a。

54. 世界资源研究所，2014。

55. 全球挑战基金会，2017。

56. Steffen 等，2015。

57. 联合国经济和社会事务部人口司，2015。

58. 森林砍伐还威胁到森林群落和小农户的生计，并破坏生物多样性（Enbakom、Feyssa 和 Takele，2017）。

59. Newshub，2016。

60.《耶鲁 360 度环境观察》（*Yale Environment 360*），2016。

61. 彭博社，2016。

62.《麻省理工科技评论》（*MIT Technology Review*），2017。

63.《财富》，2017。

64. 世界经济论坛，2016。

65. Catalyst，2016；联合国教科文组织，2015。

66. 德勤，2016。

67. Philbeck，2017。

68. Tay 等，2013。

69. “2. 在许多新兴经济体，智能手机的拥有率激增，但是数字鸿沟依然存在”（Poushter，2016）。

70. 当今发达国家的家庭平均计算机拥有量超过 1950 年时全世界的拥有量。根据詹姆斯·科尔塔达（James Cortada）研究，肯尼思·弗拉姆（Kenneth Flamm）计算了 1950 年全世界的数字计算机数量，并发现五台计算机中，两台在美国，三台在英国。市场调研公司 NPD Group 保守估计，包括移动设备在内，2013 年美国家庭平均拥有 5.7 台数字计算机。到 2017 年，随着智能手机的迅速普及，以及微处理器用于电视机和洗衣机等各类家庭设备，这一数字可能已经增长了一倍以上。参见 Cortada（1993）以及 Cockshott、Mackenzic 和 Michaelson（2010）。

71. 世界经济论坛和欧洲工商管理学院（INSEAD），2015。

72.《国际半导体技术发展蓝图 2.0》（*ITRS 2.0*），2015。

73. Yang，2016。

74. Denning 和 Lewis，2016。

75. Lapedus，2016。

76. 电气电子工程师学会，2016。

77. 最值得一提的是，英特尔 4004 和英特尔 8008 分别于 1970 年和 1974 年问世。

78. 可变电阻式存储器（ReRam）尤其可以用作深度学习算法的一部分，取代从 [a] [b] 存储器写入和调用大型神经网络的需求，同时预示着超越二进制计算的发展前景。

79. 对于数字庞大或变量众多的问题，当今最出色的经典计算机找到答案的时间，比宇宙至今存在的时间还要长。量子计算机可以利用叠加概率性来同时模拟多重状态，为数字计算机目前无法解决的难题提供获得最佳（或接近最佳）答案的捷径。

80. 绝对零度是理论上的最低温度，等于 –273.15℃。

81. 麻省理工学院数学教授彼得·肖尔发明了"肖尔算法"（Shor's Algorithm），这种量子算法的因子分解速度远快于目前在传统计算机上运行的已知最佳算法。

82. Weiser，1991。

83. 如 Frost Gorder，2016。

84. Solon，2017。

85. Knight，2015。

86. 丘奇在商用 DNA 微芯片上存储了 700 亿册书，密度为每立方毫米 5.5 拍字节。参见 Cameron 和 Mowatt（2012）。

87. 如 Schwach（2016）所述。

88. 自旋转移力矩（Spin-Transfer-Torque）磁性随机存取存储器是一种创新的存储技术，使用电子自旋而不是充电晶体管来存储信息。它可以抗高辐射，在极端温度条件下运转，适合航天、工业控制和恶劣环境中的其他应用场合。空客和宝马均已采用该技术。

89. 树莓派基金会，2016。

90. Ezrachi 和 Stucke，2017。

91. 区块链是指经加密技术保护的分布式账本和智能合约，以及各种进一步分散加密的互联网技术。

92. Tapscott，2016，第 24 页。

93. 人们往往认为，基于分布式账本的交易成本接近零，因为不需要中心化中介。事实上，交易成本取决于区块链的验证方式，可能远高于中心化模式。2017 年 6 月 11 日，交易规模中位数仅 226 字节的比特币交易，最快速交易的最低成本合计为 2.61 美元。在这种交易费用水平上，比特币不适合进行微交易（Bitcoin Fees，2017）。

94. 世界经济论坛对布赖恩·贝伦多夫的电话采访，2017 年 5 月 26 日。

95. 另一种模式是“权益证明”（PoS），也是以太坊区块链希望今后采用的模式。权益证明不依赖矿工花大量精力向区块链添加安全信息，而是在“验证者”当中根据概率分配区块的创建，同时对任何试图作弊或伪造区块的参与者实施处罚。

96. 值得注意的是，分布式账本的不变性确实意味着，这类账本的违法使用可为当局监控和收集起诉非法活动所需的证据提供其他途径。美国联邦调查局起诉罗斯·乌布利希（Ross Ulbricht）（因维护“丝绸之路”网站供买家和卖家交易非法产品与服务而被判处终身监禁）的案件，正是在公共区块链记录的辅助下完成的：美国联邦调查局通过1 800万美元的比特币交易追踪到他的笔记本电脑（Greenberg，2016）。

97. 世界经济论坛对凯瑟琳·马利根的电话采访，2017年6月9日。

98. 经合组织和欧盟知识产权局，2016。

99. Ruppert，2016。

100. 世界经济论坛在伦敦对彼得·史密斯的采访，2016年9月27日。

101. “乌龙指”交易失误是一种因一个手指敲错一个键或同时敲错两个键或错误打字而造成的键盘输入错误。这种输入失误还包括以错误的价格或针对错误的股票提交金融市场买卖订单。

102. Columbus，2016。

103. 麦肯锡全球研究院，2015。

104. 世界经济论坛和埃森哲，2016。

105. 世界经济论坛，2015，第8页。

106. 麦肯锡全球研究院，2015a。

107. 参见Perrow（1984）所述。

108. 世界经济论坛，2015。

109. Brown，2016。

110. Westby 和 Richard，2008。

111. 纽约证券交易所治理服务公司，2015。

112. 经合组织，2012。

113. 世界经济论坛，2017。

114. Miniwatts Marketing，2017。

115. eMarketer，2017。

116. Reinsel、Gantz 和 Rydning，2017。

117. 世界经济论坛，2012。

118. Greenberg，2015。

119. KrebsonSecurity，2014。

120. Nuix，2017。

121. 同上。

122. Thielman，2016。

123. Sample 和 Hern，2014。

124. Petersen，2016。

125. AI International，2017。

126. Metz，2016。

127. Partnership on AI，2017。

128. DeepMind“伦理与社会”团队，2017。

129. CB Insights，2017。

130. Turing，1951。

131. Murphy，2016；Conner-Simons，2016；Hardesty，

2013。

132. Vanian，2016。

133. Pittman，2016。

134. Petersen，2016；Wakefield，2016；法国新闻社，2016。

135. 麦肯锡公司，2017。

136. Frey 和 Osborne，2013。

137. Wakefield，2016 b。

138. Cohen 等，2016。

139. LaGrandeur 和 Hughes（编），2017；世界经济论坛，2016；经合组织，2016。

140. 英国工程与物理科学研究理事会，2017。

141. Baraniuk，2015。

142. de Wargny，2016。

143. Rehnberg 和 Ponte，2016。

144. 沃勒斯合伙公司，2016。

145. 高德纳，2016。

146. 沃勒斯合伙公司，2016。

147. 普华永道，2016。

148. 沃勒斯合伙公司，2016。

149. 沃勒斯合伙公司，2014，第 26 页。

150. Rehnberg 和 Ponte，2016。

151. Parker，2013。

152. 基于笔者对 F-22“猛禽”（F-22 Raptor）战斗机对比

美国军用“收割者”（Reaper）和“捕食者”（Predator）无人机的成本计算。飞行时间成本也是无人机的一个亮点，其操作成本仅是载人飞行器成本的一小部分。参见 Thompson（2013）。

153. 笔者对戴维·沈的采访，2016 年 10 月。

154. 笔者对安德烈斯·拉普托普洛斯的采访，2016 年 10 月。

155. Overly，2016。

156. Kopardekar 等，2016。

157. 美国国家航空航天局无人机系统交通管制，2015；Amazon Prime Air，2015。

158. CRISPR，即成簇的规律间隔的短回文重复序列。参见 Cyranoski（2016）。

159. Reilly，2017。

160. 对亨利·格里利（Henry Greely）的采访。

161. 安永，2016。

162. Lee 和 Kim，2015。

163. Peplow，2015。

164. 例子包括：植入大脑的芯片或插入头颅的电极；从颅外监测脑波和电信号的微创脑电图仪，或通过电信号或磁信号影响或触发大脑活动的其他微创设备；通过物理信号和身体动作，如眼部运动、心率、皮肤导电性和血压等，解读想法和意图的设备；影响脑化学的化学品；故意发出影响大脑活动的声音或图像的设备。

165. 15—16 世纪，咖啡从也门和埃塞俄比亚传到伊斯兰世界，然而在 1511 年，麦加总督凯贝格（Governor Kha’ir of Mecca）最先下令禁止喝咖啡，关闭咖啡馆。虽然热爱咖啡的教皇克雷芒八世（Pope Clement VIII）于 1600 年为咖啡举行洗礼，但是在 1637 年传入英国后，咖啡威胁到茶叶消费的普及工作（其本身是为了减少酗酒），导致地方政府禁止外带咖啡，国王查理二世（King Charles II）于 1675 年颁发《禁止咖啡馆公告》（*Proclamation for the Suppression of Coffee Houses*）。在普鲁士，国饮啤酒的销售遭到咖啡重创，腓特烈大帝（Frederick the Great）为此忧心忡忡，他雇用“街头嗅探员”对身上带有咖啡味的人进行罚款。瑞典在 1756—1817 年颁布 5 项法令，禁止进口咖啡。如今奈斯派索（Nespresso）不仅可以让客户通过 App（应用程序）订购咖啡，而且其 Prodigio 咖啡机还可以与互联网连接，远程操控咖啡萃取。参见 Juma（2016）。

166. Constine，2017。

167. 世界经济论坛对杰弗里 · 林的采访,2016 年 9 月 28 日。

168. Jones，2016。

169. 如访问 https://www.emotiv.com/，了解 EMOTIV。

170. 世界经济论坛对尼蒂什 · 塔克的采访，2016 年 9 月 28 日。

171. Statt，2017。

172. 同上。

173. Neurotech，2016。

174. 世界经济论坛与尼尔·卡塞尔的通信，2017 年 5 月 18 日。

175. Grillner 等，2016；欧盟委员会，2016。

176. 世界经济论坛，2016。

177. 世界经济论坛对叶玉如的采访，2016 年 11 月 10 日。

178. Emmerich，2015。

179. Oullier，2012。

180. Ghosh，2015。

181. Chafkin，2015。

182. Zuckerberg，2015。

183. 高盛，2016。

184. 古希腊语“techné”（τέχνη）是“技术”（technology）一词的词根之一，但是在绘画、雕塑或木工等传统艺术的语境中，常常在古籍中被翻译为“艺术”或“工艺”的意思。

185. 世界银行，2017。

186. Kanellos，2013。

187. 法兰克福金融管理学院，2017，图 25。

188. 同上，图 54、图 1。

189. 世界经济论坛对卡梅伦·赫伯恩的采访，2016 年 9 月 28 日。

190. Tucker，2014。

191. Woolford，2015。

192. 根据国际热核聚变反应堆（ITER，在拉丁语中的意思是“道路”）能源项目计划，35 个国家正合作建造世界上最大的磁聚变装置。

193. Parry，2016。

194. 得克萨斯大学奥斯汀分校，2017。

195. 欧盟委员会，2017。

196. 联合国经济和社会事务部人口司，2015。

197. Stilgoe，2016。

198. Pasztor，2017。

199. 同上。

200. 政府间气候变化专门委员会，2013。

201. Condliffe，2017。

202. Neslen，2017。

203. Pasztor，2017。

204. de Selding，2015。

205. Dillow，2016。

206. Siceloff，2017。

207. Thibeault 等，2015。

208. Carbon 3D，2017。

209. 如参见 Vanian（2016）。

210. 麦肯锡全球研究院，2017。

211. AlphaBeta，2017。

212. 国际标准化组织，2017。

213. 国际标准化组织，2017 a。

214. 世界经济论坛，2018。

215. 2001 年 2 月，“敏捷软件开发宣言”，http://agilemanifesto.org/。

216. 世界经济论坛全球议程理事会“软件与社会的未来”议题组发布“灵活治理原则倡议”，清晰阐述了《敏捷宣言》中编纂的原则，重新定义了这些原则在决策领域的应用。参阅地址：http://www3.weforum.org/docs/IP/2016/ICT/Agile_Governance_Summary.pdf。

217. 世界经济论坛，2018。

218. 本清单借鉴自 Maynard，2016，致以谢意。

219. 访问 https://openpolicy.blog.gov.uk/category/policy-lab/，了解英国政府的政策实验室。

220. Mulgan，2017。

221. 访问 http://www.thegovlab.org/project-crowdlaw.html，了解 CrowdLaw 。

222. Hadfield，2016。

223. Owen、Macnaghten 和 Stilgoe，2012。

224. Sutcliffe，2015。

225. Guston，2008。

226. Marchant 和 Wallach，2015。

227. Thomas，2009。

228. Rodemeyer、Sarewitz 和 Wilsdon，2005。

229. 世界经济论坛全球议程理事会“软件与社会的未来”议题组，2016。

230. 访问 https://www.cscollege.gov.sg，了解公共服务学院。

231. 世界经济论坛，2017。

232.《纽约客》，2017。

233. 访问 http://www.fabfoundation.org/，了解 Fab Foundation。

234. 访问 https://www.genspace.org/classes-alt/，了解 Genspace。